An die Materialien – fertig – KUNST!

Silvia Hillringhaus

Neue Ideen für bewährte Techniken in der Sek I

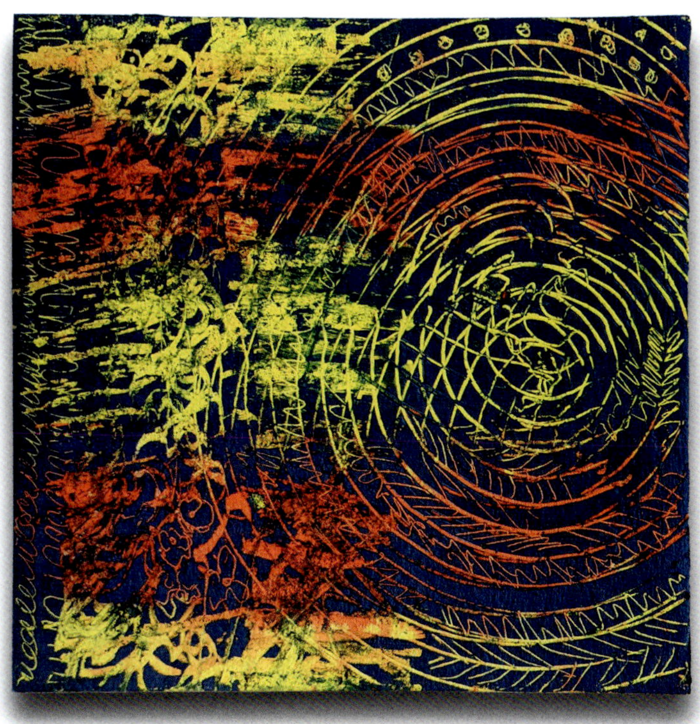

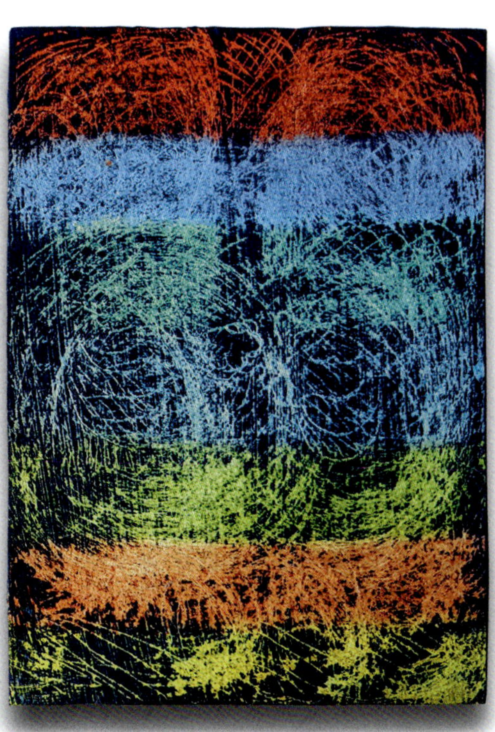

Verlag an der Ruhr

Impressum

Titel
An die Materialien – fertig – KUNST!
Neue Ideen für bewährte Techniken in der Sek I

Autorin
Silvia Hillringhaus

Umschlagmotive
Kunstprojekte Silvia Hillringhaus, alles andere Verlag an der Ruhr

Illustrationen
Wenn nicht anders angegeben: Silvia Hillringhaus

Druck
AZ Druck und Datentechnik GmbH, Kempten, DE

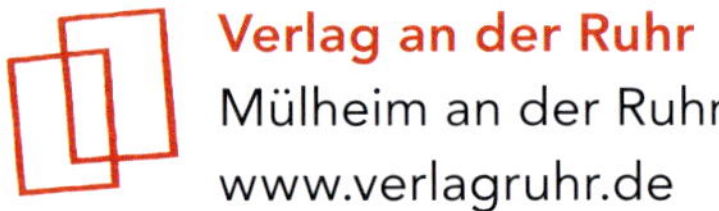

Verlag an der Ruhr
Mülheim an der Ruhr
www.verlagruhr.de

Geeignet für die Klassen 5–10

ISBN 978-3-8346-4970-6

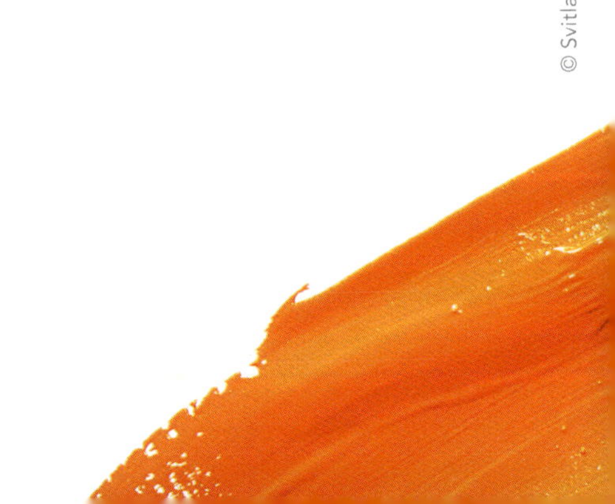

Inhaltsverzeichnis

Collage und Decollage

Mischtechniken: Collage und Malerei

Drucktechniken

Malerei

Montieren

Danksagung

An dieser Stelle möchte ich all meinen Professor*innen, Dozent*innen und Mentor*innen (auch in der Industrie) danken, die mir auf eindrucksvolle Weise – oft mit sehr unkonventionellen Methoden und Techniken sowie vertrauensvoll und uneigennützig – vermittelt haben, wie schön es ist, sich für die Kunst und die Pädagogik zu begeistern, und so einen Zugang und das Fundament für meine Ausbildung und einen Teil des Lebenswegs gelegt haben. – Für dieses große Glück bin ich sehr dankbar!

Mein besonderer Dank gilt dem Verlag an der Ruhr, der meine Buch-Idee entdeckt und die Veröffentlichung ermöglicht hat, sowie der Redakteurin Frau Kieler, die mich fachlich und humorvoll stets einfühlsam über alle Klippen des Projektes gesteuert und mir immer wieder ganz unvoreingenommen Mut gemacht hat, dranzubleiben und den roten Faden nicht aus den Augen zu verlieren.

Für die unbürokratische Unterstützung mit großformatigen Pappzuschnitten für die XXL-Menschen bedanke ich mich bei Herrn Dipl.-Ing. ppa. Manfred Bengsch von der Firma Bandis & Knopp GmbH + Co. KG, Wellpappenfabrik in Bergisch-Gladbach, sowie der Firma Johannes Gerstäcker Verlag GmbH in Eitorf, die mir viele Materialien für die praktische Ausführung der Aufgaben kostenlos zur Verfügung gestellt hat, und dort speziell Frau Bagusche, der Assistentin der Geschäftsleitung.

Darüber hinaus bedanke ich mich bei meiner ehemaligen Kollegin Katja Gerlach, die heute an einer Förderschule im Bereich der Sekundarstufe I im Oberbergischen arbeitet, für ihre unkomplizierte Bereitschaft, die XXL-Menschen im Unterricht auszuprobieren – und natürlich bei der Schülerin Mirja Schuster, die mit mir im Atelier die Kristalle (siehe S. 51–54) gemalt hat. Bedanken möchte ich mich ebenfalls bei Frau Carmen Bloch von derr GHS Bergneustadt, die mir Kunstfachräume zum Ausprobieren der Drucktechniken zur Verfügung gestellt hat.

Literaturtipps und hilfreiche Internetseiten

Berkenhoff, Rudolf; Burkhardt Hermann; Heller, Martin:
Grundsteine Bildende Kunst
Ernst Klett-Verlag, Stuttgart, 1979
ISBN 978-3-1220-5100-6
→ *ein Grundlagenbuch, das den Zusammenhang zwischen Wahrnehmen und Handeln, Denken und Machen vermittelt*

Dr. Bilzer, Bert:
Begriffslexikon der Bildenden Künste
Rowohlt Taschenbuch, Rowohlt Verlag, 1971
ISBN 978-3-4991-6142-1
→ *Nachschlagewerk zur Baukunst, Plastik, Malerei, Grafik und zum Kunsthandwerk*

Eid, Klaus; Langer, Michael; Ruprecht, Hakon:
Grundlagen des Kunstunterrichts
Schöningh Verlag, Stuttgart, 2008
ISBN 978-3-8252-1051-9
→ *Arbeitsbuch, Orientierungshilfe und Nachschlagewerk für die Unterrichtspraxis*

Kampmann, Lothar:
Malerische, graphische und räumlich-plastische Techniken
Otto Maier Verlag, Ravensburg, 1977
ISBN 978-3-4736-1520-9
→ *Grundlage zur Vorbereitung und Durchführung gestalterischer Aufgaben im Kunstunterricht*

Klante, Dieter; Röttger, Ernst; Salzmann, Friedrich:
Das Spiel mit den bildnerischen Mitteln – Die Fläche
Ravensburger Verlag, Ravensburg, 1969 und 1984
ISBN 978-3-4736-1316-8
→ *Wege zur Erkenntnis von gestalterischen Zusammenhängen mit vielen schöpferischen Einfällen zum Thema Fläche*

Linnenkamp, Rolf (Hrsg.):
Kindlers Malerei Lexikon
Deutscher Taschenbuch-Verlag, München, 1982
ISBN 978-3-4230-5956-5
→ *Geschichte der Weltmalerei mit Biografien und Werkauswahl einzelner Maler*innen (15 Bände)*

Internet

www.bilderbuchmuseum.de
→ *Bilderbuchmuseum in der Burg Wissem in Troisdorf mit historischen Kinder- und Bilderbüchern aus 6. Jahrhunderten – mit Schmökerstube und Spielzimmer*

www.bremer-haven-perspektiven.de
→ *Riesige Bilddatenbank mit spektakulären und interessanten Motiven der Häfen Bremen und Bremerhaven. Umfangreiche Auswahl von Fotos in verschiedenen Kategorien, die im Warenkorb unter Angabe des Verwendungszwecks kostenlos heruntergeladen werden können (Kennzeichnung als Werkfoto zwingend erforderlich).*

Vorwort

„An die Materialien – fertig – KUNST!" möchte im Kunstunterricht auf Basis bewährter Techniken bei den Schüler*innen[1] **vielfältige Gestaltungsprozesse anregen** und in Gang setzen. Dabei geht es darum, den Schüler*innen durch das eigene Tun, durch Experimentieren und Gestalten mit unterschiedlichsten Materialien sowie durch den **Einsatz vielfältiger Techniken** wieder zu mehr Konzentration, Fokussierung und Ausdauer zu verhelfen. Gleichzeitig können sich die Schüler*innen durch eigenes Tun des Alltäglichen bewusst werden, etwas der Schnelllebigkeit unserer digitalen Welt entfliehen und vor allem auch die eigenen **Fähigkeiten und Stärken spielerisch entdecken**.
Nach vielen Jahren Berufstätigkeit als Lehrerin an einer Brennpunkthauptschule ist es mir Anspruch und Bedürfnis, nur solche Aufgaben in diesem Buch vorzustellen, die sich in der Praxis bewährt haben und den Schüler*innen genau diese Fähigkeiten vermitteln konnten: sich konzentrieren, ruhig werden und lernen, zu gestalten.
Es war bemerkenswert, zu sehen, dass die Schüler*innen erst lernen mussten, ihre eigenen Ergebnisse anzunehmen. Dieses Staunen darüber, etwas Eigenes erschaffen zu haben, hat mich erst ermutigt und letztlich überzeugt, über eine Veröffentlichung der Ideen nachzudenken.

So ist schlussendlich eine umfangreiche Materialsammlung, ein **kreativer Ideenpool** entstanden, der sich meines Erachtens unbedingt lohnt, nicht in der „Schublade" zu verstauben. – Und der dazu beitragen soll, den Kunstunterricht fantasievoll zu entschleunigen. Denn während meiner Tätigkeit als Kunstlehrerin konnte ich feststellen, dass je je differenzierter die Kunstübungen/Themen aufgebaut waren, oft verknüpft mit interessanten Materialien aus dem täglichen Umfeld, wie Stoff, Papier, Pappe, Karton, Draht, Gewebe, umso mehr ruhten die Schüler in sich! – Das war eine wunderbare Erfahrung!

Es bereitet mir Freude, nun mit diesem Buch die Aufgaben und Projekte weiterzugeben, die ohne meine Kunstschüler*innen nicht in den pädagogisch-künstlerischen Kreislauf gekommen wären.
Ich wünsche Ihnen allen genauso viel Freude, Kreativität und gestalterische Energie bei der praktischen Umsetzung der Ideen, wie sie sich bei meinen Schüler*innen und mir bei Erprobung und Realisation bereits innerhalb kurzer Zeit einstellten. Tauchen Sie, liebe Kollegen*innen und Kunstschaffende, ein in diese fantasievolle Vielfalt der hier ausgewählten Kunstaufgaben.

Ihre Silvia Hillringhaus

---

[1] Der Verlag an der Ruhr legt großen Wert auf eine geschlechtergerechte und inklusive Sprache. Daher nutzen wir das Gendersternchen, um sowohl männliche und weibliche als auch nichtbinäre Geschlechtsidentitäten einzuschließen. Alternativ verwenden wir neutrale Formulierungen.
In Texten für Schüler*innen finden sich aus didaktischen Gründen neutrale Begriffe bzw. Doppelformen.

Ein Praxis- und Rezeptbuch für den Kunstunterricht

Die vorliegende Ideensammlung verknüpft verschiedene **künstlerische Techniken** mit bekannten, in der Schule **erprobten Aufgabenstellungen** aus dem Umfeld und dem Alltag der Schüler*innen. Zahlreiche der hier vorkommenden Themen sind den Schüler*innen bereits aus ihrem Lebensumfeld vertraut, andere, ihnen möglicherweise nicht ganz geläufige Aspekte werden innerhalb der Aufgaben in den Fokus gerückt, von ihnen entdeckt und künstlerisch bearbeitet. Weiterhin finden Sie hier Thematiken, die in meinem Ideen-Atelier weitergedacht und von mir speziell für die Sekundarstufe aufbereitet wurden.

Insgesamt gliedert sich dieses Praxisbuch in fünf künstlerische Blöcke: 1. Collage und Decollage; 2. Mischtechniken: Collage und Malerei; 3. Drucktechniken sowie 4. Malerei und 5. Montage. In diesen Blöcken finden Sie – „eingepackt" in spannende Titel, welche die Kreativität sowie das künstlerische Schaffen der Schüler*innen gleich zu Beginn anregen sollen – die in den Kapitelbezeichnungen aufgeführten Techniken. Sämtliche Ideen und hier vorgestellte Techniken sind sowohl **im Kunstunterricht als auch innerhalb von Kunstprojekten sehr gut umsetzbar**. Jedes der Kapitel wird von einem kurzen Block mit Hintergrundinformationen zur jeweiligen Technik eingeleitet. Didaktische Hinweise und Angaben zur Umsetzung der Ideen im Unterricht sowie Beispiele fertiger Aufgaben und eventuell benötigte Vorlagen finden Sie dagegen in den jeweiligen Aufgabenbeschreibungen. Alle hier vorgestellten Bildaufgaben lassen sich mit **wenig und günstigem Arbeitsmaterial** sowie **geringem Vorbereitungsaufwand** realisieren. Wenn kein Kunstraum frei ist, können Sie genauso gut mit den Schüler*innen im Klassenraum arbeiten. In allen Aufgaben geht es um die Ausbildung und den Einsatz von Fantasie, Kreativität, Geduld und das **Kennenlernen von handwerklichen Fähigkeiten**. Häufig werden „Mikrotechniken" vorgestellt, die ein kleinteiliges Arbeiten verlangen und die Schüler*innen auf eindrucksvolle Weise zu Ruhe und Konzentration finden lassen.

Die Altersangaben in diesem Buch orientieren sich an dem bestmöglichen Einsatz von Technik und Bildaufgabe. Feste Normen diesbezüglich gibt es jedoch nicht, eine Umsetzung der Ideen mit jüngeren und älteren Schüler*innen ist je nach Eifer, Engagement und Aufgeschlossenheit sowie mit einer Prise Neugier immer möglich.

Das vorliegende Praxisbuch stellt eine Auswahl und Mischung aus Aufgaben vor, deren zugrunde liegende Techniken und die Reihenfolge ihres Vorkommens hier im Buch Ihnen lediglich als **Ideenpool** dienen sollen und nicht als starres Korsett verstanden werden müssen. Aus vielen Projekten lassen sich unkompliziert **weiterführende Gestaltungen** entwickeln. Einige der möglichen Weiterentwicklungen werden unter dem Stichwort „Variationen" kurz beschrieben. Sie finden jedoch sicherlich auch weitere, darüber hinausgehende Möglichkeiten zur Erweiterung und Fortsetzung der Ideen. Nutzen Sie die hier vorgeschlagenen Beispiele als Fundgrube, die Sie, Ihrer Lerngruppe entsprechend, immer wieder verändern und erweitern. Während der Zusammenstellung des Buches sind mir weitere Motivbeispiele eingefallen, die in diesem Werk nicht mehr untergebracht werden können. Wenn Sie, liebe Kunstschaffende, erst einmal in die Praxis des Machbaren eingetaucht sind, eröffnet sich Ihnen ein nahezu **unerschöpfliches Feld** der Experimentierfreude, Kreativität und Produktivität, das Ihre Schüler*innen ermutigen und motivieren wird. Schnell ist der Funke übergesprungen und die Begeisterung geweckt. Probieren Sie, liebe Lehrer*innen und Leser*innen, es einfach aus! Seien Sie mutig und beginnen Sie mit dem Kapitel, das Ihnen am meisten liegt. Dann klappt das Weiterarbeiten!

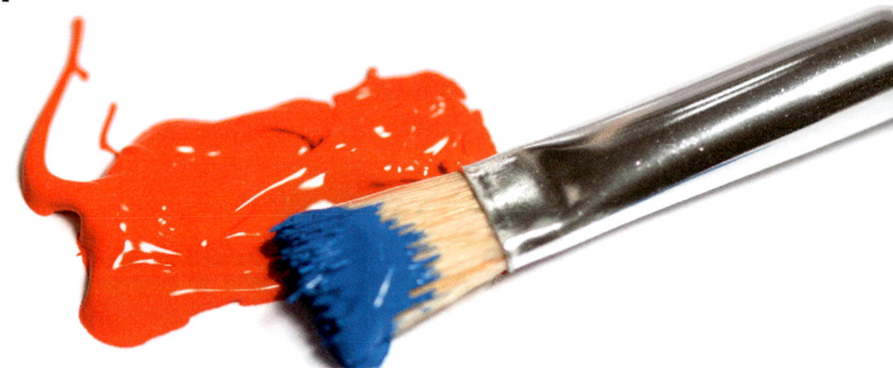

Collage und Decollage

Der Begriff „Collage" bedeutet so viel wie „Klebebild" und leitet sich vom französischen Verb „coller" (kleben) ab. Die Collage bezeichnet sowohl die Technik in der bildenden Kunst, bei der unterschiedliche Materialien, wie Papier, Pappe, Stoff etc., auf einen Untergrund aufgeklebt werden und so zu einer neuen Bildeinheit verschmelzen, als auch das auf diese Weise entstandene Kunstwerk. Die Technik des Ausschneidens und Zerreißens von Papieren und anderen flächigen Materialien sowie ihres Arrangierens zu einer neuen Komposition wurde von den Künstlern Georges Braque (1882–1963) und Pablo Picasso (1881–1973) weiterentwickelt. Den Begriff „Collage" prägte für die bildenden Künste Europas dagegen der Surrealist und Schriftsteller André Breton (1896–1966).
Der Künstler Kurt Schwitters (1887–1948) experimentierte um 1918 mit sehr unterschiedlichen Materialien, wie z. B. Wachstuchresten oder Tapetenstücken in seinen Bildern. Viele weitere Künstler*innen übernahmen diese Art der Klebetechnik, wie z. B. Max Ernst (1891–1976), Hannah Höch (1889–1978), George Grosz (1893–1959), John Heartfield (1891–1968), Robert Rauschenberg (1925–2008), Joseph Beuys (1921–1986) oder Martin Kippenberger (1953–1997), um nur einige zu nennen. Da bei einer Collage die Grenzen zwischen Malerei, Grafik und Skulptur verwischten, wurde der Zufall zum gestalterischen Prinzip. Ihren Durchbruch hatte die Collage als Kunstform zu Beginn des 20. Jahrhunderts, wurde als Technik jedoch schon viel früher genutzt. – Tatsächlich wurden schon ungefähr 1 000 Jahre vorher in Japan Tuschezeichnungen mit ausgeschnittenen und aufgeklebten Bildsegmenten verziert. Auch heute noch verwenden viele bedeutende Künstler*innen diese Technik, da sie Bildbotschaften an die Betrachter*innen sendet und ein starkes Kommunikationsinstrument darstellt.
Von einer „Decollage" spricht man dagegen, wenn Teile eines Gesamtbildes entfernt werden. Die Oberfläche wird durch Abreißen, Einreißen, Ausreißen, Abkratzen, Ausbrennen oder andere Formen des Entfernens von Material verändert. Anders als bei der Collage geht es bei Decollage also um das Wegnehmen und nicht um das Hinzufügen von Material.

Die Arbeit an einer Collage oder Decollage setzt vielfältige gestalterische Prozesse in Gang, wie das Sammeln, Auswählen, Arrangieren, Kombinieren, Verwerfen, Austauschen, Komponieren, Wegnehmen etc. Kunstschaffende prägen durch die Nutzung der Techniken eine ihnen eigene originale Bildidee, die viele Sinne anspricht. In der Abgrenzung zu reinen Maltechniken werden die verwendeten Bildelemente – anders als dies beim Malen mit Farben der Fall ist – nicht sofort durch den Pinselstrich gesetzt.
Der besondere Reiz liegt darin, dass die einzelnen Elemente während des Schaffensprozesses in Bild- und Farbaufbau noch verändert werden können. Das Ordnen (oder Wegnehmen) der einzelnen Bildteile kann in Ruhe und Schritt für Schritt erfolgen. Diese vielfältigen Prozessschritte können die Schüler*innen bei den folgenden Aufgaben selbst nachempfinden: Sie arrangieren „Gesteinsschichten", erschaffen QR-Codes in Analogie zu Kirchenfenstern, in denen Farbquadrate individuell – und damit einem QR-Code gleich – gesetzt werden, oder „zerstören" Oberflächen, um Jeansstoff freizulegen und sich damit dem Begriff „Destroyed Jeans" anders zu nähern.

Schicht um Schicht (1/3)

Darum geht's

Gesteinsschichten und -formationen, Abbruchkanten von Felsenkliffs, Steinbrüche oder Berge mit riesigen Gesteinsbrocken, die z. B. bei Baumaßnahmen sichtbar werden, gehören zu den spannendsten Seherlebnissen, die uns die Natur bietet. Besonders beeindruckt hat mich die einstige Vulkanlandschaft rund um den Drachenfelsen im Siebengebirge mit ihren stillgelegten Basaltsteinbrüchen, deren Felsformationen sehr bizarr und säulenartig wirken. Das Thema für die folgende Gestaltungsaufgabe war gefunden: Arrangieren und Aufkleben von Gesteinsschichten. Gleichzeitig stellte ich mir die folgenden Fragen: Mit welchen bildnerischen Mitteln lässt sich diese inhaltliche Zielvorstellung im Kunstunterricht gestalterisch realisieren? Wie können sich die Schüler*innen diesen Bereich der Außenwelt, die so ganz besonders ist, im Sinne der Ästhetischen Erziehung erschließen? Welches Verfahren ist für die Bildproduktion geeignet? Die Entscheidung fiel zugunsten der „Spalt-Schnitt-Technik", jedoch unter Verwendung von Schmirgelpapier für die Darstellung der Gesteine anstatt des sonst üblichen Tonpapiers.

Um die Unregelmäßigkeiten der Formen auszudrücken, wird das hier eingesetzte Material nur gerissen und so gleichzeitig zum Stilmittel für die Flächengestaltung. Durch diese simple Technik setzen sich die Schüler*innen nahezu spielerisch mit dem Thema „Landschaft und ihre Veränderung durch den Menschen" auseinander und lernen dabei ein wichtiges bildnerisches Mittel kennen: die Gliederung einer Fläche durch Reißen des Materials und das Arrangement durch Aneinanderfügen der Streifen mit schmalem Abstand. Wie bei echten Gesteinen wirken die geklebten Papierstreifen wie Bruchkanten von Felsen und Gestein, was wiederum den besonderen Charme der fertigen Arbeit ausmacht. Da die entstandenen Streifen mit wenig Abstand auf den Bildgrund aufgeklebt werden, sollte dieser so großzügig bemessen sein, dass die Strukturbildungen und der Charakter der Gesteine hervorgehoben werden. Das Kunstwerk lebt vom Hell-Dunkel-Kontrast. Bei hellem Schmirgelpapier empfiehlt sich dunkles Tonpapier als Bildträger, bei dunklem Papier ein helleres Schmirgelpapier.

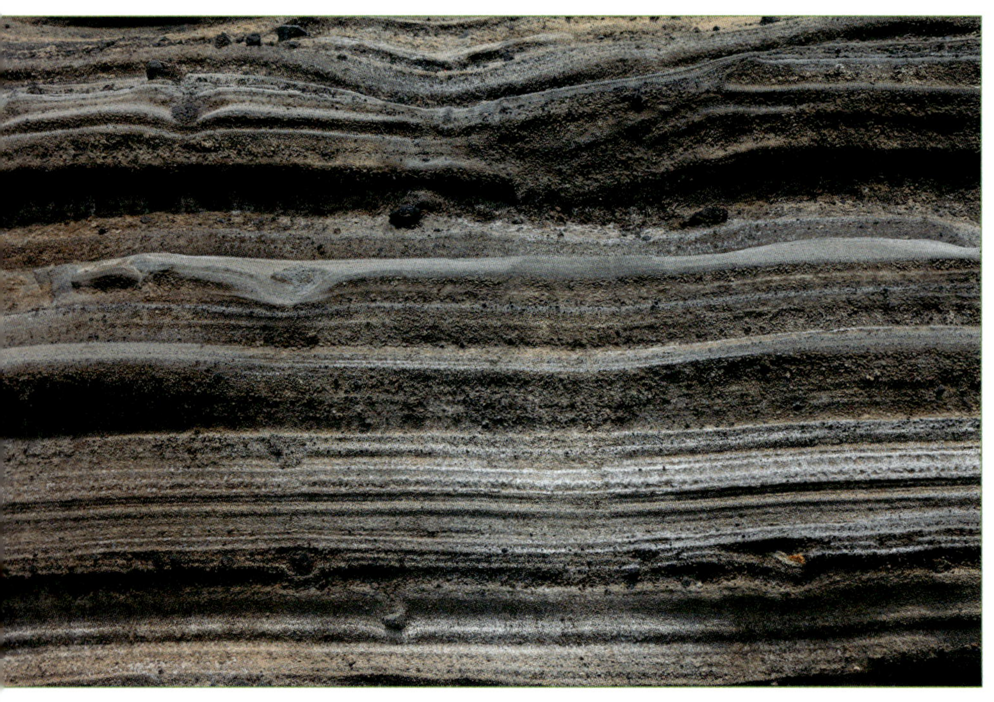

Sedimentschichten im Sedimentgestein

Schicht um Schicht (2/3)

Material:

pro Schüler*in

- 2 Bögen Tonpapier, DIN A3, braun/weiß
- 2 Bögen Schmirgelpapier, DIN A4, mit unterschiedlicher Körnung, Sand/Graphit
- Klebestift oder Bastelleim
- Schere, Bleistift, Lineal

Dauer:

2 Doppelstunden

Klasse:

7–10

Ziele:

Die Schüler*innen ...

- erzeugen eine Anmutung von Gesteinsverwerfungen durch Reißen des Schmirgelpapiers.
- komponieren mit den Schmirgelpapierstreifen Gesteinsschichten auf dem Bildgrund.
- arbeiten präzise Spalten zwischen den Gesteinsschichten aus, indem sie die Reihenfolge der Streifen beachten und sorgfältig auf dem Bildgrund aufkleben.

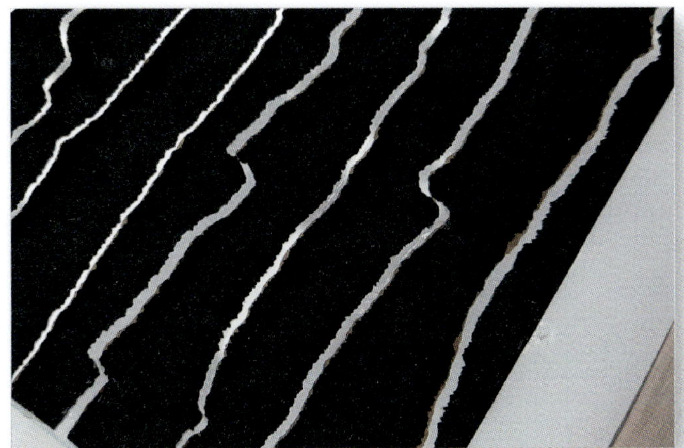

Detailansicht der Spalt-Technik

Vorbereitung:

Organisieren Sie das Schmirgelpapier als Packung oder Einzelbogen. Achten Sie darauf, dass die Rückseite aus Papier und nicht aus Gewebe besteht. Letzteres lässt sich nicht reißen! Fertigen Sie dann eine Musterarbeit mit einem gerissenen Spaltschnitt als Demo-Objekt an (siehe Abbildung unten). Abbildungen von Gesteinsschichten aus dem Internet oder aus Geografiebüchern dienen den Schüler*innen bei dieser Aufgabe als Anschauungsmaterial. Neuerdings findet man im Internet auch Exklusivtapeten, die im Digitaldruck mit Abbildungen von Gesteinsschichten bedruckt wurden. Optimal ist natürlich immer ein Unterrichtsgang, wenn die Voraussetzungen im Schulumfeld vorhanden sind. Nehmen Sie sich etwas Zeit für eine kleine Recherche.

So geht's:

Zeigen Sie den Schüler*innen zunächst die Technik des Spalt-Schnitts an einem kleinen Demo-Objekt. In diesem Fall wird das Material jedoch nicht geschnitten, sondern senkrecht in Streifen gerissen. Ordnen Sie dann einige der Stücke auf der Tonpapierfläche zur Veranschaulichung an. Vermitteln Sie, dass sich die einzelnen „Gesteinsbänder" immer wieder zu einem Ganzen zusammenschieben lassen, solange die Teilstücke noch nicht aufgeklebt sind. Erklären Sie auch, wie wichtig ein exaktes Arbeiten und Arrangieren ist. Die Streifen dürfen in der Reihenfolge, in der sie gerissen wurden, nicht verändert werden, da ansonsten keine gleichmäßigen Spalten entstehen.

Es ist daher sinnvoll, die beabsichtigten Streifen auf der Rückseite des Papiers komplett mit Bleistift vorzuzeichnen und die obere Kante zu kennzeichnen (siehe Skizze S. 10) sowie die Streifen ggf. auf der Rückseite zu nummerieren.

Schicht um Schicht (3/3)

Vor dem Reißen sollten die einzelnen Teilflächen entlang der Linien vorgefaltet werden. Die Handhabung beim Reißen fällt so wesentlich leichter. Das Schmirgelpapier sollte während des Reißens auf dem Tisch aufliegen.
Die Motivation für diese Kunstaufgabe schaffen Sie ganz einfach durch wirklich aussagekräftige Fotos von Gesteins- oder Felsformationen, die sich gut zum Nachgestalten eignen.
Halten Sie die Schüler*innen an, die über dem Lineal oder freihändig gerissenen Streifen präzise mit schmalem Abstand = Spalt auf den Untergrund zu kleben. Das Bild lebt von den schmalen Abständen und das Ergebnis ist umso beeindruckender, je genauer gearbeitet wird.

Tipps/Variationen:

- Eine spannende Variante bietet das Ausmalen der Lücken/Spalten mit Deckfarben oder Filzstift.
- Anstelle von Schmirgelpapier eignen sich auch Seiten aus Illustrierten wunderbar.
- Eine Erweiterung der Technik kann durch horizontale Schnitte erfolgen bzw. durch eine Kombination aus horizontalen Schnitten und Längsstreifen.
- Die „Gesteinsschichten" können auch mit der Schere geschnitten werden. Achten Sie dabei auf eine nicht zu grobe Körnung des Schmirgelpapiers, da es sich sonst nicht schneiden lässt.

Skizze zum Reißen des Schmirgelpapiers

Anordnung der Streifen beachten, dazu alle vorgezeichneten Streifen oben markieren.

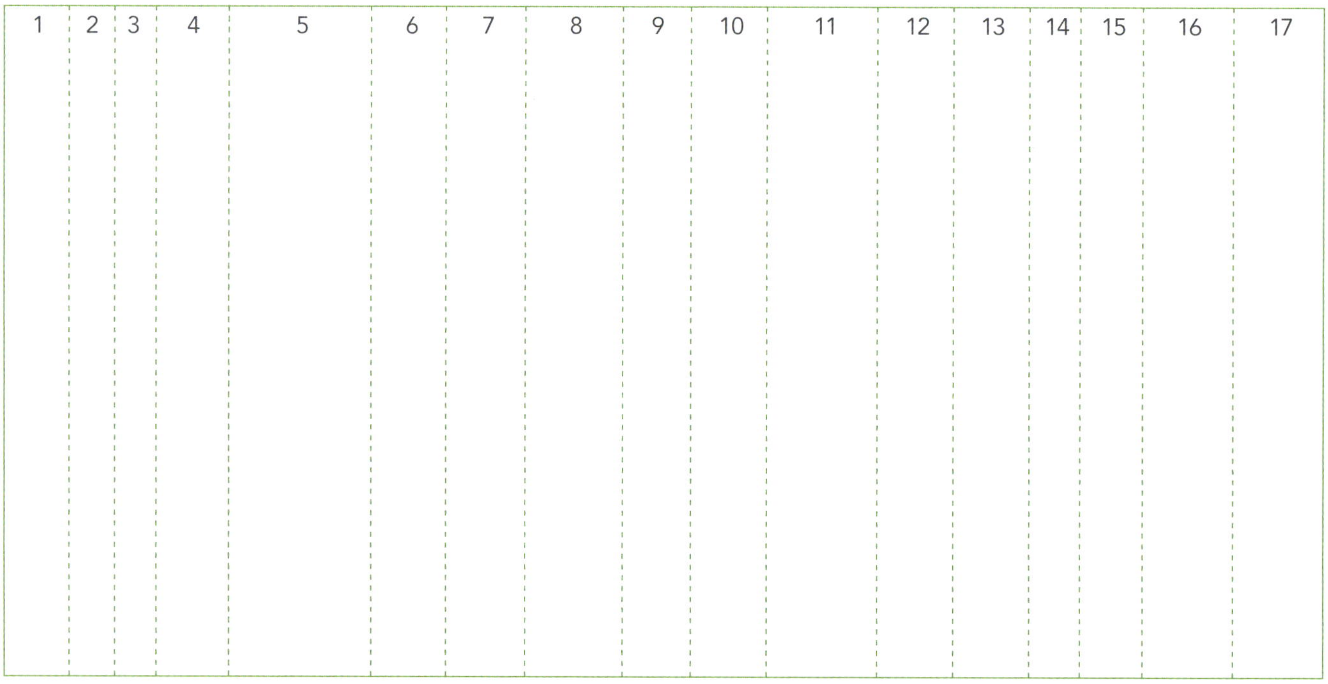

1	2	3	4	5	6	7	8	9	10	11	12	13	14	15	16	17

Für eine bessere Handhabung das Schmirgelpapier vor dem Reißen an den vorgezeichneten Linien vorfalten.

Schicht um Schicht

Fertige Ergebnisse

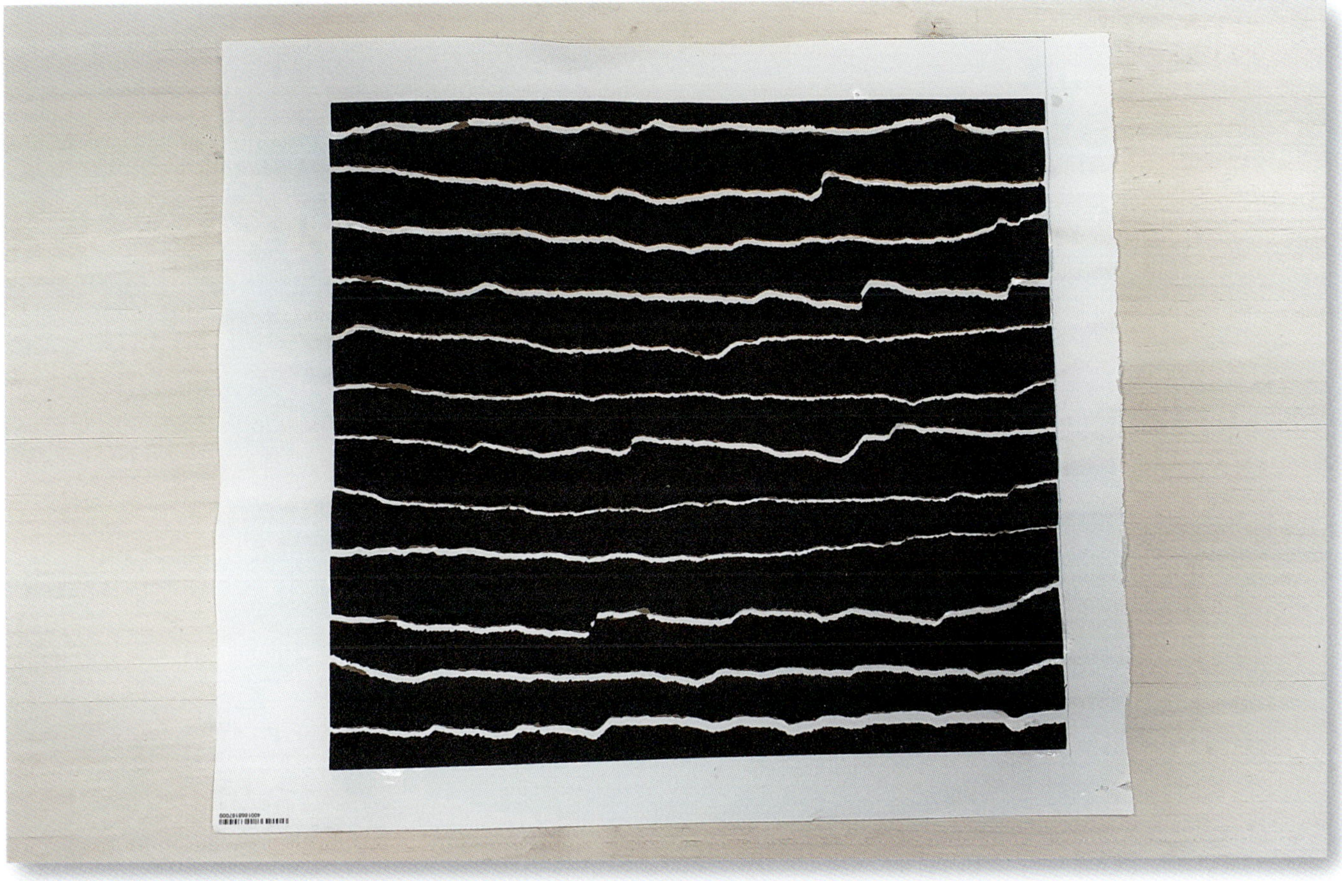

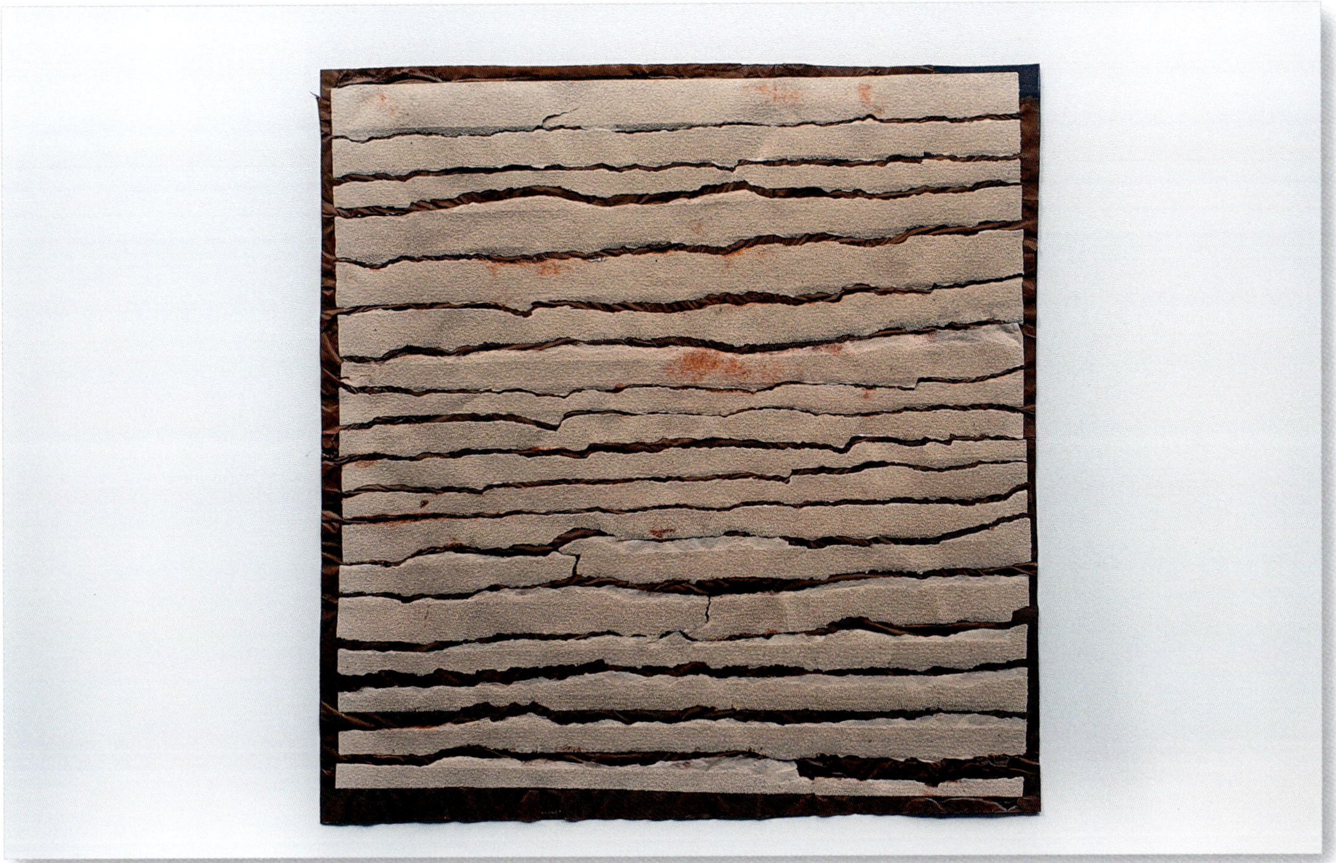

Ein ungewöhnliches Memo-Spiel (1/3)

Darum geht's

Beim ungewöhnlichen Memo arbeiten Sie mit einer Verknüpfung von Collage und Spiel. Die Schüler*innen erfinden das bekannte Spiel neu und zwar als Tastspiel, bei dem nach der Fertigstellung besonders das Greifen, Tasten und Erfühlen von Oberflächen und Materialien die spielerische Herausforderung darstellt. Beim Spiel steht das tastende Begreifen sinngemäß für aktive Erkundungen: Ihre Schüler*innen überstreichen, drücken, umfassen die Memo-Karten mit den Händen, um deren Oberflächen zu erspüren und wahrzunehmen, und erreichen auf diese Weise eine ganz sensible Konzentration. Sie erfahren, welches Gefühl sich beim Ertasten einstellt, und machen ihre ganz eigenen haptischen Erfahrungen: Sie erfühlen Eigenschaften, wie kalt, glatt, rau, weich, hart, sowie die Festigkeit und Temperatur eines Objektes. Die Haptik ist die Lehre vom Tastsinn. Der Begriff kommt aus dem Griechischen und meint die Fühlbarkeit von Gegenständen und Oberflächen. Tasten und Fühlen ist uns Menschen nur mit dem größten Sinnesorgan, der Haut, möglich, die mit unzähligen Sinneszellen bestückt ist.

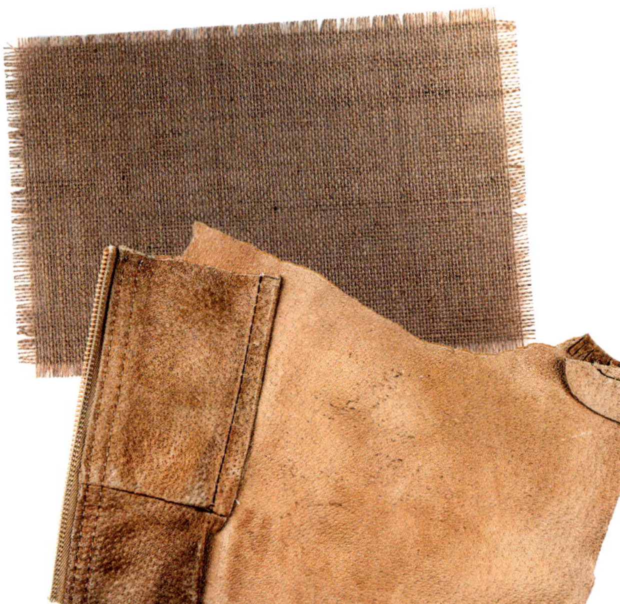

Leder, Pappe, Folie, Stoffe … – alles kann beim ungewöhnlichen Memo-Spiel Verwendung finden.

Alle unsere Sinne (Sehen, Hören, Riechen, Schmecken, Tasten sowie der Gleichgewichtssinn) harmonieren gemeinsam und nur durch ihr Zusammenspiel schafft es unser Gehirn, die gesammelten Sinneseindrücke zu kombinieren und zu verarbeiten.

Hugo Kükelhaus (1900–1984), ein deutscher Tischler, Künstler und Pädagoge, war mit seinem Buch „Entfaltung der Sinne: Ein Erfahrungsfeld zur Bewegung und Besinnung" seiner Zeit weit voraus. Es ist gestern wie heute noch immer hochaktuell, wenn wir es im Kontext der Sinne verstehen: *„Mit den Sinnen leben"*, formulierte es Kükelhaus einst. In seinen pädagogischen Schriften setzte er sich immer wieder für die ganzheitliche Bildung des Menschen ein.

Das sind alles Grundvoraussetzungen, die den Kunstunterricht so lebendig machen.

In der folgenden Unterrichtseinheit entwickeln die Schüler*innen die Tastkarten nach ihren eigenen Vorstellungen und Ideen, wobei das übergeordnete Auswahlkriterium die fühlbare Oberfläche der Materialien ist. Das bedeutet einerseits eine gewisse Eingrenzung der Aufgabe, andererseits lässt sich trotzdem eine nahezu unerschöpfliche Palette von geeigneten Oberflächen für die Tastkarten finden.

Das abschließende Spielen mit dem selbst erstellten Memo stellt eine alternative Form des Gestaltens dar und wird ohne Wettkampfcharakter durchgeführt. Es geht hierbei in erster Linie um die Spielfreude. Und es braucht selbstverständlich Sie, liebe Kunstschaffende, die diesen Weg mitgehen und Ihren Lerngruppen das Gestalten, Spielen und Experimentieren ermöglichen.

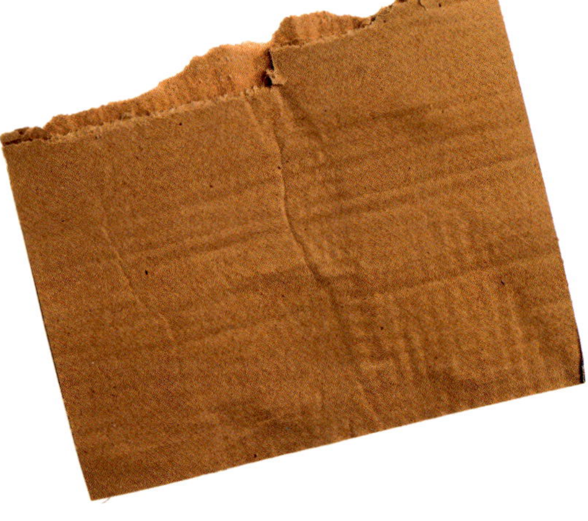

Ein ungewöhnliches Memo-Spiel (2/3)

Collage, Decollage

Material:

pro Schüler*in

- fester Pappkarton, Bastelkarton oder Graupappe (ausreichend für 15 Kartenpaare à 5 x 5 cm Größe)
- Bastel- oder Geschenkpapier (ausreichend zum Bekleben der Rückseiten der 15 Kartenpaare)
- Reste von unterschiedlichen Papieren und Materialien mit verschiedenen Oberflächenstrukturen: Seiden-, Gitter-, Schmirgelpapier, Wellpappe, Folie, Wolle, Fell, Leder, Knöpfe, Perlen etc.
- ggf. 5x5cm große Papier-Quadrate als „Schnittmuster" für die Memo-Karten
- Bastelleim
- Schere, Lineal, Geodreieck, Bleistift, Filzstift
- Karton zur Aufbewahrung des Spiels (kann verziert werden)
- Handy, Augenbinde

weiterhin:

- Materialtisch oder Paracour zum Fühlen

Dauer:

3 Doppelstunden

Klasse:

5–8

Ziele:

Die Schüler*innen ...

- erkunden in 2er-Gruppen verschiedene Oberflächen und machen sich mit unterschiedlichen haptischen Eigenschaften von Materialien vertraut.
- suchen geeignete Materialien mit unterschiedlichen Oberflächen/Strukturen aus.
- fertigen 15 unterschiedliche Kartenpaare an und beachten dabei die Spieleigenschaften eines Memo-Spiels.

Vorbereitung:

Bei dieser Unterrichtseinheit ist der Vorbereitungsaufwand für Sie gering. Sie benötigen Kartonstreifen, stabilen Bastelkarton oder dünne Graupappe, die sich auch hervorragend für andere Bastelarbeiten verwenden lässt. Für jüngere Schüler*innen, die Schwierigkeiten beim Zuschneiden der Karten haben könnten, können Sie auch fertige Blanko-Spielkarten bestellen. Dann entfällt das Bekleben der Kartenrückseiten mit dem Bastel- oder Geschenkpapier. Die Schüler*innen erstellen im Verlauf der Unterrichtseinheit je 15 Kartenpaare.
Stellen Sie dazu Materialboxen mit Stoff-, Leder-, Folien- und Papierresten bereit, ebenso, wenn vorhanden, einen Satz mit Scheren (Scherenblock) und Bastelleim. Lineal, Geodreieck, Blei- und Filzstift, einige Knöpfe, Glassteine, Wackelaugen o. Ä. sowie zwei Bögen Bastel- oder Geschenkpapier bringen die Schüler*innen mit. Außerdem benötigen sie weitere, selbst gesammelte Materialien und eine Pappschachtel für die fertigen Spielkarten. Hilfreich ist es, wenn Sie ein DIN-A4-Arbeitsblatt mit 5x5 cm großen Quadraten als Schnittmuster erstellen.
Für die Dokumentation dürfen die Schüler*innen das eigene Handy verwenden oder Sie fotografieren die fertigen Kartenarrangements.
Für den Unterrichtseinstieg halten Sie für die Schüler*innen Tücher oder Schals zum Verbinden der Augen bereit und bereiten vor der Stunde einen Materialtisch oder Parcour zum Fühlen vor, den Sie zunächst mit einem Tuch abdecken. Alternativ können Sie die Schüler*innen auch über den Schulflur oder auf den Schulhof schicken, wo sie verschiedene Oberflächen erkunden.

So geht's:

Erklären Sie den Schüler*innen, worum es bei der folgenden Aufgabe geht: um das Fühlen und Wahrnehmen von unterschiedlichen Oberflächen. Geben Sie den Schüler*innen den Arbeitsauftrag, die von Ihnen vorbereiteten Materialien in 2er-Gruppen zu erkunden, oder lassen Sie die 2er-Teams im Schulgebäude oder auf dem Schulhof verschiedene Oberflächenstrukturen befühlen. Jeweils einer Person

Ein ungewöhnliches Memo-Spiel (3/3)

werden die Augen verbunden, während die andere sie führt. Die „Fühlzeit" sollte nicht länger als fünf Minuten pro Person betragen, da das Sich-Einlassen auf das Ungewisse viel Mut braucht. Ermöglichen Sie den Schüler*innen einen Wechsel der Rollen. Die Schüler*innen lernen, der*dem anderen zu Vertrauen, die Kontrolle abzugeben und dadurch Neues zu entdecken. Dies ist eine überaus wichtige Lern- und Lebenserfahrung. Lassen Sie anschließend die „Fühlerlebnisse" beschreiben: Welche Gefühle haben sich eingestellt? Welche Dinge und Objekte konnten ertastet werden? Wie fühlen sich die Oberflächen an? Welche Menschengruppen sind besonders auf das Fühlen angewiesen? Mit dieser Wahrnehmungsübung stellen Sie ganz simpel einen entscheidenden Gegenwartsbezug her: Ohne die Möglichkeit, all unsere Sinne einzusetzen, sind wir in jeder Hinsicht nur bedingt lebensfähig. Können wir z. B. nur eingeschränkt sehen (Sehbehinderung) oder sind blind, spielen alle anderen Sinne eine entscheidende Rolle: Sie versuchen, das Defizit zu kompensieren. Die Erfindung der Blindenschrift, bei der die Buchstaben fühlbar werden, ist ein beeindruckendes Mittel für die Kommunikation. Durch die einführende Übung fällt es den Schüler*innen ganz leicht, die geeigneten Oberflächen für das Memo-Spiel auszusuchen. Die Rückseiten der Karten bekleben sie mit dem ausgewählten Bastel-/Geschenkpapier. Für die gleichmäßige Verteilung des Leims ist es hilfreich, einen Pappstreifen zu verwenden. Die fertigen Kartenpaare können die Schüler*innen in einem mit Geschenkpapier schön beklebten Karton aufbewahren. Das fertige Spiel fotografieren die Schüler*innen als gelegtes Mosaik mit ihren Handys. Bringt es zu viel Unruhe in die Gruppe, übernehmen Sie dies. Dann dienen die Fotos nicht nur der Dokumentation, sondern können auch als Benotungs- und Beurteilungshilfe fungieren. Zum Schluss kann das Spielen in 2er- oder 4er-Gruppen mit zuvor vereinbarter Spieldauer beginnen.

Tipps/Variationen:

- Wenn die Spielleidenschaft der Schüler*innen nachlässt, können Sie eine Tastwand aus den Memo-Karten erstellen, die im Schulfoyer oder Klassenraum aufgehängt werden kann.
- Viel Freude bereitet ein einfaches Ratespiel: Lassen Sie Gegenstände und Materialien in einem Stoffbeutel ertasten und anschließend malen oder zeichnen.

Ein ungewöhnliches Memo-Spiel

Fertige Ergebnisse

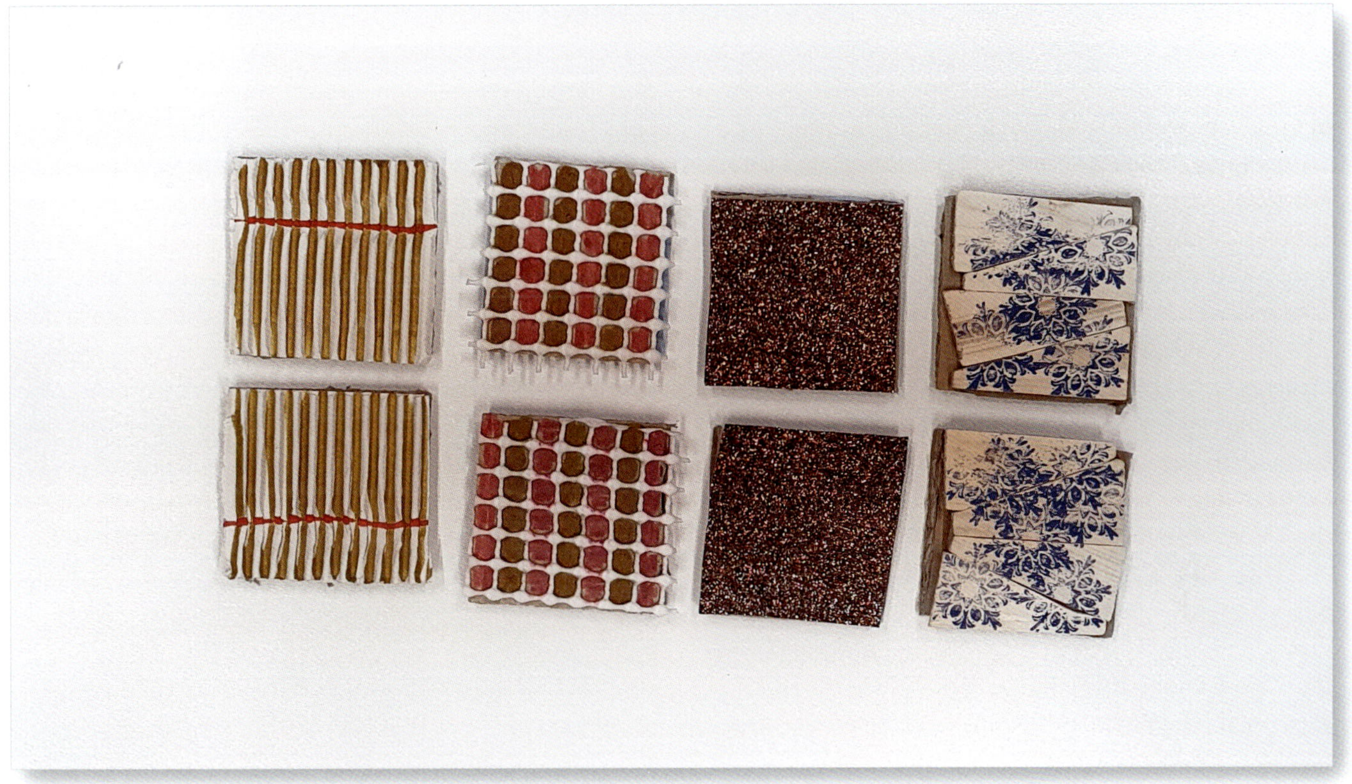

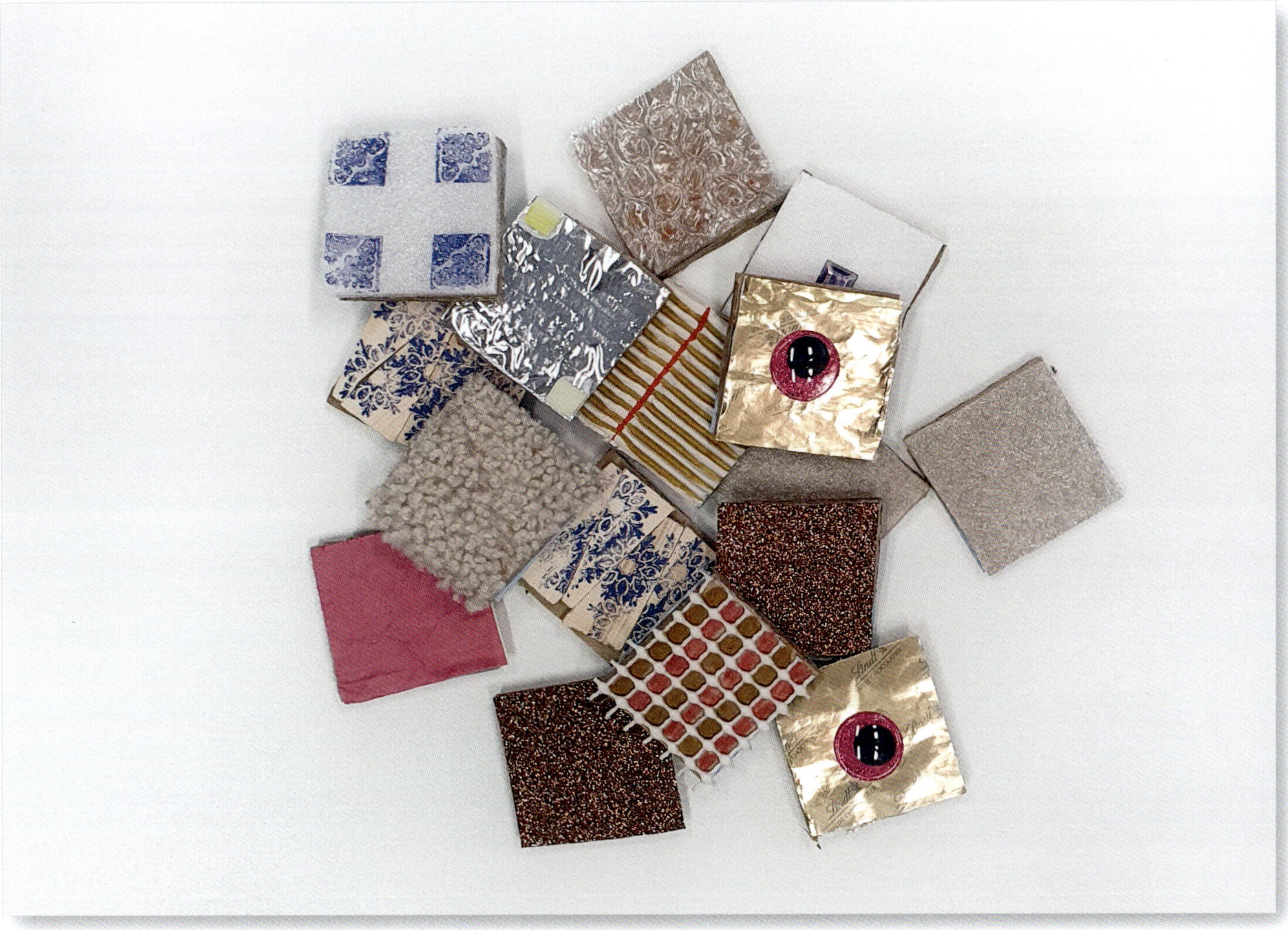

Hutlandschaft (1/3)

Collage, Decollage

Darum geht's

Stellen Sie sich vor, dass Sie mit Ihrer Kunstgruppe eine außergewöhnliche Reise machen. Mithilfe Ihrer Vorstellungskraft oder unterstützt durch Bild- oder Fernsehreportagen denken Sie zusammen mit den Schüler*innen an Landschaften aus Kopfbedeckungen, wie Sie sie z. B. bei einem Pferderennen in Ascot, oder bei der Baden-Badener Rennwoche bewundern können. Rufen Sie im Internet die Seiten von großen Sportveranstaltungen auf, bei denen elegante Kopfbedeckungen ein Muss sind, und genießen Sie die Bildimpressionen vom grandiosen Kopfschmuck der Damen. Von einer Anhöhe aus betrachtet, ergibt sich die Gelegenheit, auf das Meer der Hüte zu blicken. Nehmen Sie ein gutes Fernglas oder eine Kamera mit starkem Objektiv, holen Sie sich eine Kreation durch Feineinstellung in Augennähe heran und zoomen Sie die eine oder andere Kreation in den Blick. Welche außergewöhnlichen Farben können Sie ausmachen? Welche Verzierungen sind besonders? Welche Stoffqualitäten erblicken Sie? Betrachten Sie die Feinheiten, die Vielfalt von schillernden und farbintensiven Stoffen, die mit Federn, Bändern, Schmucksteinen und vielen weiteren Dingen dekoriert sind, um zu einem echten Blickfang zu avancieren. Ihre Schüler*innen sind nun so motiviert, dass es ihnen sehr leicht fallen wird, geeignete Stoffreste, die es inzwischen sogar als quadratische Heftchen mit festen Stoffen zu kaufen gibt, auszusuchen, um daraus Hutmodelle auszuschneiden. Die von Ihnen mitgebrachten Schnittmuster machen den Einstieg einfach: das Modell auflegen, mit Kugelschreiber umfahren (oder mithilfe des Kohlepapiers durchpausen), ausschneiden und auf diese Art eine große Anzahl kleiner und großer Hutmodelle herstellen. Aus dem gleichen Material können genauso Hutbänder und ähnliche Verzierungen ausgeschnitten werden. Wenn die Schüler*innen dann auch noch Glassteinchen für Verzierungen zur Verfügung haben, sollte die Aufgabe mühelos gelingen. Selbstverständlich dürfen Materialien untereinander ausgetauscht werden. Es ist ausdrücklich gewünscht, weil es das soziale Miteinander schult: durch Tauschhandel mit Börsencharakter wird die eigene Materialpalette erweitert. Beim Ausprobieren im Atelier haben sich als Bildträger ein hellbraunes Naturpapier im DIN-A3-Format (ggf. zwei DIN-A4-Blätter zusammenfügen) sowie für die Hüte braune, graue, beige, anthrazitfarbene und goldene Farbtöne bewährt. Die Hutlandschaft wirkt auf diese Weise sehr ausdrucksstark und harmonisch im Gesamtbild. Entscheidend ist es, die Formen von klein nach groß zu staffeln, d. h. mit den kleinen Formen am oberen Bildrand zu beginnen, die dann beinahe wie Wolken wirken, und mit großen Hüten im Vordergrund, die auffällig verziert werden, zu enden. Ihren Schüler*innen wird die Anfertigung dieser Art Melange großen Spaß bereiten. Das Herausputzen der Modelle erfolgt zum Schluss: beim Ausschmücken und Anbringen der Garnitur sind der Fantasie keine Grenzen gesetzt.

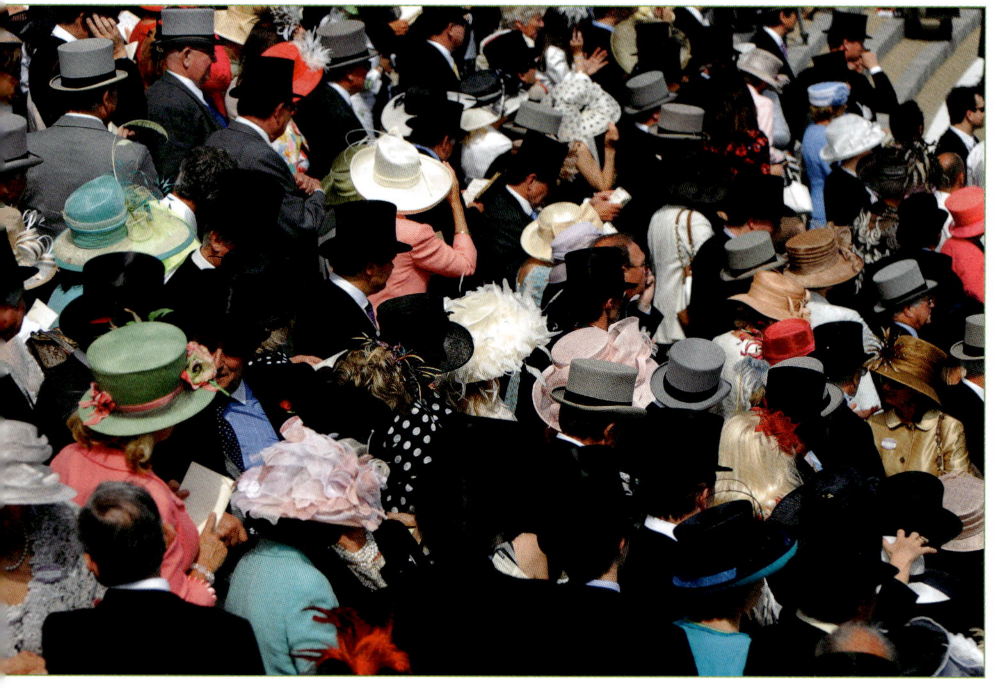

Ein Meer aus Hüten bei einem Pferderennen

Hutlandschaft (2/3)

Material:

pro Schüler*in

- 2 Bögen Naturkarton, DIN A3, oder 4 Bögen, DIN A4
- Bogen Tonpapier, DIN A4
- geeignete Stoffreste in Braun, Grau, Beige und gemustert, Glitzerstoffe
- ggf. Block mit Stoffstücken in Braun-Beige und Glitzer, 25 cm x 25 cm
- einige Perlen, Glitzersteine, kleine Federn, usw. für die Dekoration
- Schnittmuster „Hüte" (siehe Kopiervorlage S. 20) in unterschiedlichen Größen
- ggf. Blatt Kohlepapier zum Durchpausen
- gut schneidende Schere, Bleistift, Kugelschreiber
- Pinzette für die Feinheiten
- Rolle Papierklebeband
- 1 oder 2 gute Klebestifte oder Bastelleim

weiterhin

- geeignete Fotos oder Filme als Anschauungsmaterial
- ggf. Skizze einer Hutlandschaft

Dauer:

3 Doppelstunden

Klasse:

7–8 oder höher

Ziele:

Die Schüler*innen ...

- schneiden, arrangieren und staffeln die Hüte nach Größe, Form und Farbe zu einer Hutlandschaft.
- schaffen fantasievolle Hutgebilde, indem sie die Hüte mit diversen Garnituren dekorieren.

Vorbereitung:

Die Umsetzung der Hutlandschaft braucht Ihrerseits nur wenig Vorbereitung. Prüfen Sie, ob die Schulmaterialboxen genügend Stoffreste enthalten. Sollte das nicht der Fall sein, fragen Sie in einer Änderungsschneiderei oder einem Stoffgeschäft nach. Eine weitere Möglichkeit ist die Bestellung von quadratischen Stoffstück-Heften im Klassensatz. Beim Ausprobieren habe ich mit diesem Bastelmaterial sehr gute Erfahrungen gemacht. Denken Sie daran, dass die Scheren gut schneiden sollten. Denn die Schüler*innen verlieren schnell den Spaß beim Ausschneiden, wenn das Equipment nicht funktioniert.
Das Kohlepapier zum Durchpausen der Hutvorlagen können Sie einsparen, wenn Sie für Ihre Schüler*innen je ein Schnittmusterblatt kopieren. Entscheiden Sie selbst, wie viel Arbeit Sie der Gruppe abnehmen wollen.

So geht's:

Stimmen Sie die Schüler*innen zunächst mit geeigneten Fotos auf die Aufgabe ein oder starten Sie mit ihnen eine kleine Internetrecherche in Sachen „berühmte Pferderennen" sowie zu den wichtigsten Accessoires der Pferderennen-Besucherinnen, den fantasievollen Kopfbedeckungen. Der so gewählte Themeneinstieg schult den Umgang mit den digitalen Medien insofern, als Sie zuvor gemeinsam eine Liste mit Fragen erstellen, mit deren Hilfe die Schüler*innen zielgerichtet die gewünschten Informationen aus dem Netz zusammentragen. Legen Sie auch die Zeitdauer für die Recherche fest. Etwa 20 Minuten reichen vollkommen, um geeignete Abbildungen von Hüten/Hutlandschaften zu finden.
Nach dieser Suchaufgabe sollte die Motivation für den praktischen Auftrag groß sein. Sorgen Sie nun dafür, dass alle Schüler*innen ihren Materialtisch entsprechend der Recherche-Liste vorbereiten und geeignete Materialien zusammenstellen. In der Zwischenzeit verteilen Sie die Schnittmuster für die Hüte und, falls gewünscht, je eine Skizze einer Hutlandschaft. Natürlich können Sie diese auch über Beamer, Whiteboard oder den OHP präsentieren.

Hutlandschaft (3/3)

Die Schüler*innen schneiden circa 30 bis 40 verschieden große Hüte aus, wobei es ganz sinnvoll ist, von einer Größe und Form immer mehrere Modelle herzustellen. Besprechen Sie danach im Plenum die Anordnung der Kopfbedeckungen auf dem DIN-A3-Papier und verdeutlichen Sie, dass mit den kleineren Hüten am oberen Bildrand begonnen wird und die Hutlandschaft mit den großen Modellen im Vordergrund endet. Sind alle Kopfputze arrangiert und haben ihre richtige Position gefunden, geht es ans Festkleben. Erst danach werden die „Garnituren" aufgebracht bzw. die Hüte dekoriert. Sicherlich ist es hilfreich, wenn Ihre Schüler*innen immer wieder die recherchierten Modelle betrachten können. So können sie sich noch einmal durch die Bilder anregen lassen, um ungewöhnliche Kreationen zu designen. Diese Aufgabe macht wirklich so viel Vergnügen, dass man kaum Lust verspürt, sie zu beenden. Daher finden Sie unten noch den Tipp, nach der Gestaltung der Hutlandschaft noch einen Riesenhut zu kreieren. Es wird nicht langweilig! Die Möglichkeiten sind nahezu unerschöpflich. Gestalten Sie z. B. zweidimensional: Blumendraht-Stängel mit Perlen als Blüte können und dürfen aus dem Hut herauswachsen. Oder Sie machen eine komplette Unterrichtsreihe aus dem Thema und enden mit einem vollplastischen Kopfschmuck, der sich aus stabilem Tonkarton gestalten lässt. Natürlich gibt es die Möglichkeit, das Geschäft eines Modisten bzw. einer Modistin in Ihrer Nähe zu besuchen. Das ist jedoch nicht so einfach, weil dieser Beruf immer seltener zu finden ist. Bei der Vorbereitung dieser Aufgabe stieß ich allerdings im Netz auf zahlreiche Workshops, in denen das „Hütemachen" vermittelt wird, sowie auf Museen, z. B. Freilichtmuseen, die alte Handwerksberufe präsentieren, damit diese nicht in Vergessenheit geraten. Wie wäre es daher mit einer Exkursion? Während meines Kunststudiums fürs Lehramt haben uns die Dozent*innen viele Dinge durch die „originale Begegnung", also durch den Besuch von Museen, Galerien und Handwerksbetrieben nähergebracht. – Es hat die Wissensvermittlung sehr lebendig und nachhaltig gestaltet! Mein Appell zum Schluss: Machen Sie, wann immer Sie es können, Unternehmungen in alle Richtungen! Sie sind es, die die Wissensvermittlung lebendig halten. Sie sehen schon, wie viel mir diese „Seh-Erlebnisse" bedeuten.

Tipp/Variation:

Fertigen Sie zweidimensional einen Riesenhut in DIN A3 als Kopfputz an und arbeiten Sie mit biegsamen Blumendrähten und Perlen, die herausragen. Dies kann ein Hut für eine*n Varieté-Künstler*in, einen Bühnenstar o. Ä. sein.

Hutlandschaft

Fertiges Ergebnis

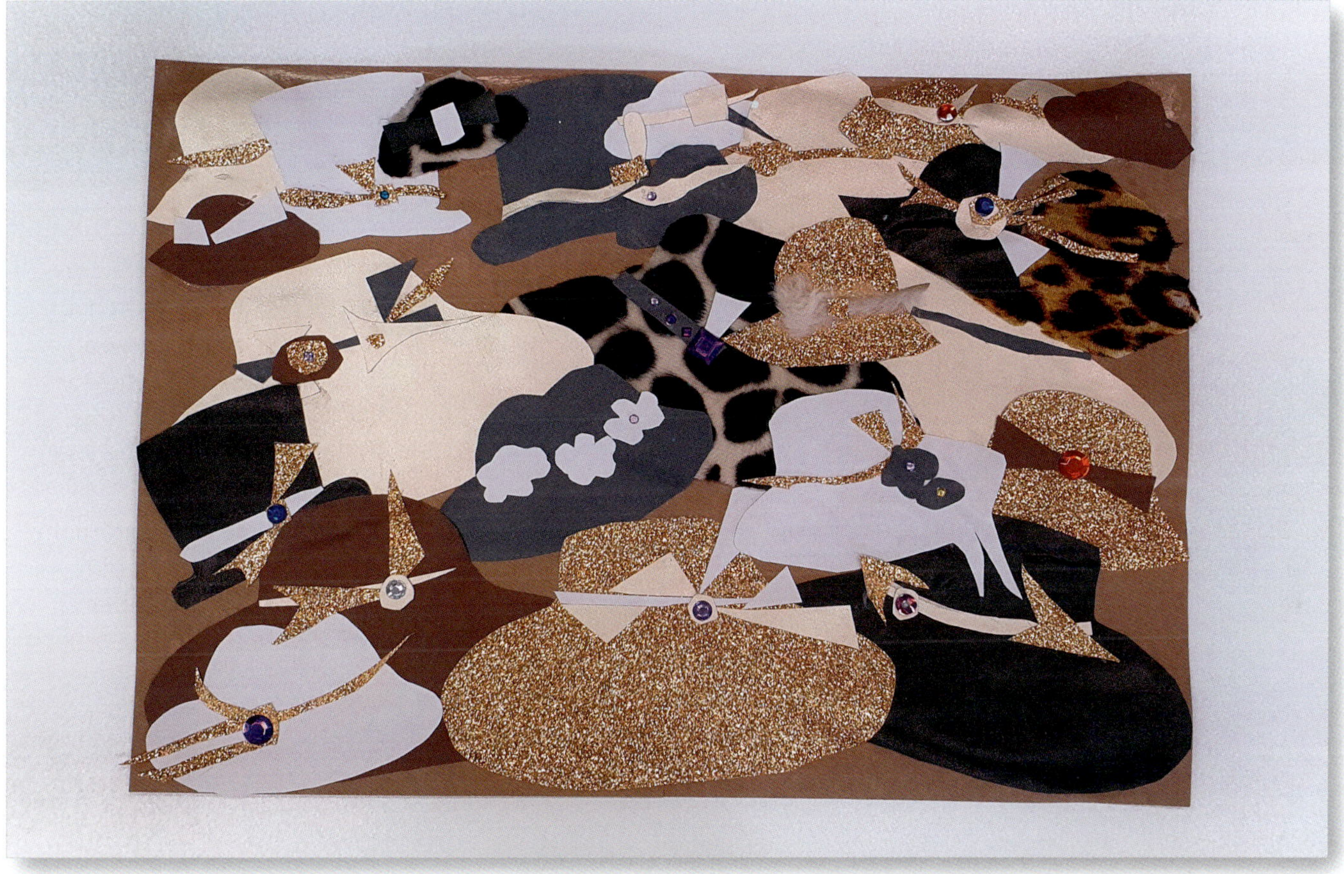

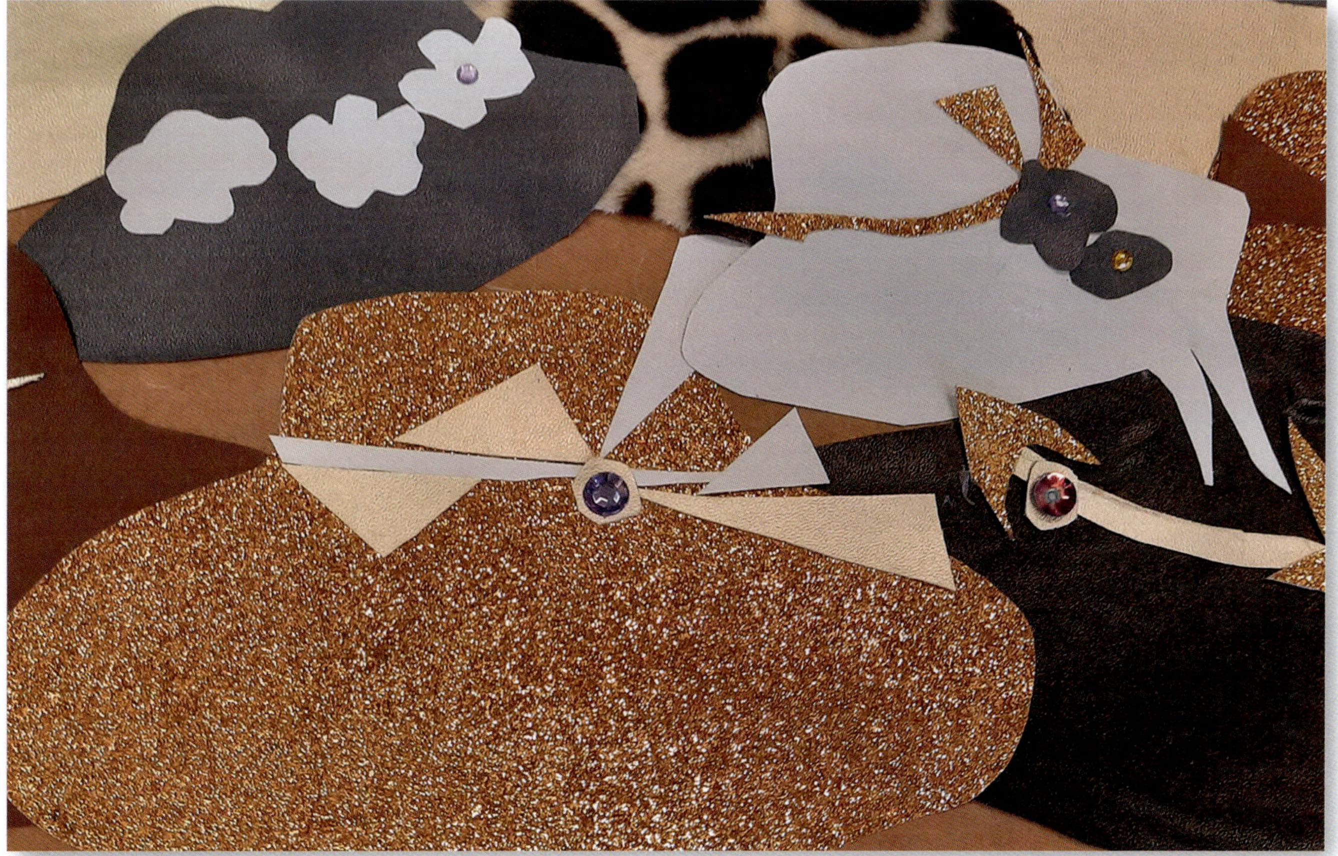

Kopiervorlage „Hüte"

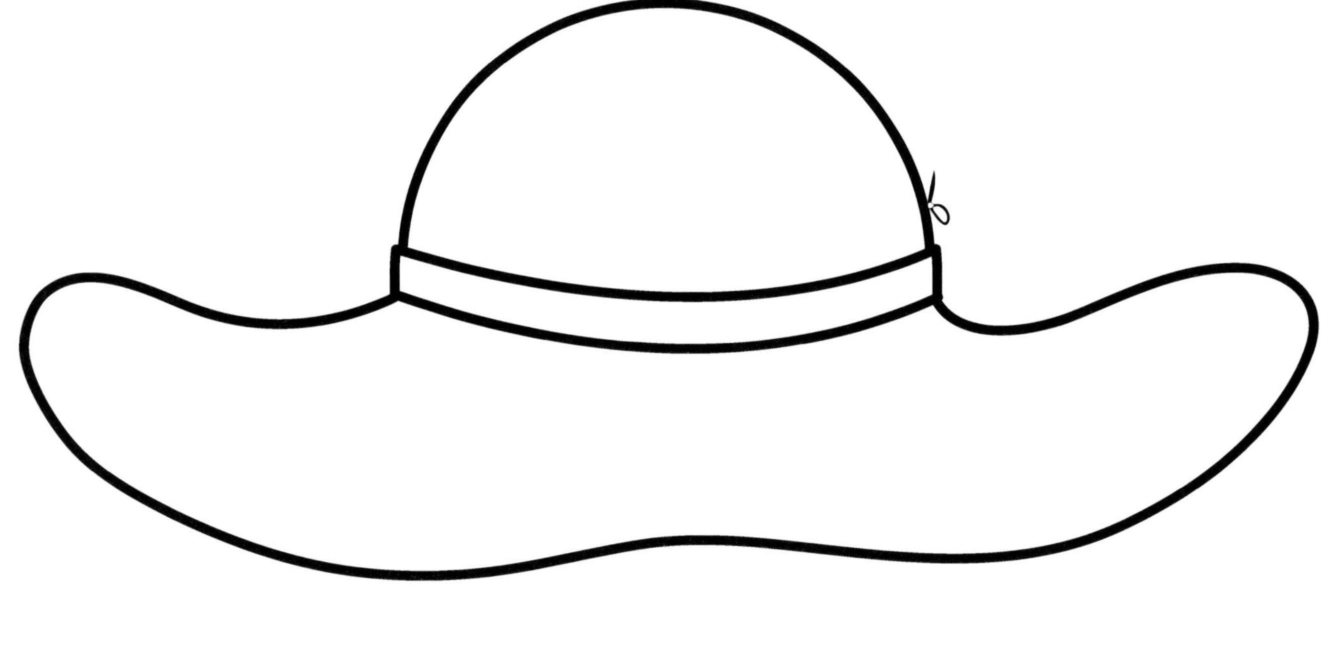

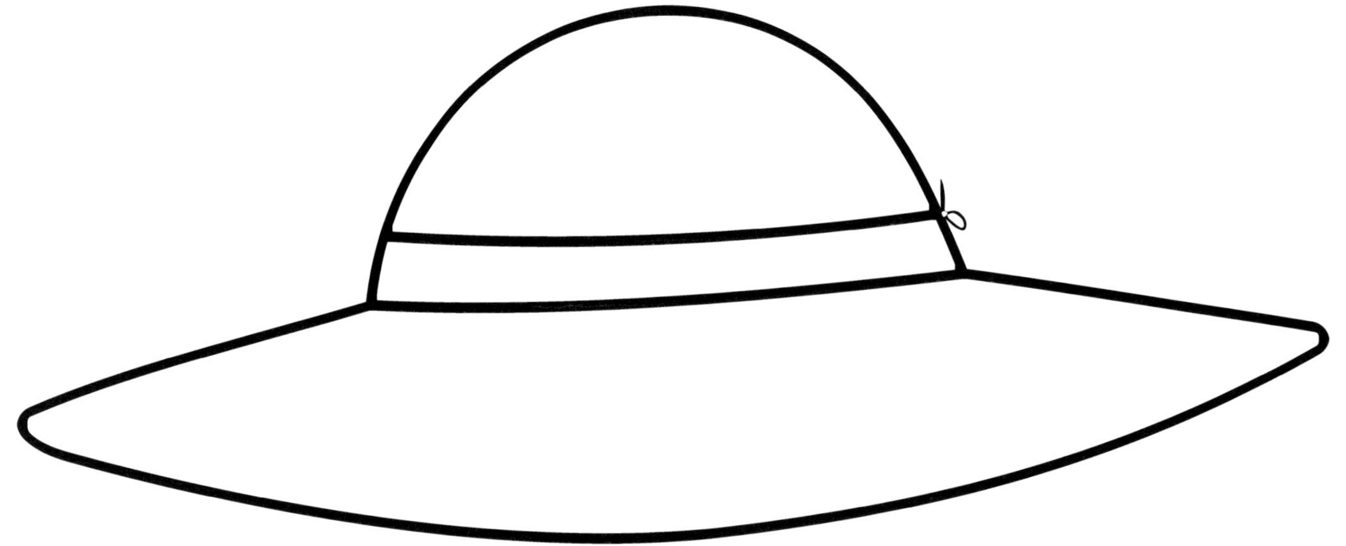

Glasfenster-QR-Code (1/4)

Collage, Decollage

Darum geht's

Hinter dem Thema „Glasfenster-QR-Code" verbirgt sich eine spannende Verknüpfung zweier Dinge und deren Wirkung auf uns: QR-Codes und Buntglasfenster. Unser Sehsinn wird entweder nur ganz flüchtig – wie ein Wimpernschlag – oder durch das längere Verweilen vor dem Objekt über eine längere Zeit in Anspruch genommen. Sowohl ein QR-Code als auch bunte Glasfenster vermitteln uns Informationen und Signale, die an unser Gehirn weitergegeben und dort verarbeitet werden. Wie vereinen sich nun aber ein QR-Code, also ein System aus Zeichen, das gescannt und digital ausgelesen wird, mit bunten Kirchenfenstern oder Glasmosaiken in einer Gestaltungsaufgabe?

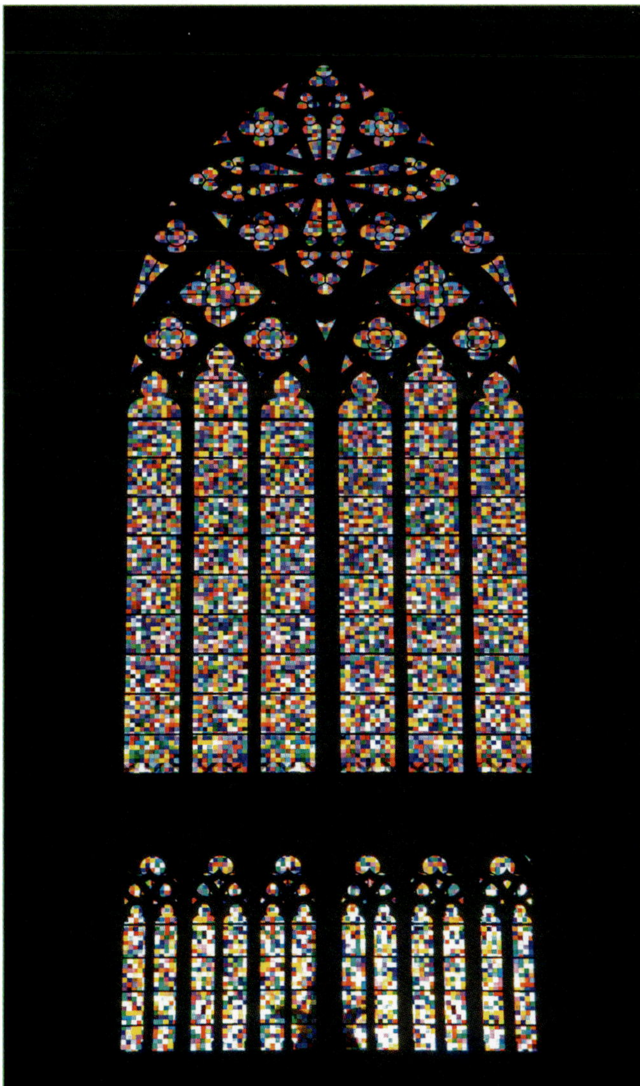

Köln, Dom, Südquerhausfenster, nach einem Entwurf von Gerhard Richter, Gesamtansicht

Den ersten Impuls für diese Idee bekam ich bei einer Lehrerfortbildung, bei der wir gemeinsam vor dem Gerhard-Richter-Fenster im Kölner Dom saßen, das aus unzähligen Farbquadraten besteht, und „Elfchen", also Kurzgedichte, geschrieben haben, in die all unsere Emotionen eingeflossen sind, die das Fenster in uns auslöste. In Taunusstein, dem Sitz der Firma Derix Glasstudios, konnte ich viele weitere Erkenntnisse dazu sammeln. Die Glasstudios setzen Gestaltungsideen von vielen internationalen Künstler*innen in Glas um. So erweckten sie auch das Glasfenster von Gerhard Richter im Kölner Dom zum Leben.
Als mir dann aktuell während der Corona-Pandemie nahezu täglich QR-Codes als ein individuelles Speicherzeichen für Tests und Impfungen begegneten, war die Idee geboren und die Kombination aus QR-Code und Buntglasfenster als Gestaltungsaufgabe war „glasklar".
Ihre Schüler*innen können diesen „Buntglas-QR-Code" einfach und schnell mit vorgefertigten, farbigen Quadraten auf Transparentpapier oder noch besser mit Window-Colour-Folie herstellen und mit einer Aufgabe aus der Farbenlehre kombinieren: „Mein-QR-Code" im Komplementärkontrast: Blau – Orange, Rot – Grün, Gelb – Violett. Erklären Sie den Schüler*innen, dass die größten Kontrastwirkungen entstehen, wenn Farben, die sich auf dem Farbkreis gegenüberliegen, nebeneinandergestellt bzw. in diesem Fall -geklebt werden. Ihre Kontrastwirkung ist am stärksten bei optimalen Helligkeitswerten und entsprechender Farbsättigung. Rot z. B. erscheint, wenn es von Grün umgeben ist, wesentlich farbintensiver als in brauner Umgebung. Falls Sie mehr Unterrichtszeit zur Verfügung haben, probieren Sie es aus und machen einen kleinen Exkurs in Richtung Farbenlehre. Die Themen dürfen natürlich auch rein gestalterisch sein. Auf der Internetseite des Digital Guides von Ionos.de fand ich eine der besten kurzen sowie allgemein verständlichen Erklärungen für QR-Codes: *Was ist ein QR-Code? Einfach erklärt mit Anleitung – IONOS (www.ionos.de)*
Diese sehr verständliche Erklärung können Sie in Ihren Unterricht einbauen und mit den Schüler*innen zum Einstieg in die Kunstaufgabe besprechen.

Glasfenster-QR-Code (2/4)

Lassen Sie Ihre Schüler*innen in Vorbereitung auf die Gestaltungsaufgabe QR-Codes sammeln und diese in den Unterricht mitbringen. Auf diese Weise wird die Einführung ins Thema ein Selbstläufer. Eventuell gibt es in der Nähe Ihrer Schule auch eine Kirche, die schöne und interessante Glasfenster hat. Machen Sie einen Unterrichtsgang und lassen Sie „Elfchen" während oder nach der Betrachtung schreiben. Dies ist natürlich auch als Abschluss der Aufgabe denkbar: Ein ganz individuelles „QR-Code-Elfchen" kann entstehen. Ein „Elfchen" besteht, wie der Name schon sagt, aus elf Wörtern mit folgender Anordnung: 1. Zeile = 1 Wort, 2. Zeile = 2 Wörter, 3. Zeile = 3 Wörter, 4. Zeile = 4 Wörter, 5. Zeile = 1 Wort. Sie arbeiten hier mit Lehrplanbezug, weil Sie kreativ und spielerisch – immer in Verbindung mit der Aufgabe – mit Sprache umgehen. Als Anregung gebe ich Ihnen mein Gedicht mit auf den Weg, das ich vor vielen Jahren, vorm Kölner Dom-Fenster sitzend, geschrieben habe:

Bunt
Ein Kirchenfenster
Es leuchtet hell
Es heitert uns auf
Licht

Die Einführung in das Thema besitzt nun so viel Anreiz, dass Ihre Schüler*innen für einen Prozess weiterführender Aktivitäten optimal motiviert sind. Denn Sie schaffen einen starken Gegenwartsbezug.

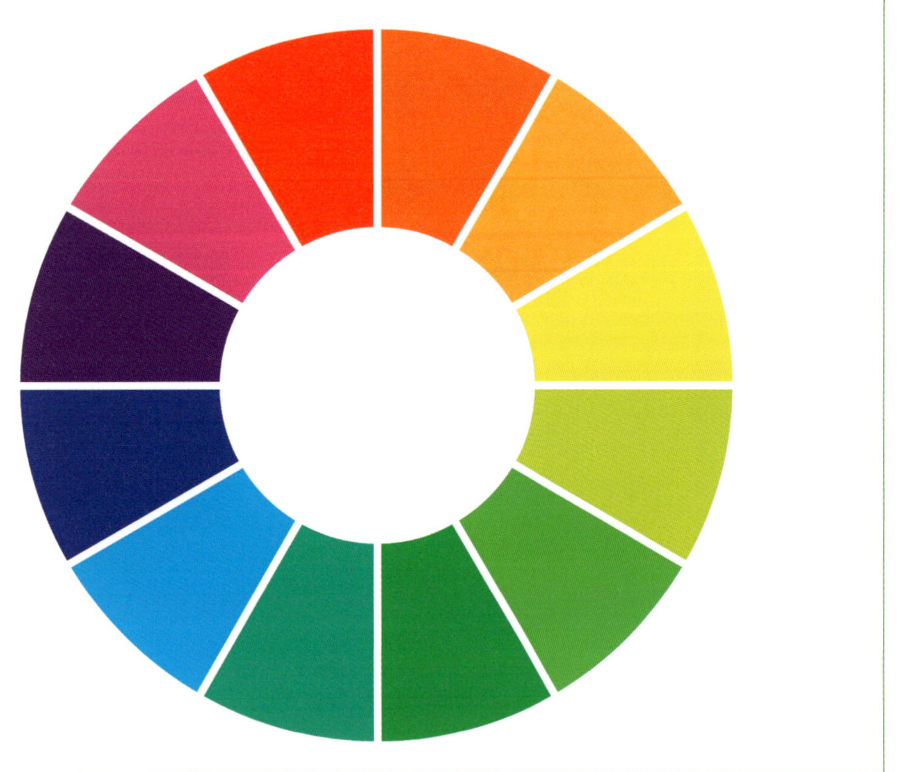

Farbkreis und QR-Code: zwei Ordnungssysteme, die bei dieser Kunstaufgabe miteinander in Beziehung treten.

Glasfenster-QR-Code (3/4)

Material:

pro Schüler*in

- 3 Bögen klare Fensterfolie, DIN A4, oder 3 Bögen klares Transparentpapier, DIN A4
- ca. 100 fertig zugeschnittene Transparentpapierquadrate, 1,5 x 1,5 cm, (z. B. erhältlich bei Labbé als „Transparentmosaik") oder je 1 Bogen Transparentpapier in den Komplementärfarben Rot, Grün, Blau, Orange, Gelb und Violett
- Blatt Millimeterpapier, DIN A4
- Schere, Schneidunterlage, Bleistift, Filzstift, Lineal, Pinzette (ggf. Serviettenkleber und Pinsel)
- leere Pralinenschachtel mit Einsatz

weiterhin:

- ggf. 2 Dosen Sprühkleber für gesamte Lerngruppe
- je 1 Blatt Papier in den Farben Rot, Grün, Blau, Orange, Gelb, Violett, DIN A4
- ggf. Rolle Papierklebeband
- ggf. Abbildungen von Kirchenfenstern
- ggf. Bücher/Holzbretter zum Beschweren der Kunstarbeiten

Dauer:

2 Doppelstunden

Klasse:

ab Klasse 8

Ziele:

Die Schüler*innen ...

- setzen sich vorbereitend mit der Aufgabe auseinander, indem sie QR-Codes in ihrem privaten Umfeld sammeln.
- gestalten drei individuelle „Glasfenster-QR-Codes", in denen Sie jeweils zwei Komplementärfarben kombinieren.

Vorbereitung:

Die Vorbereitung der QR-Code-Thematik braucht insgesamt nur wenig Organisation. Wählen Sie für die Umsetzung entweder die Variante Transparentpapier + Serviettenkleber oder Window-Colour-Folie + Sprühkleber. Am effektivsten ist es, wenn Sie diese Grundmaterialien für Ihre Lerngruppe bestellen. (Die Schüler*innen fertigen je drei „Komplementär-QR-Codes. Für die gesamte Lerngruppe benötigen Sie daher ca. vier Packungen Transparentpapierquadrate „Transparentmosaik" sowie einen Block Millimeterpapier DIN A4 und einen Block Transparentpapier DIN A4). Das schafft Planungssicherheit und in einer größeren Menge gekauft, sind die Materialien wesentlich kostengünstiger. Sammeln Sie hierzu einen kleinen Bereitstellungsbeitrag ein. Alle übrigen Dinge, die oben unter der Kategorie „Material pro Schüler*in" angegeben sind, bringen die Schüler*innen selbst mit. Wenn es Ihnen nicht möglich ist, die fertigen Werke an der Fensterfront im Klassen- oder Kunstraum zu präsentieren, organisieren Sie einige günstige Duschvorhänge mit Taschen, in die Sie die fertigen Bilder stecken. Dies ist eine einmalige Anschaffung, die Sie für weitere Präsentationen einsetzen können. Achten Sie darauf, dass die Einschubfelder größer als 10 x 15 cm sind. Sie benötigen mindestens eine Taschengröße von 15 x 15 cm für die fertigen Arbeiten.
Falls Sie mit Transparentpapier und Serviettenkleber arbeiten, brauchen Sie noch einige Bücher oder Holzbretter zum Beschweren der Klebearbeiten, damit diese sich nicht zu sehr wellen. Das funktioniert prima, braucht aber etwas Trocknungszeit. Denken Sie daran, einen ausreichenden Ablageplatz für die Kunstwerke zu organisieren. Zur Verdeutlichung von Komplementärkontrasten benötigen Sie DIN A4-Papiere in den Farben Rot, Grün, Blau, Orange, Gelb und Violett und Papierklebeband zum Befestigen; außerdem einige Abbildungen von bunten Kirchenfenstern, falls Sie keine Kirche vor Ort aufsuchen können. Treffen Sie die Entscheidung je nach Lerngruppe und für das Vorhaben zur Verfügung stehender Zeit.

Glasfenster-QR-Code (4/4)

So geht's:

Nutzen Sie die von den Schüler*innen gesammelten QR-Codes als Start in die Unterrichtseinheit. Erklären Sie Ihren Schüler*innen, was ein QR-Code ist und wofür dieser benötigt wird. Bestimmt gibt es in Ihrem Schülerteam digitale Expert*innen, deren Wissen Sie im Unterrichtsgespräch unbedingt aufgreifen sollten. Besprechen Sie weiterhin mit den Schüler*innen den Komplementärkontrast. Ein ganz einfaches und unkompliziertes Prinzip, die Kontraste Rot/Grün, Blau/Orange und Gelb/Violett zu veranschaulichen, ist es, diese durch entsprechend farbige DIN-A4-Papiere mit Papierklebeband ans Klassenfenster zu heften. So schlagen Sie auch gleichzeitig die Brücke zu Licht, Transparenz und Glaskunst. Ergänzen Sie die Demonstration mit Postkarten von Kirchenfenstern, wie z. B. dem „Richter-Fenster" im Kölner Dom, die Sie in der Gruppe herumreichen. Wählen Sie nun entweder die Variante **Transparentpapier + Serviettenkleber** oder **Window-Colour-Folie + Sprühkleber.** Wenn Sie Transparentpapier-Quadrate auf Transparent-Papier kleben, müssen Sie die fertigen Arbeiten mit schweren Büchern oder einem Holzbrett beschweren und diese bis zur nächsten Stunde trocknen lassen. Dann verziehen sie sich nicht und bleiben schön glatt. Geben Sie Ihren Schüler*innen eine „Mosaik-Legezeit" von ca. 20 Minuten, da der Klebstoff, dünnflächig aufgestrichen oder gesprayt, relativ schnell trocknet. Das zügige Gestalten in einem festgelegten Zeitfenster ist eine spannende Erfahrung. Verfahren Sie mit allen drei Kontrasten so. Berechnen Sie für die Vorsortierzeit der sechs Farben ungefähr 30 Minuten. Mit dem Innenleben einer Pralinenschachtel und einer Pinzette klappt das sehr gut. Denken Sie daran, dass Ihre Schüler*innen das QR-Code-Quadrat zuvor aufzeichnen. Je nach Material geschieht dies mit Blei- oder Filzstift. Zur Orientierung auf der Fläche dient dabei das Millimeterpapier. Am Ende der Unterrichtsreihe können Sie das untere Drittel der Fensterreihe zur Präsentation nutzen. Der Lichteinfall bringt die Codes zum Leuchten! Die Window-Colour-Folie haftet mit der unbearbeiteten Seite direkt am Fenster und lässt sich unproblematisch wieder ablösen. Bei der Transparentpapier-Variante gelingt das mit Papierklebeband. Alternativ arbeiten Sie mit „Kunsttaschen-Vorhängen" als Gestaltungselement. Füllen Sie die Taschen mit den fertigen Arbeiten und genießen Sie eine transportable wie ungewöhnliche Ausstellungsmöglichkeit. Eine schöne Idee ist auch das Aufhängen eines QR-Code-Labyrinths an Wäscheleinen.

Tipps/Variationen:

- Für Vertretungsstunden: QR-Codes und andere freie Muster auf Rechenpapier mit Filzstiften ausarbeiten lassen. Sie glauben gar nicht, wie beruhigend diese Tätigkeit für die Schüler*innen ist!
- In Pandemiezeiten können Sie die bestückten Kunstvorhänge als Abtrennung oder Abstandshalter benutzen.

Glasfenster-QR-Code

Fertige Ergebnisse

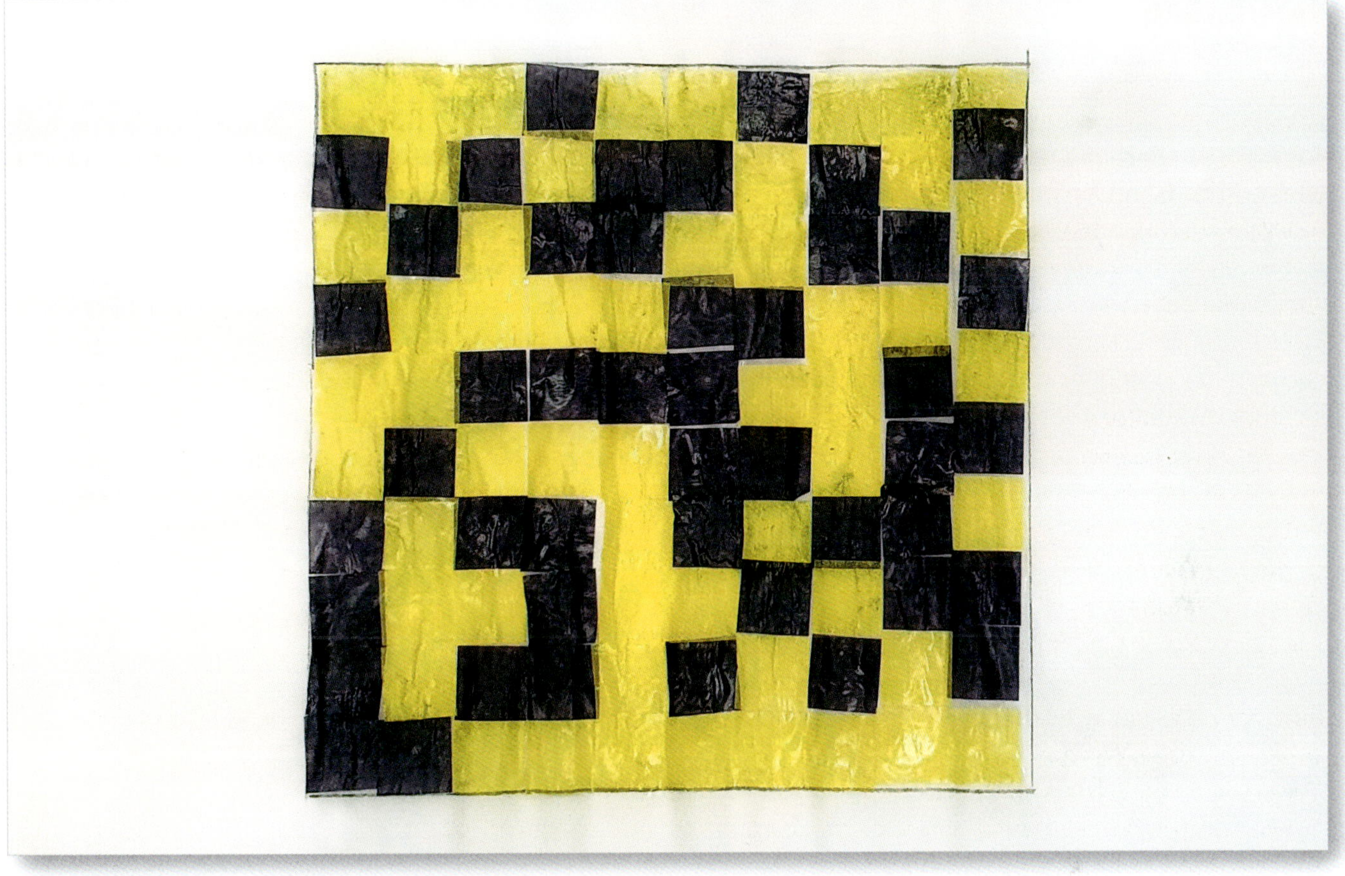

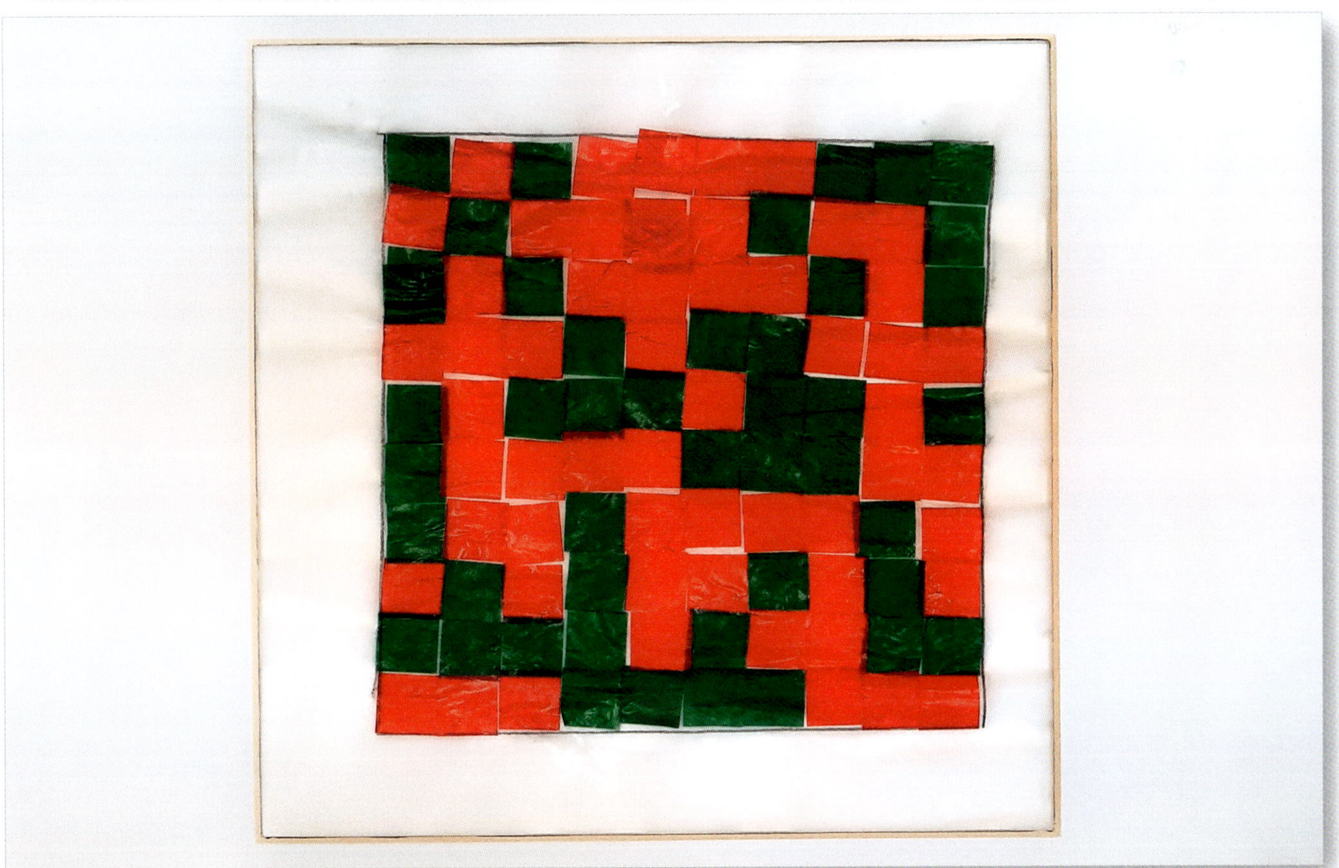

Buchstabenspirale (1/3)

Darum geht's

Der Reiz der folgenden Aufgabe liegt im Finden und „Setzen" der einzelnen Buchstaben, die spiralförmig angeordnet werden. Die Kriterien für das Gelingen dieses Arbeitsauftrags sind die Sammlung und die Auswahl einer großen Zahl geeigneter Druckbruchstaben aus einer Tageszeitung. Sie müssen in Größe und Stärke derart variieren, dass die gewünschte Form unter Berücksichtigung des DIN-A3-Formates hergestellt werden kann. Farbige Buchstaben dürfen nicht verwendet werden, da lediglich der Schwarz-Weiß-Effekt sowie der Hell-Dunkel-Kontrast die Brillanz und Eindeutigkeit der Arbeit ausmachen. Wichtig ist zunächst die Produktion eines ausreichend gefüllten „Setzkastens" mit Buchstaben. Für die Vorsortierung der Buchstaben eignet sich gut der Einsatz einer Pralinenschachtel. Die Aufnahmefächer, in der die Pralinen vorher lagen, helfen hier beim geordneten Sortieren. Wenn nicht mehr weitergearbeitet werden kann, lässt sich die Materialkiste schnell schließen und in der Schultasche verstauen.

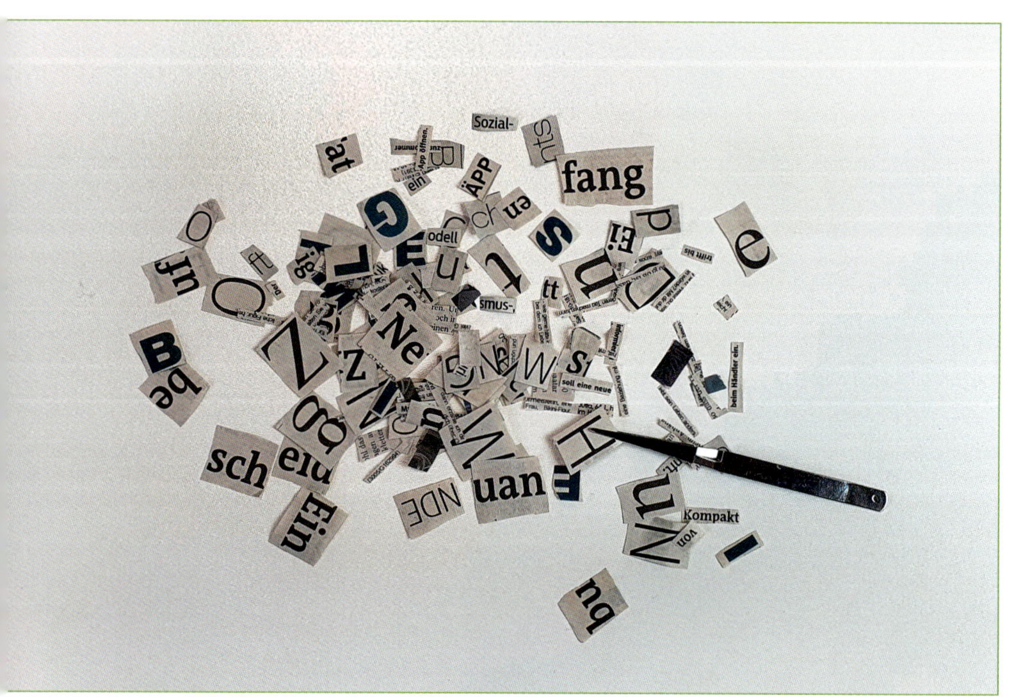

Ein Buchstaben-Fundus vor dem Sortieren

Buchstabenspirale (2/3)

Material:

pro Schüler*in
- Tageszeitungen mit vielen unterschiedlichen Schriftarten
- 2 Bögen Zeichenpapier, DIN A3
- Schere, Klebestift, Bastelpinzette, Bleistift
- leere Pralinenschachtel mit Einsatz

weiterhin:
- ggf. mehrere große Bögen schwarzes Tonpapier für die Gruppenpräsentation

Dauer:

2 Doppelstunden

Klasse:

8–10

Ziele:

Die Schüler*innen …
- sammeln und sichten im Vorfeld geeignetes Zeitungsmaterial für ihren „Setzkasten".
- schneiden Buchstaben/Wörter unterschiedlicher Schriftarten entsprechend den Vorgaben aus.
- legen und kleben mit dem gut gefüllten Setzkasten nach Vorzeichnung eine Spirale aus Buchstaben.

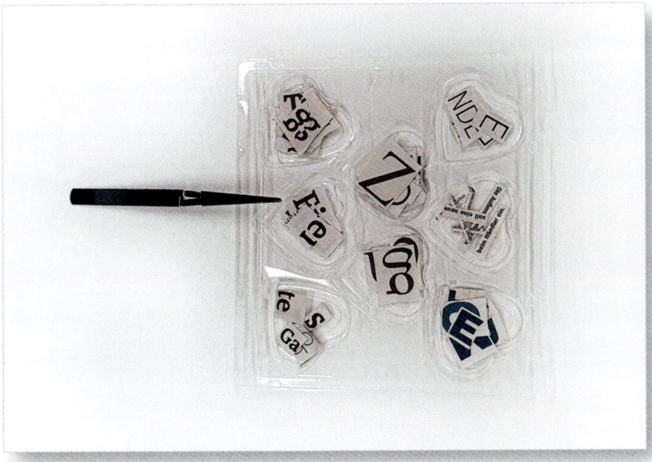

Vorbereitung:

Es ist schon im Vorfeld wichtig, die Schüler*innen in die geplante Gestaltungsaufgabe einzubeziehen, indem diese Tageszeitungen mit einer möglichst großen Bandbreite an unterschiedlichen Schriftarten sammeln.
Darüber hinaus wird pro Schüler*in eine leere Pralinenschachtel mit Einsatz als „Setzkasten" benötigt. Der „Setzkasten" wird während des Unterrichts gefüllt. Die Schüler*innen bringen daher noch nicht zerschnittene Zeitungen mit. Wenn Sie die fertigen Buchstabenspiralen als Gemeinschaftswerk ausstellen wollen, benötigen Sie mehrere große Bögen schwarzen Tonpapiers, auf denen die Buchstabenspiralen befestigt werden.

So geht's:

Zu Beginn der Unterrichtseinheit ist es wichtig, die Schüler*innen auf die Aufgabe einzustimmen, indem diese innerhalb von 15 Minuten sechs verschiedene Schriftgrößen und -arten aussuchen und ausschneiden. Bei sehr kleinen Buchstaben funktioniert dies nur wortweise. Durch die Vorgaben verhindern Sie zielloses Blättern durch die Zeitungen und die Auswahl bleibt aufs Thema bezogen. Anschließend präsentieren und sichten Sie das gefundene Material gemeinsam in einem kurzen Unterrichtsgespräch. Loben Sie die Schüler*innen für ihre Auswahl, damit diese für die Weiterarbeit motiviert sind. Im nächsten Schritt wird die Größe der Spirale auf dem Bildträger festgelegt und mit Bleistift dünn vorgezeichnet. Daraus ergibt sich die Auswahl der Buchstaben oder ausgeschnittenen Wörter von klein zu groß und ihre Anordnung zur Spiralform.
Erst danach wird ein entsprechender Buchstabenvorrat – innerhalb einer vorgegebenen Zeit – ausgeschnitten und in den Einsatz der Pralinenschachtel einsortiert. Manchmal ist es ganz hilfreich, den Anfang in der Spirale mit zwei oder drei Fragmenten gemeinsam zu kleben, damit den Schüler*innen bewusst wird, wie kleinteilig und präzise bei der Aufgabe gearbeitet werden muss und warum eine Pinzette hierbei hilfreich ist. Daran schließt sich die weitere Gestaltung durch Anordnen und Aufkleben der

Buchstabenspirale (3/3)

Buchstaben an. Dies erfolgt abschnittweise der Spiralform folgend. Am Ende der Unterrichtseinheit ist es für alle bestärkend, wenn die Arbeitsergebnisse im Plenum vorgestellt werden. Eine Auswahl der Arbeiten kann auf einer Ausstellungswand gezeigt werden. Oft ergibt sich hierzu im Kunstraum eine Möglichkeit. Spannend ist es ebenso, die Arbeiten auszuschneiden, auf schwarzes Tonpapier aufzukleben und als Klassenkunstwerk zu präsentieren. Das Gemeinschaftsgefühl wird auf diese Weise gestärkt.

Tipps/Variationen:

- Fordern Sie die Schüler*innen 15 Minuten vor dem Ende der Stunde auf, alle losen Teile jetzt aufzukleben.
- Ein leerer Zeichenblock eignet sich gut als Schutzhülle für die Klebearbeit.
- Geben Sie eine andere Form vor, z. B. Apfel, Stein oder Kopfumriss, und lassen Sie diese immer mit dem gleichen Wort füllen. Die verschiedenen Buchstaben sollten jedoch etwa gleich groß sein.
- Im Rahmen einer Vertretungsstunde können die Wörter „Kopf" oder „Apfel" der jeweiligen Form folgend mit Fineliner in die Vorlagen geschrieben werden.

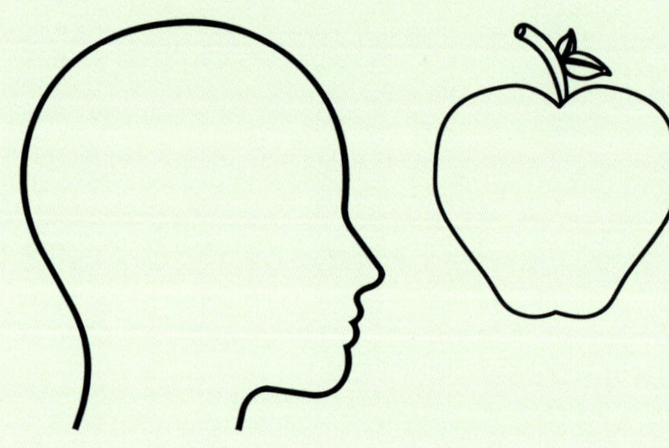

Fertige Ergebnisse

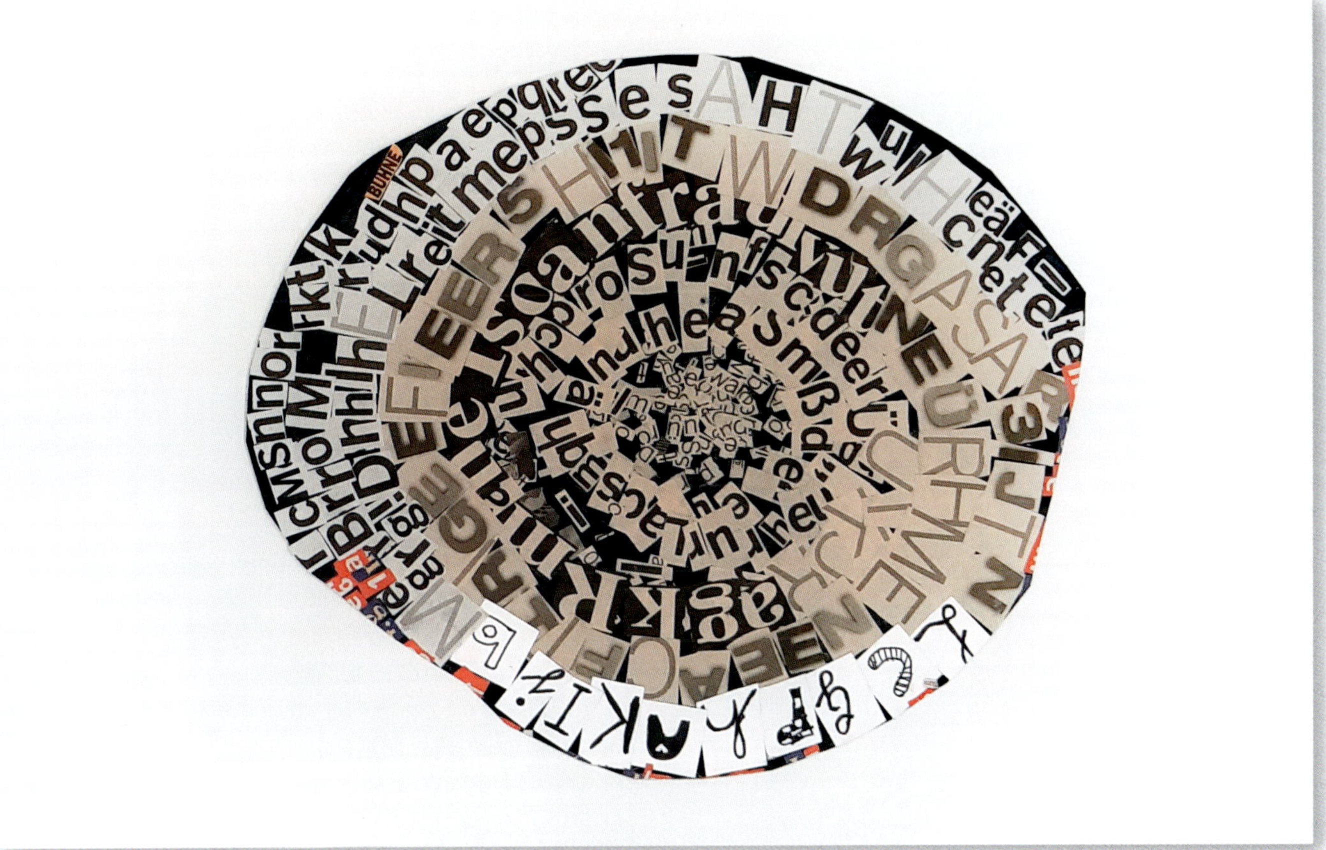

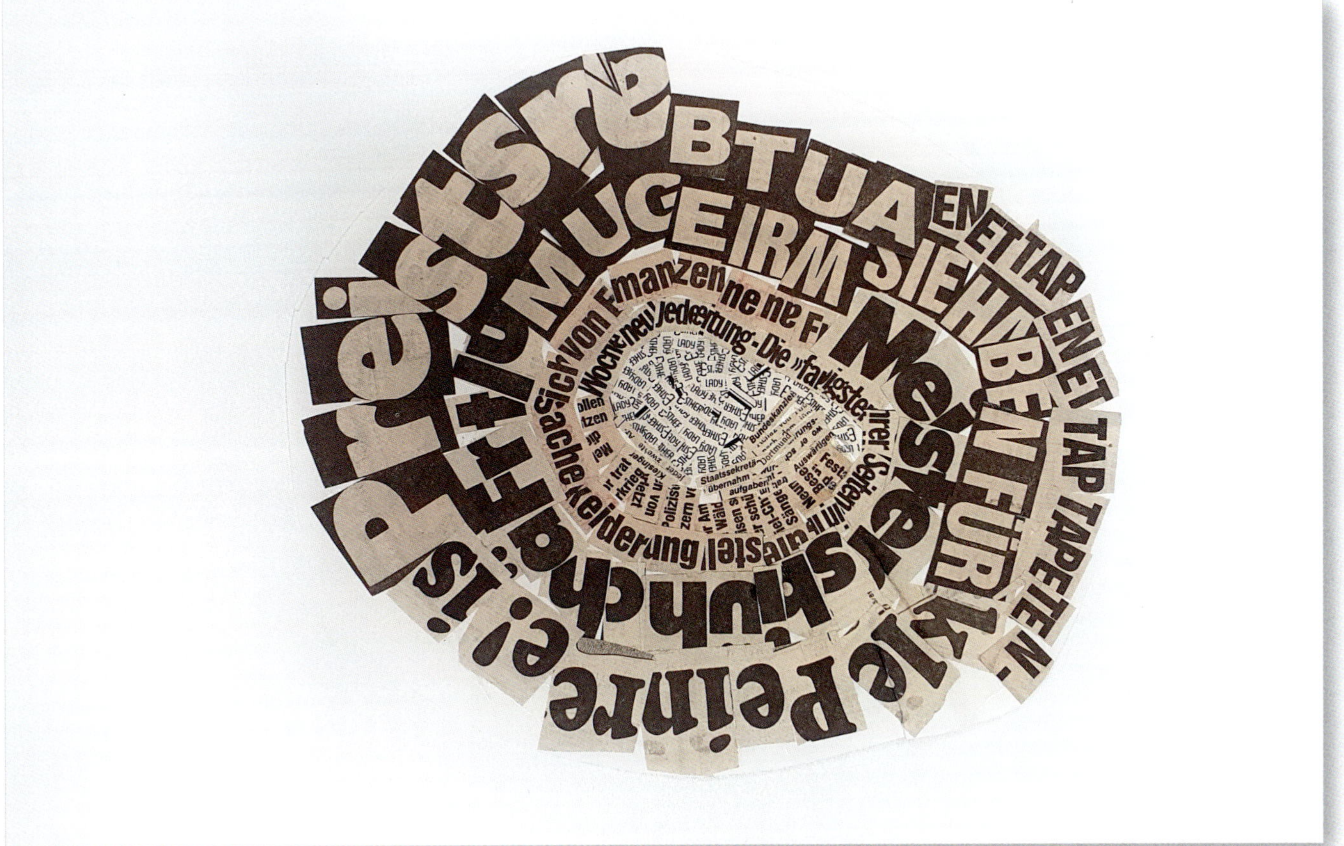

Destroyed Jeans (1/2)

Darum geht's

Während die Collage ein additives Verfahren ist, bei dem einzelne Bildteile zu einem Ganzen verschmelzen, geht es bei der Decollage um das Entfernen: Dem Gesamtbild werden Bildteile entnommen, also quasi „entrissen". Durch den Abriss verbinden sich die übrig gebliebenen Bildfragmente neu, spannende Bildaussagen entstehen, die weiterbearbeitet werden können. Diese Technik – ganz bewusst ein- und umgesetzt – löst Spannungen auf und baut Frust ab, da wir dabei in der Tat dazu aufgefordert werden, etwas zielgerichtet zu zerstören.

Einer der Hauptvertreter der Decollage war der französische Künstler Raymond Hains (1926–2005). In den Pariser Straßen entdeckte er Werbeplakate für sich, klebte Teile davon übereinander, veränderte sie und schuf der Collage ähnliche Reliefbilder mit sozial- und medienkritischen Inhalten. Auf der Digitalen Rechercheplattform des Städelmuseums in Frankfurt finden Sie das Werk „Coup de Pied" von Raymond Hains. Es ist digitalisiert und mit Werkinformationen beschrieben und eignet sich wunderbar als Unterrichtseinstieg. Das Stöbern auf der Plattform lohnt sich in vielerlei Hinsicht: Die Sammlung ist optimal und logisch aufgebaut und es bereitet Freude, die mindestens 1000 Zugangsmöglichkeiten für Ihren Unterricht zu entdecken. Die originale Begegnung findet sehr real im Klassenzimmer statt.

In der folgenden Unterrichtseinheit wird die Decollage als Technik mit einem Material verknüpft, das die Schüler*innen in „zerstörter" Form aus ihrem Alltag bestens kennen: Jeansstoff/Denim.

Das Aufbrechen der geklebten Oberfläche als Prozess fördert formale Strukturen zutage, die noch verändert werden können. Stoff- und Papierschichten werden zunächst verklebt und anschließend derart zerrissen, dass eine Abtragungs-Collage entsteht. Einzige Bedingung hierbei ist, dass an einigen Bildstellen der Jeansstoff wieder zum Vorschein kommt. Spielerisch entsteht auf diese Weise eine „Destroyed Jeans" im übertragenen Sinne. Der Entstehungsprozess dieser Decollage hat noch einen positiven Nebeneffekt: die Möglichkeit zum konstruktiven Abreagieren. Jüngst dürfen sich Menschen zum Frustabbau bestimmte Zerstörungswünsche erfüllen. Eine Fernsehsendung zeigte kürzlich eine beeindruckende Szene auf einem Schrottplatz, bei der eine Person ihre aufgestaute Wut mit Hämmern an einem alten, bald zu verschrottenden Auto auslassen durfte. Das sich anschließend einstellende Gefühl wurde als sehr befreiend beschrieben. Fragen Sie Ihre Schüler*innen, welche Gefühle sich während des Arbeitens bei ihnen einstellen, sicherlich ergibt sich eine spannende Melange aus vielerlei Assoziationen.

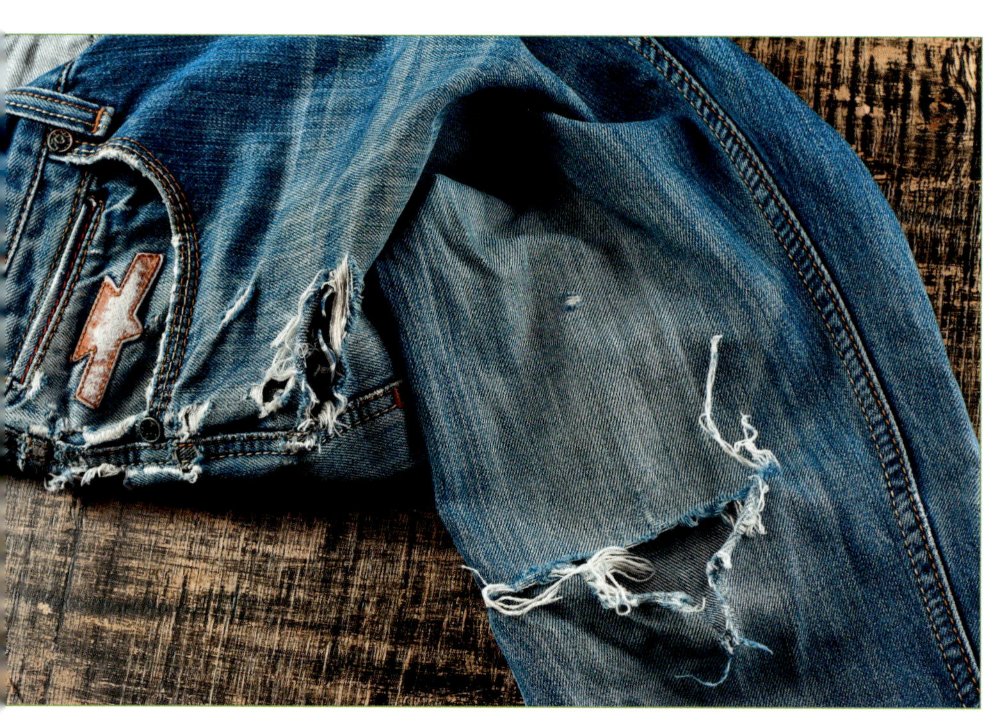

Jeans – wenn nicht mehr tragbar, so doch immer noch künstlerisch verwertbar.

Destroyed Jeans (2/2)

Collage, Decollage

Material:

pro Schüler*in

- quadratisches Stück Wellpappe, ca. 50 x 50 cm, 2-wellig
- Hosenbein einer ausrangierten Jeans oder anderes größeres Denim-Stück
- bunte Papierreste: Seidenpapier, Zeitschriften etc.
- Flasche Bastelkleber
- Radiernadel oder Nagel
- Acrylfarben und Borstenpinsel
- Buch zum Beschweren der Kunstarbeit

Dauer:

bis zu 3 Doppelstunden

Klasse:

9–10

Ziele:

Die Schüler*innen ...

- betrachten und besprechen Werke von Raymond Hains.
- erstellen eine Decollage, indem sie eine mit Jeans und verschiedenen Papieren beklebte Pappe durch Abreißen bearbeiten.
- sichten die neuen Strukturen und setzen Akzente mit Acrylfarben.

Vorbereitung:

Für die Vorbereitung nutzen Sie die Eingangsinformationen und bereiten mithilfe der Recherche-Plattform eine Bildbetrachtung zu Raymond Hains vor. Für den Bildgrund eignet sich Wellpappe von Versandkartons. In einer Schule wird ja immer etwas bestellt und angeliefert. Nutzen Sie die Verpackungen weiter. Fordern Sie die Lerngruppe auf, für den Unterricht jeweils ein Stück Jeansstoff, am besten ein Hosenbein von einer ausrangierten Jeans, sowie einige Zeitungen, Illustrierte und bunte Papiere für die Schichtungen mitzubringen. Mit geringem Aufwand starten Sie eine großartige praktische Arbeit.

So geht's:

Zur Vorbereitung der Decollage wird der Jeansstoff auf das Stück Wellpappe geklebt. Dann werden verschiedene Papiere darübergeschichtet. Anschließend müssen die Papiere bis zur nächsten Stunde trocknen. Es ist hilfreich, die Klebeschichten mit einem Buch o. Ä. zu beschweren. Ziel ist es, den beklebten Karton durch Entblättern und bewusstes Abreißen von Papierflächen im Verlauf der Arbeit derart zu bearbeiten, dass Teile des Jeansstoffes wieder sichtbar werden. Zum Schluss können markante Details mit Borstenpinsel und Acrylfarben hervorgehoben werden.

Tipp/Variation:

Ausgangsbasis ist ein Stück dicke Wellpappe, bei der die Oberfläche teilweise entfernt wird, bis die Wellen sichtbar werden. Flächiges Abreißen und Punktieren mit einer Nadel ist erwünscht. Die übrig gebliebenen glatten Stellen werden mit weißer Acrylfarbe angemalt. Tiefer liegende Schichten erscheinen wie Furchen und bekommen einen schwarzen Anstrich. Eine Mondlandschaft oder Priele im Watt können mögliche Bildthemen sein.

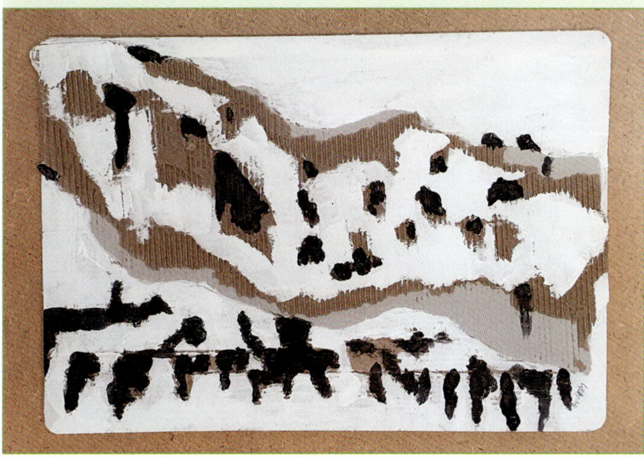

Destroyed Jeans

Fertige Ergebnisse

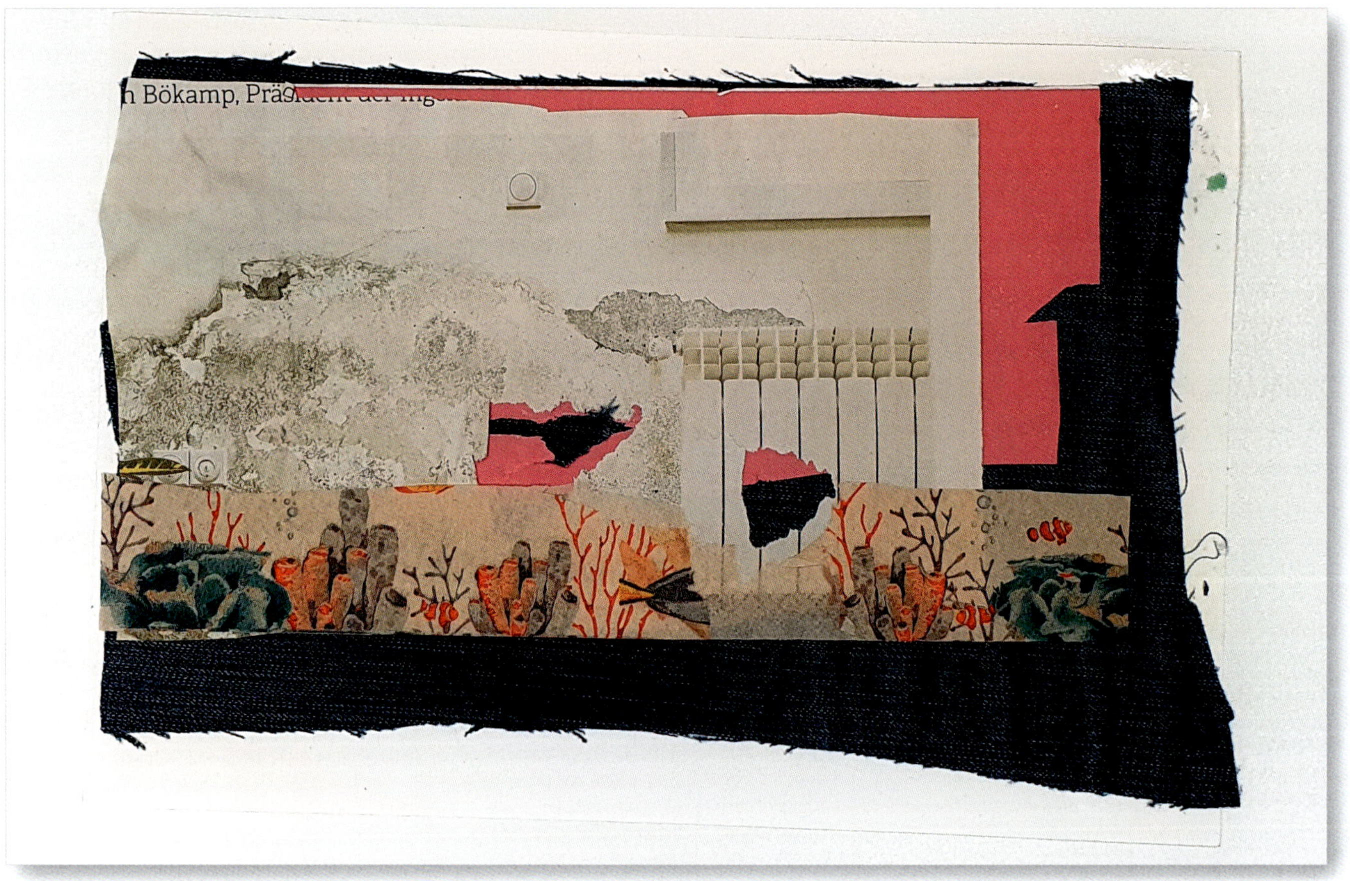

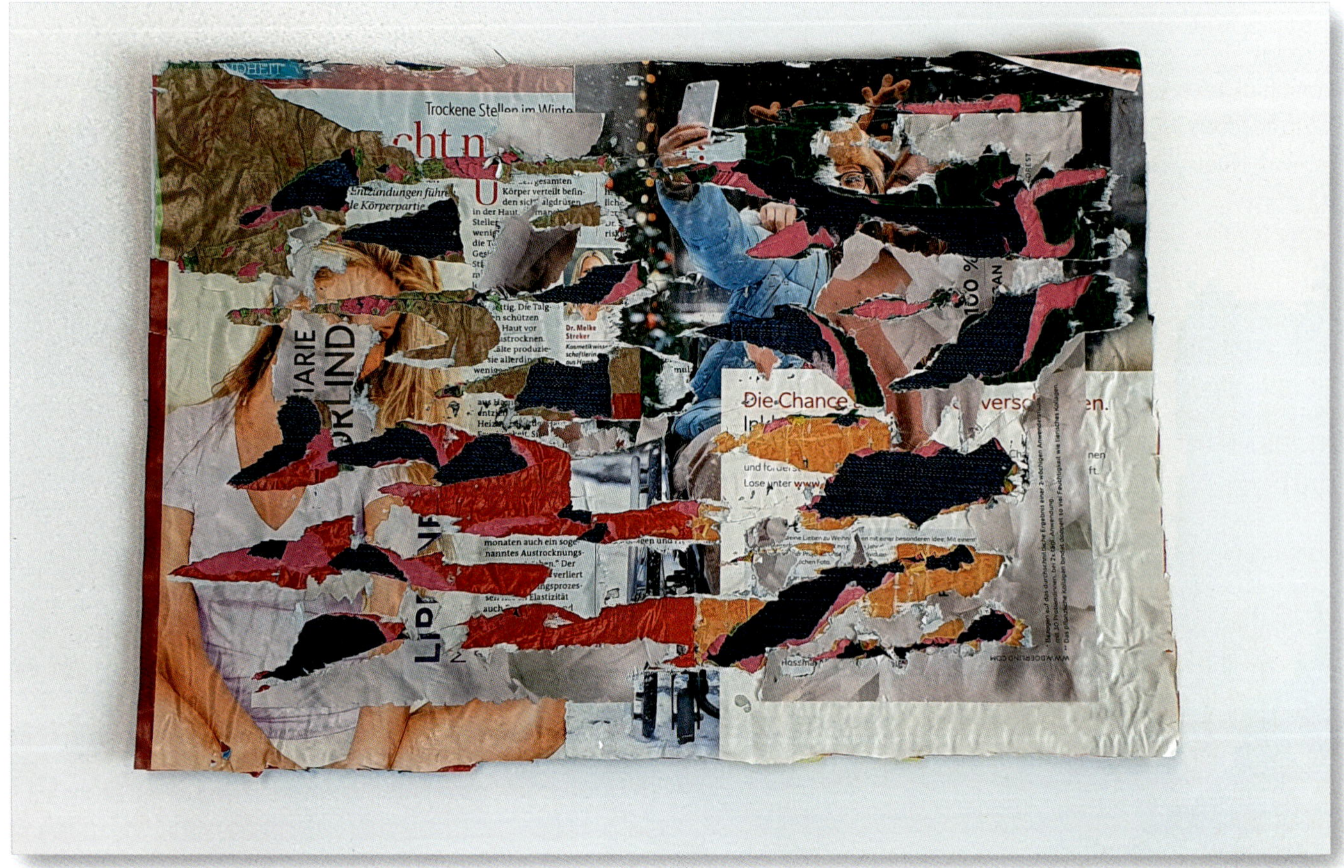

Mischtechniken: Collage und Malerei

Die ausgewählten Aufgaben in diesem Themenblock vereinen die Collage und Malerei als Mischtechniken miteinander. Der Bereich der Klebetechnik überwiegt hierbei und nur kleine Bildabschnitte werden rein malerisch gestaltet. Weiterhin finden sich in diesem Kapitel künstlerische Techniken, bei denen mit Stoffresten oder Transparentpapier „gemalt" wird. Manchmal überwiegt die malerische Ausgestaltung bei der künstlerischen Umsetzung oder es wird zu etwa gleichen Teilen geklebt und gemalt. Schön ist es, wenn nur transparente Papiere verwendet werden. Die so übereinandergeschichteten Papierschnipsel lassen sich zu einem neuen Ganzen zusammensetzen. Besonders überzeugend ist hierbei die transparente, schimmernde Anmutung, die einem Glasfenster gleicht: Luftige und transparente Schichtungen mit viel Leuchtkraft entstehen. Bei der Reservage-Technik geht es auch um Transparenz und um etwas Geheimnisvolles: Farbflächen und Strukturen oder auch Dinge, die erst nach dem Übermalen mit sehr wässrigen Farben wieder sichtbar werden und dadurch einen spannenden Gestaltungsprozess versprechen. Die geschichteten „Tropfsteine" aus Transparentpapier-Quadraten wirken unheimlich, höhlenartig und bizarr. Das „Containerschiff" wird in allen Teilen collagiert und bekommt dadurch seinen unverwechselbaren technischen Charakter. Die Details sowie der Bildhintergrund werden mit Gouachefarben ergänzt, die, in diesem Zusammenspiel verwendet, dem Bild seine Unverwechselbarkeit, Farbbrillanz und Dramatik geben. Bei dem Tapetenmuster, das aus dem Raum läuft, setzen Sie nur einen kleinen Ausschnitt eines Tapetenmusters ein, der an den Rand eines vorgezeichneten Raumes geklebt wird. Ab jetzt läuft es sozusagen aus dem Raum; weil Ihre Schüler*innen dieses detailgetreu mit Deckfarben weiterführen und so ein Werk erhalten, das den Ausschnitt möglicherweise durch die Musterführung ganz ins Bild integriert oder auch fantasievoll mit neuen Elementen ergänzt.

Ihre Schüler*innen werden dankbar sein, wenn Sie nicht mit einem weißen Blatt beginnen müssen. Das „Raubtier hinter dem Barcode" besteht im Grunde genommen aus einer Zusammenführung zweier Bilder, auch Rollage genannt: Zunächst wird das Raubtier mit Deckfarben gemalt und in gleichmäßige Längsstreifen geschnitten. Der Barcode wird aus Pappe mit Metalleffekt in verschieden breite Streifen geschnitten. Dann werden alle Streifen im Wechsel aneinandergefügt: Ein Gegensatz zwischen weich und hart entsteht. Bei der Aufgabe, eine Mineralsteinscheibe weiterzumalen, geht es um das malerische Ausfüllen von Lücken. Die Ausdrucksmöglichkeiten bei all diesen Aufgaben sind sehr vielfältig und die verschiedenen Mischtechniken erlauben es den Schüler*innen, sich kreativ individuell auszuprobieren.

Guckloch: Blick in eine Höhle (1/3)

Mischtechniken: Collage und Malerei

Darum geht's

Als Höhle wird eine Hohlform im Gestein bezeichnet, die im Laufe der Zeit durch natürliche Prozesse geformt wurde. Sie ist ganz oder teilweise von Gestein umschlossen. Höhlen gehören zu den Urformen des Wohnens, denn sie boten den Menschen Schutz vor Nässe, Regen, Wind, Kälte und Hitze sowie gegen Feinde und wilde Tiere. Neben den Leitgedanken „Natur", „Landschaft", „Gesteinsformation" wird hiermit also auch ein ganz anderer Aspekt des Themas deutlich. In der folgenden Übung geht es um die Gestaltung einer Höhle mit einem Guckloch, hergestellt aus farbigen Transparentpapierflächen, die auf einem großen Stück Fensterfolie aufgebracht werden. Das eingesetzte transparente Material lässt eine breite Palette von Lösungen zu, die einen sehr schnell in eine märchenhafte Fantasiewelt eintauchen lassen. Durch Schichtungen und Überlagerungen der aufgeklebten Papierstreifen auf der Grundfläche entstehen neue Zwischenlagen, die dadurch höhlenartig wirken. Das Farbgefüge bleibt dennoch transparent und macht den Charme der Gestaltung aus. Die Papiere können geschnitten oder gerissen werden, auch eine Kombination beider Techniken ist möglich. Der gerissene Streifen gewinnt jedoch durch seinen organischen Charakter und erinnert am ehesten an die Tropfsteine aus Kalk, die in einer Höhle wachsen (Stalaktiten = Wuchsrichtung von oben nach unten; Stalagmiten = Wuchsrichtung von unten nach oben). Es gibt auch Transparentpapier-Päckchen mit fertigen Zuschnitten, die Sie verwenden können. Alle Papiere werden um einen Spalt, eine Lücke, eine Öffnung herum gearbeitet (siehe Skizze S. 36). In Verbindung mit Tageslicht wirkt die beklebte Fensterfolie schon ein wenig mystisch. Werden die fertigen Arbeiten an einer schmalen Holzleiste befestigt und im abgedunkelten Raum mit einer künstlichen Lichtquelle beleuchtet, entsteht eine nahezu theatralische Spannung: Die Höhlenbilder wirken interessant und geheimnisvoll. Die fertigen Werke leben vom durchscheinenden Licht wie Arbeiten aus der Glasmalerei. An dieser Stelle möchte ich Ihnen einmal eine Lesenacht mit Ihren Schüler*innen ans Herz legen. Es ist eine tolle Sache, wobei neben dem Vorlesen die „Höhlenbilder" als spielerisches Element bestens geeignet sind, um einmal Chefbeleuchter*in eines Fantasietheaters zu sein.

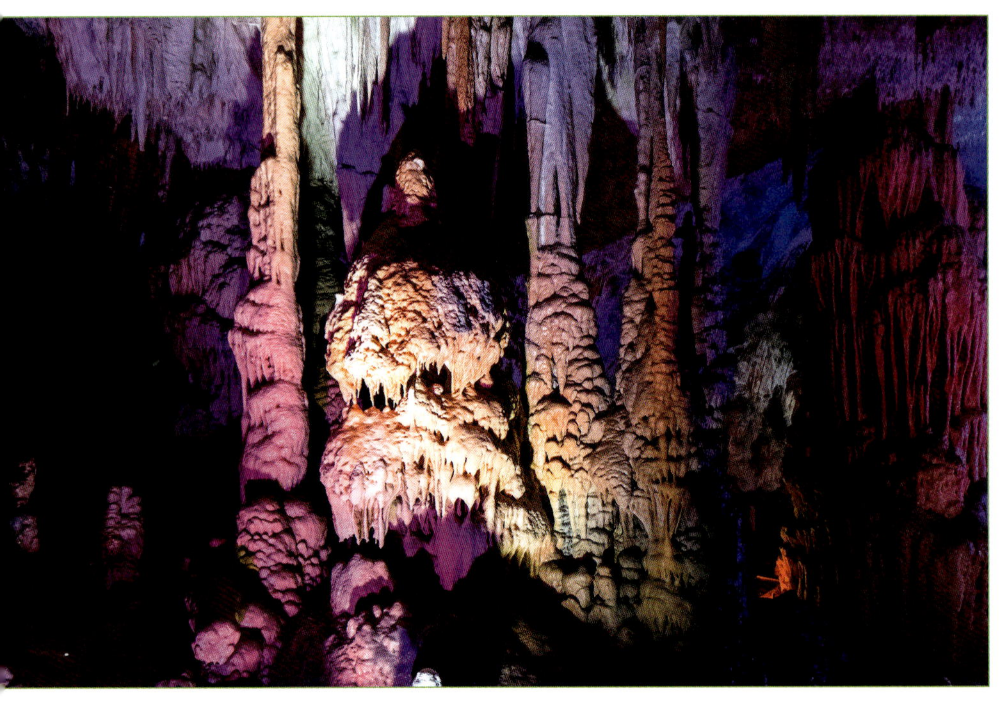

Stalaktiten und Stalagmiten in einer beleuchteten Tropfsteinhöhle

Guckloch: Blick in eine Höhle (2/3)

Mischtechniken: Collage und Malerei

Material:

pro Schüler*in

- je 1 Bogen Transparentpapier in Weiß, Blau, Braun-Nuancen oder fertig zugeschnittene Transparentpapierstreifen (im Handel erhältlich)
- Bogen Fensterfolie, DIN A3
- Fläschchen Alleskleber, klar
- Schere, Schneidunterlage

weiterhin:

- Abbildungen von Höhlen
- ggf. schmale Holzleiste oder Wäscheleine/ Schnur und Klammern
- künstliche Lichtquelle (Taschenlampe o. Ä.)
- 2 Acrylglasplatten pro Tischgruppe, DIN A3

Dauer:

2 Doppelstunden

Klasse:

5–6

Ziele:

Die Schüler*innen ...

- bereiten das Transparentpapier für die Bildaufgabe entsprechend den Vorgaben vor.
- arrangieren die Farbflächen in mehrschichtiger Überlagerung auf dem Bildgrund und gestalten mit den vorbereiteten Farbflächen eine Höhle mit Lichtöffnung.
- positionieren die Tropfsteine zu einem stimmigen Gesamtbild.

Vorbereitung:

Zur Vorbereitung empfehle ich, das Transparentpapier für die ganze Klassengemeinschaft zu bestellen und abzuwägen, welches Format günstiger ist: DIN A3 oder DIN A4. Benötigt werden Bögen in den Farben Weiß, Blau und in Brauntönen. Um die Anmutung von Tropfsteinen nachzuempfinden, sind fertige Streifen aus Transparentpapier empfehlenswert, da sie die Arbeit erleichtern (insbesondere wenn Sie mit jüngeren Schüler*innen arbeiten). Ebenso können Sie mit der Fensterfolie verfahren und mehrere Packungen für die gesamte Klasse bestellen. Hilfreich ist auch eine Schneidunterlage pro Schüler*in sowie zwei Acrylglasplatten im DIN A3-Format pro Tischgruppe. Wenn Sie die Fensterfolie zwischen die Platten legen, stellt das eine gute Option dar, um die Arbeiten einer Zwischenprüfung zu unterziehen. Sie vermeiden auf diese Weise unnötiges Gedränge an den Fensterscheiben und Lauferei, die Unruhe entstehen lässt. Da die geschichteten Arbeiten geklebt werden, sollten die Schüler*innen darauf achten, einen klaren Alleskleber sparsam zu verwenden und die Papiere jeweils mit einem Tropfen davon zu fixieren. Ist die Klebermenge zu groß, entstehen unschöne Flecken und die Bildwirkung ist schnell beeinträchtigt.

So geht's:

Um die Lerngruppe auf die Gestaltungsaufgabe einzustimmen, können Sie (z. B. über einen Beamer) Abbildungen von Höhlen zeigen und die Schüler*innen bitten, von ihren Erlebnissen zu berichten. Fragen Sie die Schüler*innen, ob sie schon einmal in einer Höhle oder in einem ähnlichen Raum waren und welche Empfindungen sie bei dem Besuch hatten. Kennen sie Beispiele aus Büchern und Filmen? Was haben sie gesehen, gehört, ertastet und gefühlt? Zur Einstimmung können Sie aus dem Buch „Tom Sawyer und Huckleberry Finn" von Mark Twain die Stelle aus dem Kapitel „Tom und Becky in der Höhle" vorlesen, die ein aufregendes Höhlenerlebnis schildert. Lesen Sie Ihren Schüler*innen während der Arbeitsphase gern weiter vor. Oder Sie nehmen ein Hörbuch, um die Sinne ganzheitlich zu aktivieren. Es wird den Schüler*innen gefallen!

Guckloch: Blick in eine Höhle (3/3)

Helfen Sie Ihren Schüler*innen im zweiten Schritt bei der Einrichtung des Arbeitsplatzes mit den entsprechenden Materialien. Demonstrieren Sie an einem kleinen Beispiel das Reißen oder Zerschneiden der Papiere in geeignete Farbflächen und deren Aufkleben auf Fensterfolie und heften Sie es an eine Fensterscheibe im Raum. Dann können sie sogleich erfahren, wo die Schwierigkeiten liegen und worauf zu achten ist. Entscheidend sind zwei Dinge, an die Sie denken sollten: Zum einen braucht das Farbgefüge eine zarte und tonige Abstufung und darf nicht zu kontrastreich sein. Zum anderen sollten die Farbflächen großzügig gegliedert werden. Ein zu kleinteiliges Arbeiten würde den Reiz der Gestaltung schmälern.

Tipp/Variation:

„Aufbruch in fremde Galaxien" oder „Escape-Room" können schöne Themen-Varianten sein, bei denen mit Zeitungspapierstreifen auf einer stärkeren Malerfolie gearbeitet wird. Hierbei bleibt nur die Lichtöffnung durchsichtig.
Da es sich um eine größere Arbeit handelt, ist das Thema gut als Gruppenarbeit oder für eine Projektwoche geeignet.

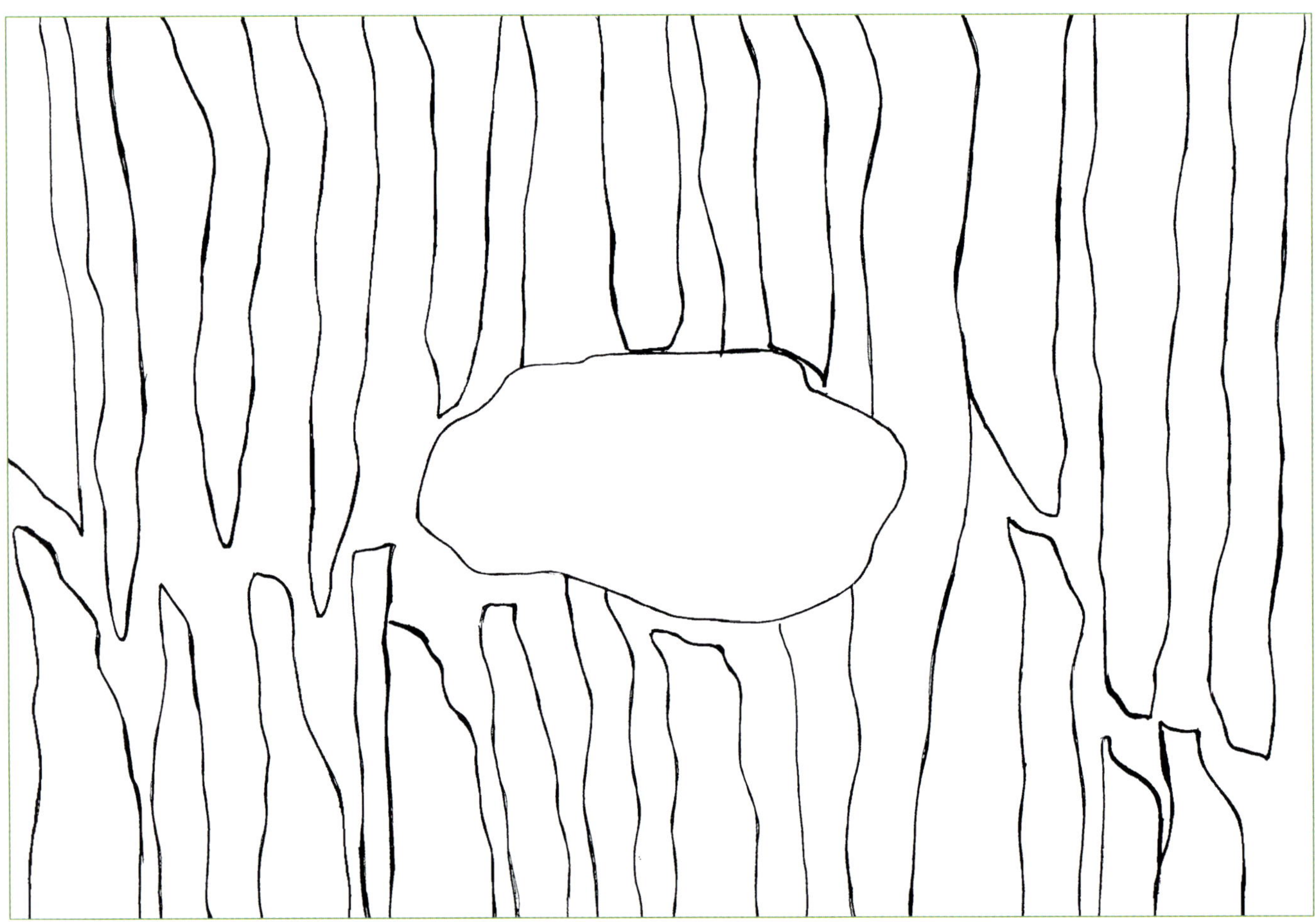

Skizze: Blick in eine Höhle

Guckloch: Blick in eine Höhle

Fertige Ergebnisse

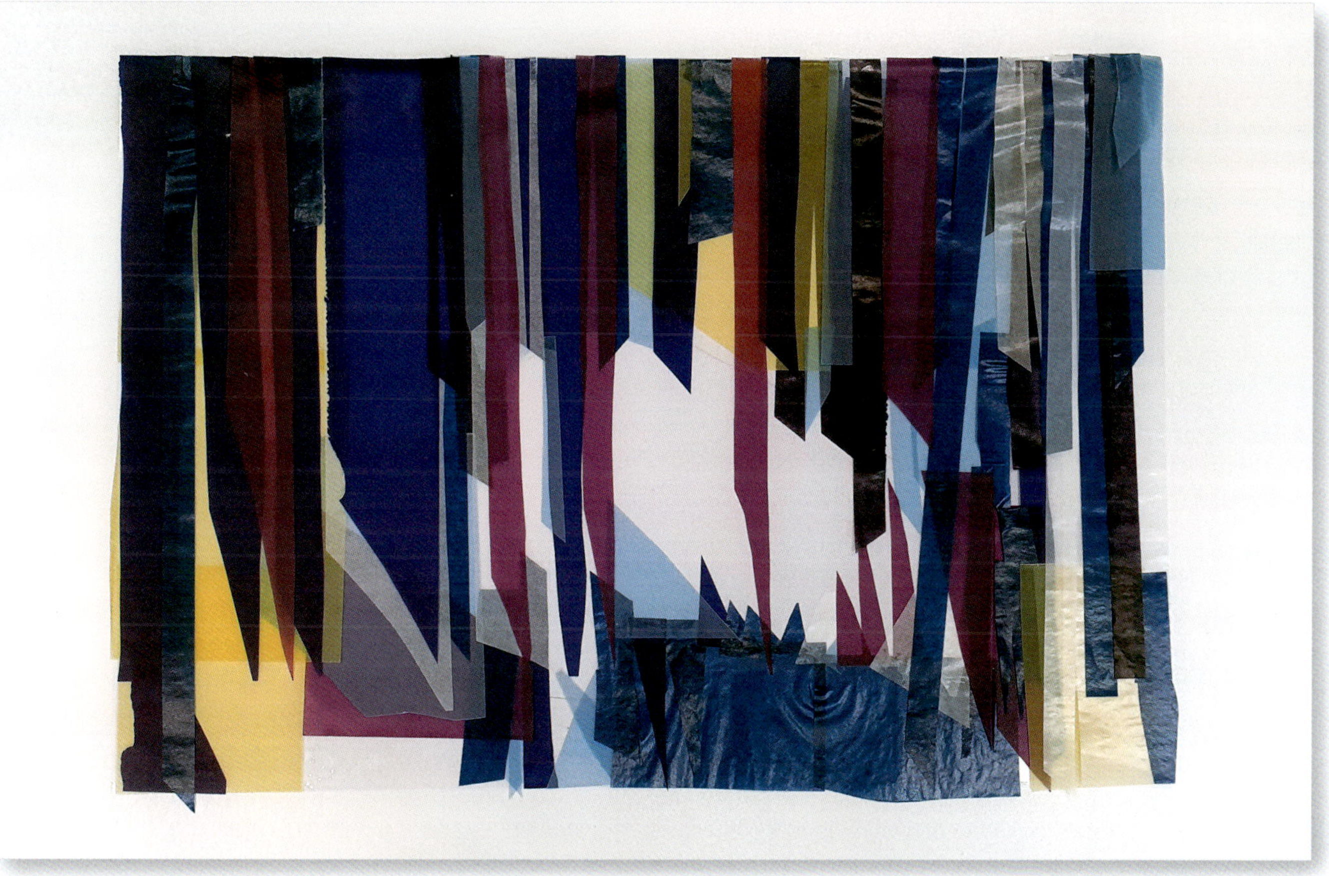

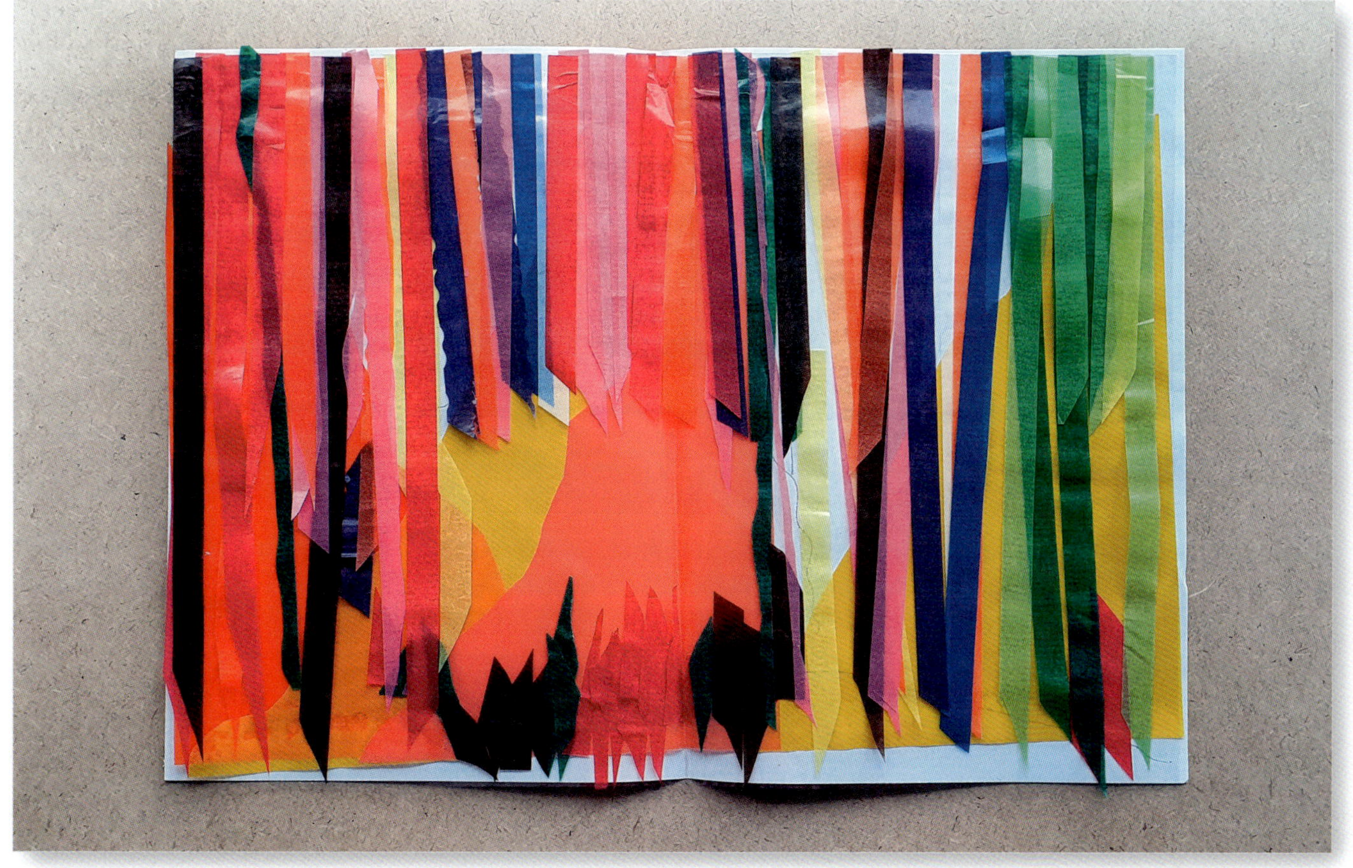

Containerschiff (1/3)

Darum geht's

Die Aufgabe, ein „Containerschiff" zu gestalten, ist genauso zeitgemäß wie aktuell: Die Größe der Schiffe, die Waren und Güter transportieren, wird immer gigantischer, da in immer kürzeren Zeitfenstern ein stetig größer werdendes Warenvolumen verschifft und umgeschlagen wird. Der Transport von Gütern verlangt nach einer ausgefeilten Logistik: Moderne Container sind so passgenau entwickelt wie Bauklötze und können mit Lkws auf gut ausgebauten Straßennetzen, per Bahn auf der Schiene und schließlich in riesigen Stückzahlen per Schiff in alle Welt transportiert werden. In Deutschland gehören Hamburg und Bremerhaven zu den modernsten Containerhäfen. Duisburg mit einer Länge von 15 km Umschlagufer ist der größte Binnenhafen Europas mit 4,2 Millionen TEU Umschlagvolumen und 36 000 Arbeitsplätzen[2]. Überseehäfen sind die bedeutendsten Umschlagplätze für die Container-Verschiffung. Hierzu zählt z. B. die Hafenanlage von Shanghai an der Jangtse-Mündung an der Ostküste Chinas – übrigens der kolossalste Hafen der Welt mit einem Warenumschlag von 43,5 Millionen TEU. Der Hafen Rotterdam im Rhein-Maas-Delta in den Niederlanden entstand bereits im 14. Jahrhundert. Er liegt auf der Weltrangliste der Überseehäfen mit 14,4 Millionen TEU auf Platz 11 und ist gleichzeitig der größte Seehafen Europas. Das Hafengebiet erstreckt sich über eine Länge von 42 km und bietet 385 000 Menschen Arbeit.
Mit riesigen Kransystemen werden die „Metallriesen" verschifft. Immer wieder kommt es leider auch zu Unglücken, bei denen Ladungen verrutschen oder Schiffe sich festfahren oder auf Grund laufen und in erheblichem Maße den Transportfluss blockieren. Dramatisch wird es, wenn die Containerschiffe in schwere Stürme geraten. Daher ist es höchst spannend, die Giganten der Welt- und Binnenmeere einmal genau in Augenschein zu nehmen.
Künstlerisch umgesetzt, bietet sich die Darstellung eines Containerschiffes geradezu an: Der metallene Rumpf des Schiffes lässt sich wunderbar aus leeren Verpackungen von Kaffeebohnen oder Kaffeepads gestalten und die Container entstehen aus dünner Wellpappe. Die Namen der fiktiven Transportfirmen werden mit einfachen Buchstabenstempeln aufgedruckt. Wasser, Himmel und einige Schiffsaufbauten ergänzen die Schüler*innen malerisch mit Gouachefarben.

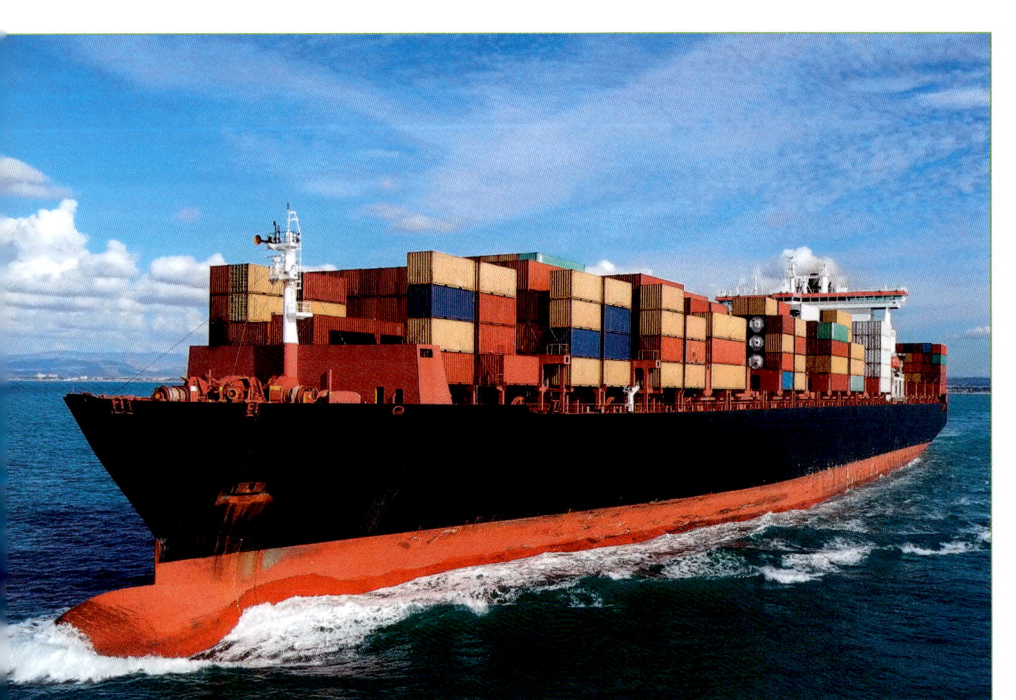

Ein Containerschiff mit Großraumbehältern

[2] Daten aus dem Jahr 2020, Quelle: Statista

Containerschiff (2/3)

Material:

pro Schüler*in

- 3 Bögen Zeichenpapier, DIN A3, mittlere Papierstärke
- Zeichenblockrücken oder Karton, DIN A3
- Bogen blaues Seidenpapier, DIN A3
- dünne Wellpappe in Streifen, leere Kaffeeverpackungen von Kaffeebohnen/ Kaffeepads oder Metallfolie
- Reste von Gittergeweben, z. B. Teppichunterlage o. Ä.
- Gouachefarben in Blau, Grün und Weiß
- Borstenpinsel, Stärke 8 und 10, feiner Haarpinsel, Bleistift HB
- Schere oder andere Schneidehilfe
- Klebestift und Serviettenkleber
- Buchstabenstempel und Stempelkissen
- Putzrolle oder Mallappen

weiterhin:

- Abbildungen von Containerschiffen

Dauer:

3–4 Doppelstunden

Klasse:

7–8

Ziele:

Die Schüler*innen …

- collagieren, inspiriert von Abbildungen von Containerschiffen, den Schiffsrumpf, die Container sowie die Schiffsaufbauten.
- gestalten den Bildhintergrund und -details mit Gouachefarben und ergänzen Schriftzüge per Stempeltechnik.

Vorbereitung:

Geben Sie den Schüler*innen eine Materialliste an die Hand und etwa zwei Wochen Zeit für die Beschaffung der aufgeführten Materialien. Wichtig für die originale Begegnung oder das Anknüpfen an schon Erlebtes/ Gesehenes ist es, Abbildungen oder Fotos von Containerschiffen zu zeigen. Selbstverständlich können die Schüler*innen eigene Fotos von Containerschiffen aus dem Urlaub mitbringen. Auf diese Weise können Sie ein Unterrichtsgespräch zu Beginn der Einheit sehr lebendig gestalten. Interesse und Motivation der Schüler*innen sind geweckt.
Auf S. 41 finden Sie eine Kopiervorlage mit zwei Schiffsskizzen, die die Schüler*innen als Gestaltungsvorlage nutzen können.

So geht's:

Zu Beginn der Einheit setzen Sie Abbildungen und Fotos von Containerschiffen zur Einstimmung auf das Thema ein. In einem Unterrichtsgespräch erörtern Sie mit den Schüler*innen das Aussehen und die Größe von Containerschiffen, berichten über große Hafenanlagen, in denen Container umgeladen und verschifft werden. Anschließend werden alle Materialien bereitgestellt. Die Kopiervorlage mit den Schiffsskizzen dient als Entscheidungs- und Gestaltungshilfe für die Festlegung des Umrisses in Frontal- oder Seitenansicht.
Wenn sich die Schüler*innen für eine der beiden Darstellungsvarianten entschieden und die Schiffsform auf dem Bilduntergrund skizziert haben, schneiden sie im nächsten Schritt aus den mitgebrachten Kaffeeverpackungen die Rumpfteile des Schiffes sowie die Streifen zur Darstellung der Container aus Wellpappe aus. Die Elemente für die Brüstung entstehen aus Resten von Gittergeweben. Die ausgeschnittenen Teile werden auf der Skizze arrangiert. Vor dem endgültigen Aufkleben können die Schüler*innen immer noch etwas verändern und verschieben. Wenn alles auf dem Bildgrund angeordnet und aufgeklebt wurde, werden Himmel, Wasser sowie Aufbauten und Flaggen schließlich mit Gouachefarben ergänzt. Zur Ausgestaltung von Himmel und Wasser kann auch das Seidenpapier verwendet werden.

Containerschiff (3/3)

Die Container aus Wellpappestreifen malen die Schüler*innen mit dem Borstenpinsel an. Wenn die Schüler*innen noch nicht mit Gouachefarben gemalt haben, bauen Sie noch eine kleine Farbübung auf einem extra Papier ein. Dann bekommen diese ein Gefühl für das Mischen der Farben und lernen deren Konsistenz und Trocknungseigenschaften kennen. Zum Schluss stempeln die Schüler*innen mit einfachen Buchstabenstempeln und einem Stempelkissen Containernamen, Schriftzüge und den Namen des Schiffes auf.

Tipps:

- Für die schnellen Schüler*innen ist es interessant, noch eine zweite Gestaltungsidee parat zu haben: die Frontalansicht eines Containerschiffes (siehe Vorlage auf S. 41).
- Da das Ausschneiden der Einzelteile etwas Zeit in Anspruch nimmt, ist es schön, wenn die etwas langsameren Schüler*innen beim Ausschneiden Hilfe von den schnelleren Schüler*innen bekommen.

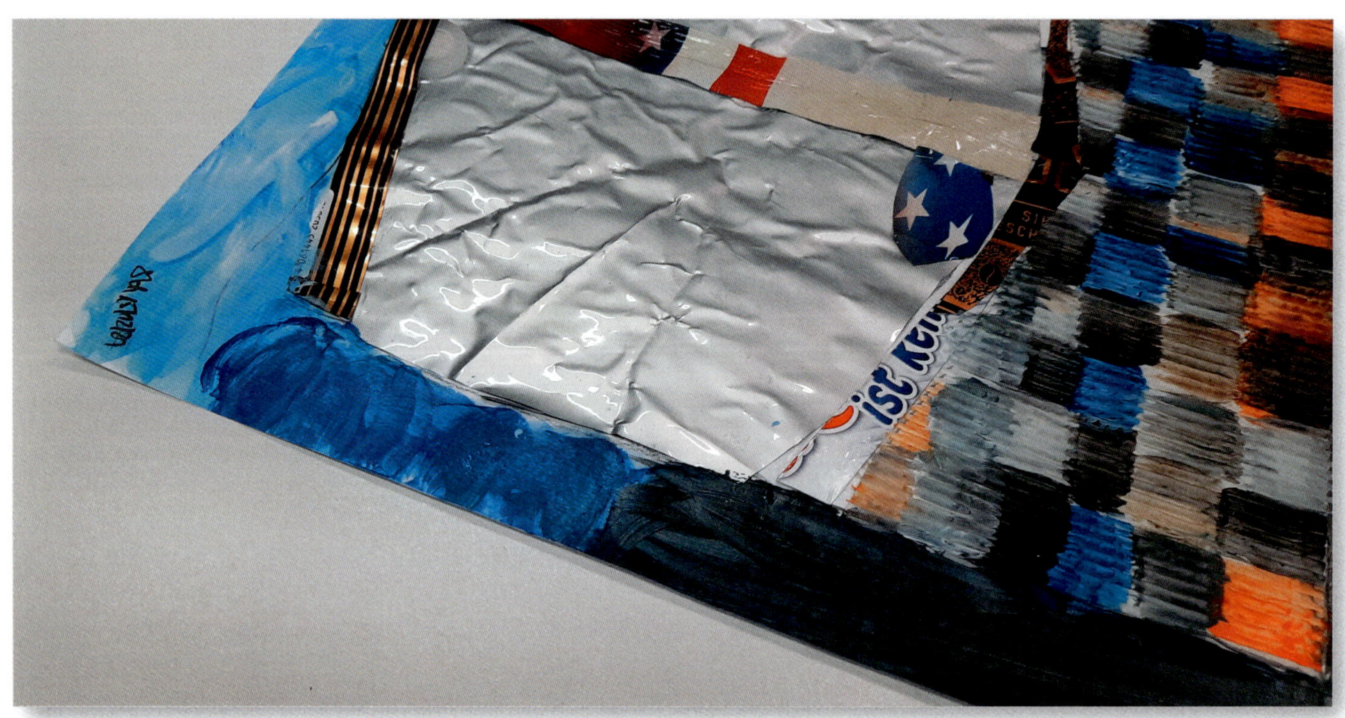

Detailansicht einer Containerschiff-Collage

Containerschiff

Mischtechniken: Collage und Malerei

Kopiervorlage „Containerschiff in Frontal- und Seitenansicht"

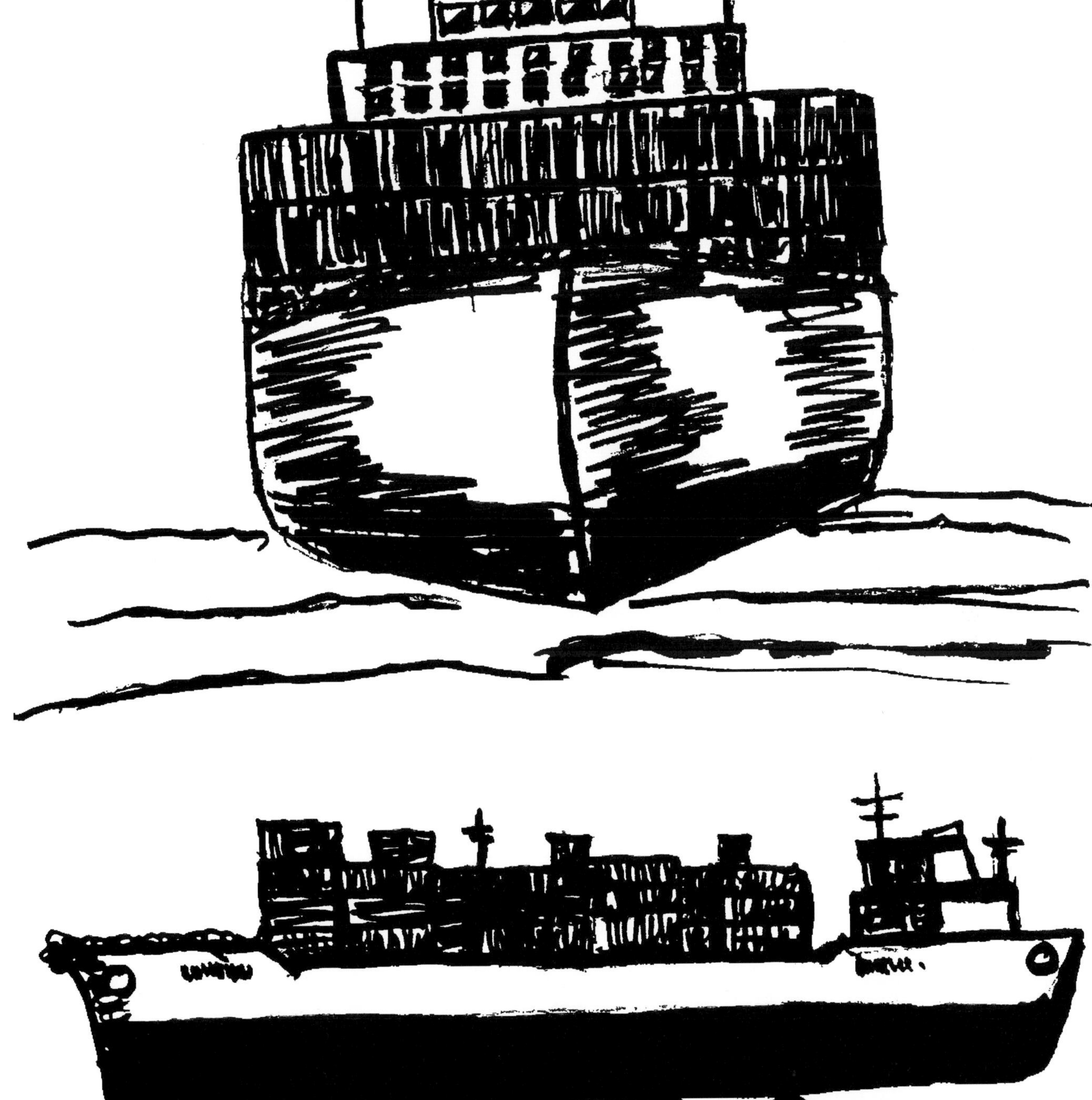

Containerschiff

Fertige Ergebnisse

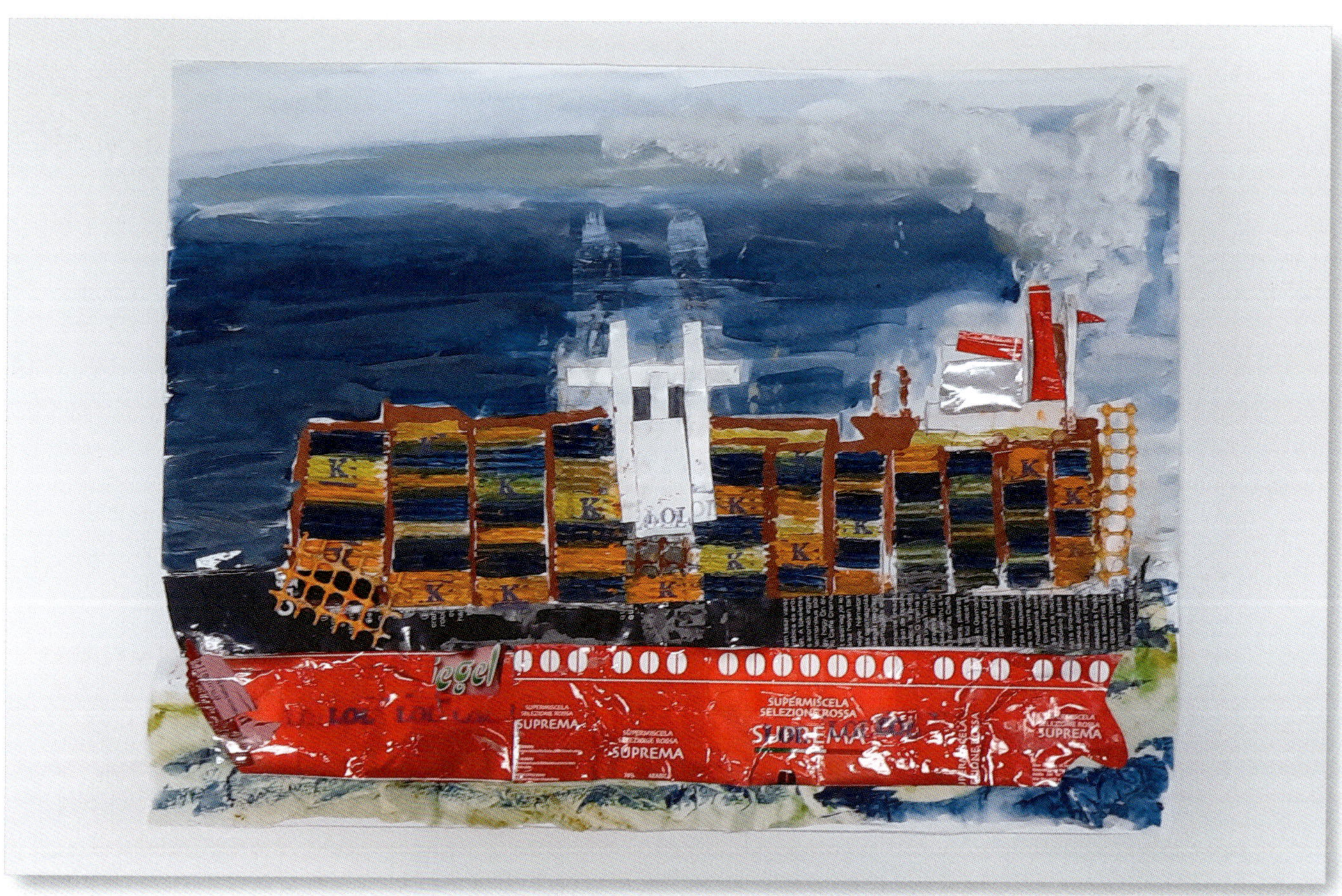

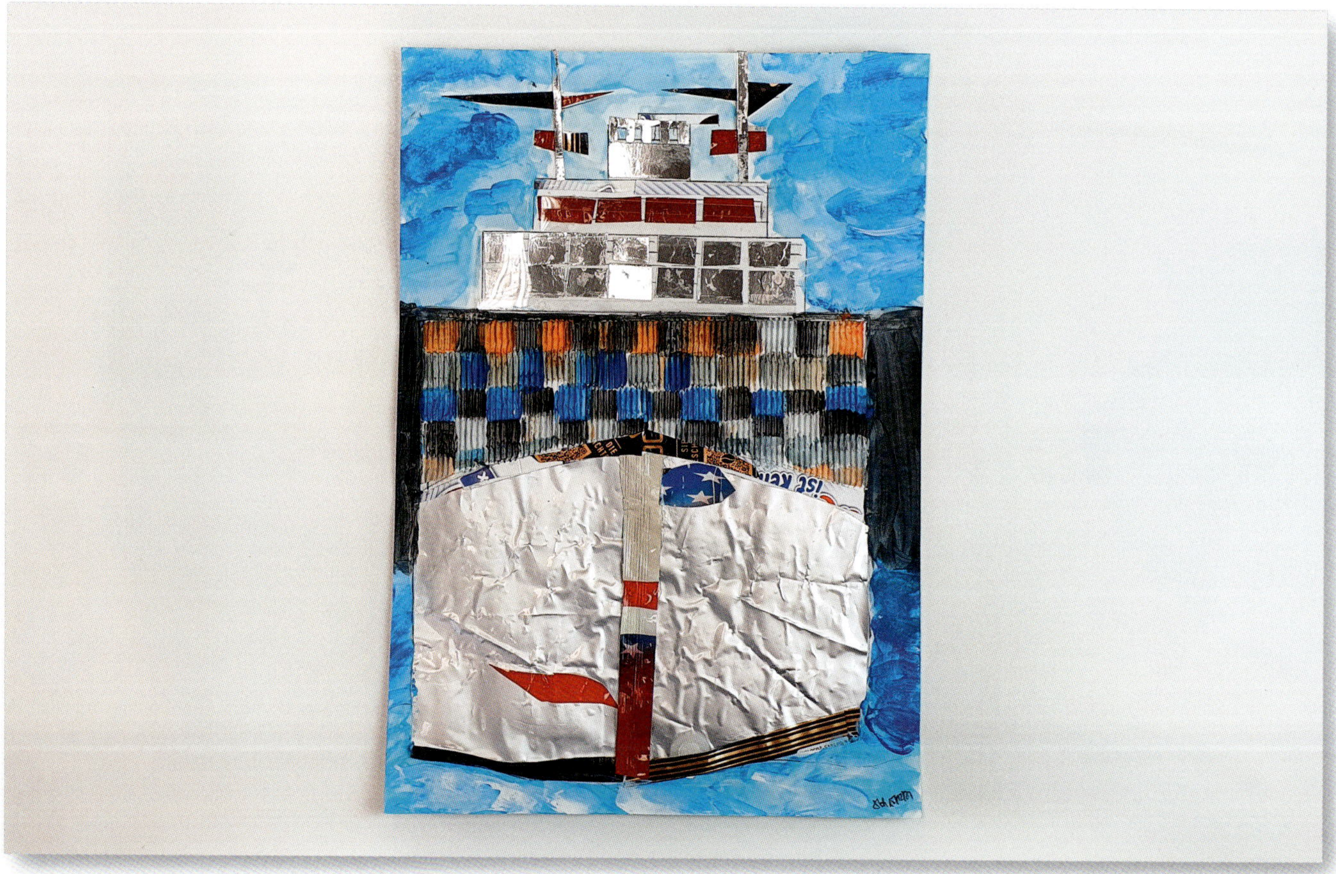

Ein Tapetenmuster läuft aus dem Raum (1/2)

Mischtechniken: Collage und Malerei

Darum geht's

Zu Beginn einer künstlerischen Arbeit besteht oft eine große Schwierigkeit darin, den Einstieg zu finden. – Die bekannte Angst vor dem leeren Blatt stellt sich ein. Die Aufgabe ist bereits erklärt und es kann im Grunde losgehen, aber es entstehen Unsicherheiten: Wo ziehe ich meinen ersten Pinsel- oder Bleistiftstrich? Wie überwinde ich diese Hemmschwelle, das blütenweiße oder farbige, leere Papier zu bemalen? Die Lösung ist denkbar einfach: Wir starten mit einem Trick! Ein selbst gewähltes Bildsegment bildet die Ausgangsbasis für die gestalterische Arbeit und hilft auf diese Weise, die Hemmschwelle zu überwinden. In der folgenden Aufgabe bildet das Bildsegment ein gemustertes Tapetenstück (etwa 10 x 10 cm groß), das auf das Trägerpapier geklebt wird, auf das zuvor ein imaginärer Innenraum gezeichnet wurde. Von der Rückwand startend, geht das Tapetenmuster auf Wanderschaft. Es wächst zunächst auf der Rückwand weiter und setzt sich dann über die Seitenwände fort. Es ist empfehlenswert, vorab die Technik der Detailzeichnung zu üben und zunächst die Einzelheiten des ausgewählten Tapetenausschnitts mit Bleistift weiterzuführen. Das schult die Wahrnehmung, macht sensibel für Bilddetails und formt durch die Vorzeichnung eine schöne Gesamtkomposition. In der sich anschließenden Phase werden vorhandene und nachempfundene Muster fantasievoll ergänzt und malerisch verbunden. Verwenden Sie ein großes Papierformat, mindestens DIN A3, sowie Schultempera für die Ausführung.

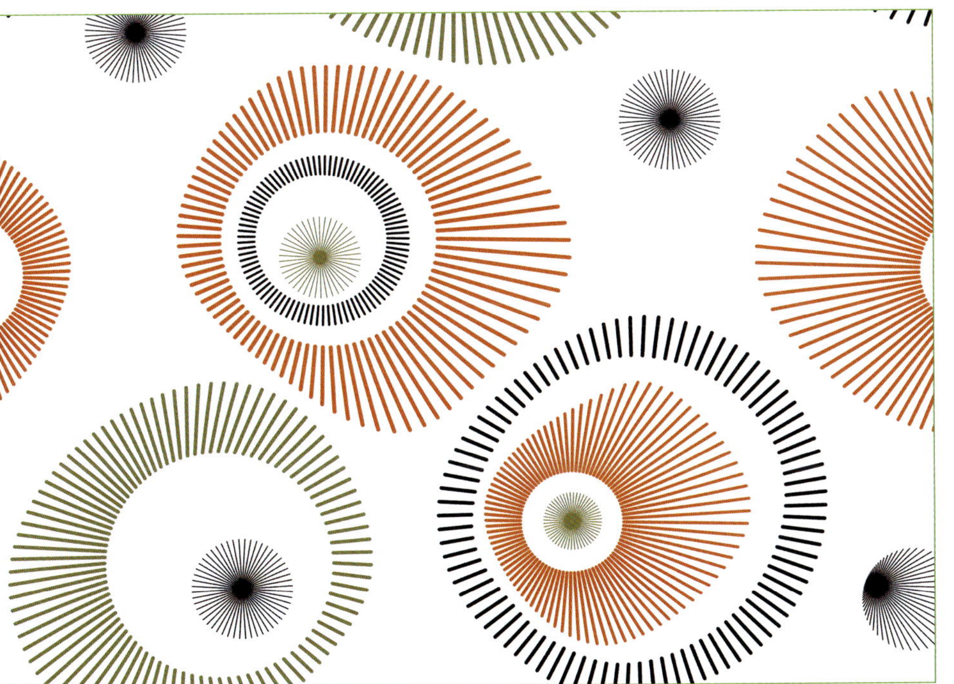

Schön fortzusetzen – die grafischen Muster von „Retro-Tapeten"

Ein Tapetenmuster läuft aus dem Raum (2/2)

Mischtechniken: Collage und Malerei

Material:

pro Schüler*in

- 2 Tapetenmusterseiten
- Schere, Bleistift, Klebestift, Lineal
- Papier vom Universalblock, mind. DIN A3
- Schultemperafarben und Pinsel
- Putzrolle oder Mallappen

Dauer:

3 Doppelstunden

Klasse:

7–10

Ziele:

Die Schüler*innen ...

- skizzieren perspektivisch einen Innenraum auf den Bildgrund und platzieren einen geeigneten Tapetenabschnitt auf der Rückwand des Raumes.
- setzen das Tapetenmuster mit Bleistift fort und erfinden weitere Details.
- arbeiten das Bild mit Temperafarben aus und „möblieren" den Raum in Collage-Technik.

Vorbereitung:

Lassen Sie Ihre Schüler*innen selbst Tapetenreste mitbringen oder beschaffen Sie für die gesamte Klasse ein Tapetenmusterbuch. Alle anderen Materialien bringen die Schüler*innen mit.
Für die „Möblierung" des Raumes werden einfarbige Tapetenreststücke verwendet. Erstellen Sie ein Arbeitsblatt oder eine OHP-Folie zur Perspektive oder zeichnen Sie ein Tafelbild (siehe Skizze rechts).

So geht's:

Lassen Sie die Schüler*innen im Vorfeld eine kleine Recherche durchführen und Tapeten für ihren Lieblingsraum aussuchen. Im Plenum stellen die Schüler*innen die gewählten Tapetenmuster unter dem Gesichtspunkt „Warum habe ich mich für dieses Dekor entschieden?" vor. Die Ergebnisse werden als Tafel-Collage gesammelt. Möglich ist der Einstieg auch, wenn die Schüler*innen später mit den Tapeten aus dem von Ihnen mitgebrachten Tapetenmusterbuch arbeiten. Erklären Sie anschließend die Raumperspektive. Die Schüler*innen übertragen diese mit Bleistift und Lineal oder frei Hand auf ihren Bildgrund. Entweder geht es dann mit den selbst mitgebrachten Tapeten weiter oder die Schüler*innen bedienen sich aus Ihrem Musterbuch. Jede*r klebt ein Tapetenstück auf die Rückwand seiner*ihrer Raumskizze. Zunächst wird das Muster mit Bleistift fortgesetzt und anschließend ausgemalt. Dann werden – ebenfalls aus Tapete – zwei markante Möbel, wie Sessel oder Couch und Tisch, ausgeschnitten und ins Bild geklebt. Zum Schluss bereitet die Lerngruppe die fertigen Kunstwerke unter folgenden Gesichtspunkten zur Präsentation vor: Wie ist der kompositorische Aufbau geglückt? Wie ist die Kombination aus vorhandenen und erfundenen Elementen gelungen? Wie originell ist die Bildidee umgesetzt worden? Wie sauber ist die Arbeit ausgeführt? Auf diese Weise lernen die Schüler*innen Kriterien und Leitfragen für die Beurteilung von Arbeiten kennen.

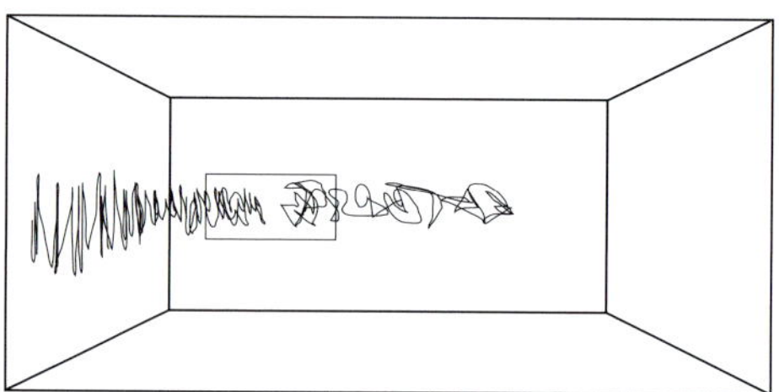

Tipp/Variation:

Eine interessante Variante ist das Einkleben einer gestalteten Zimmerwand in einen Schuhkarton. Der Raum wird dreidimensional und die Möbel aus Pappe entsprechend eingepasst wie bei einem Puppenhaus.

Ein Tapetenmuster läuft aus dem Raum

Fertiges Ergebnis

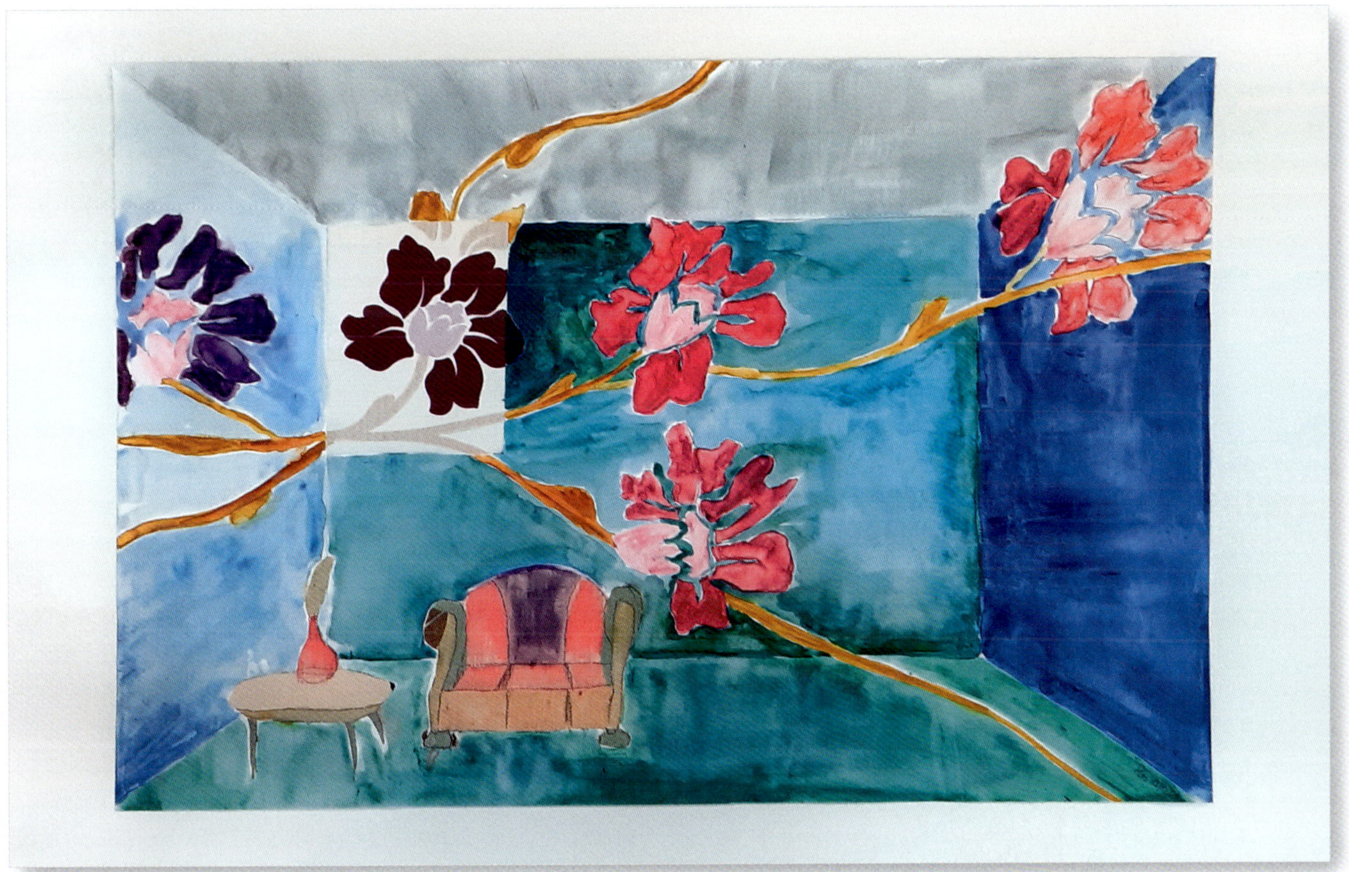

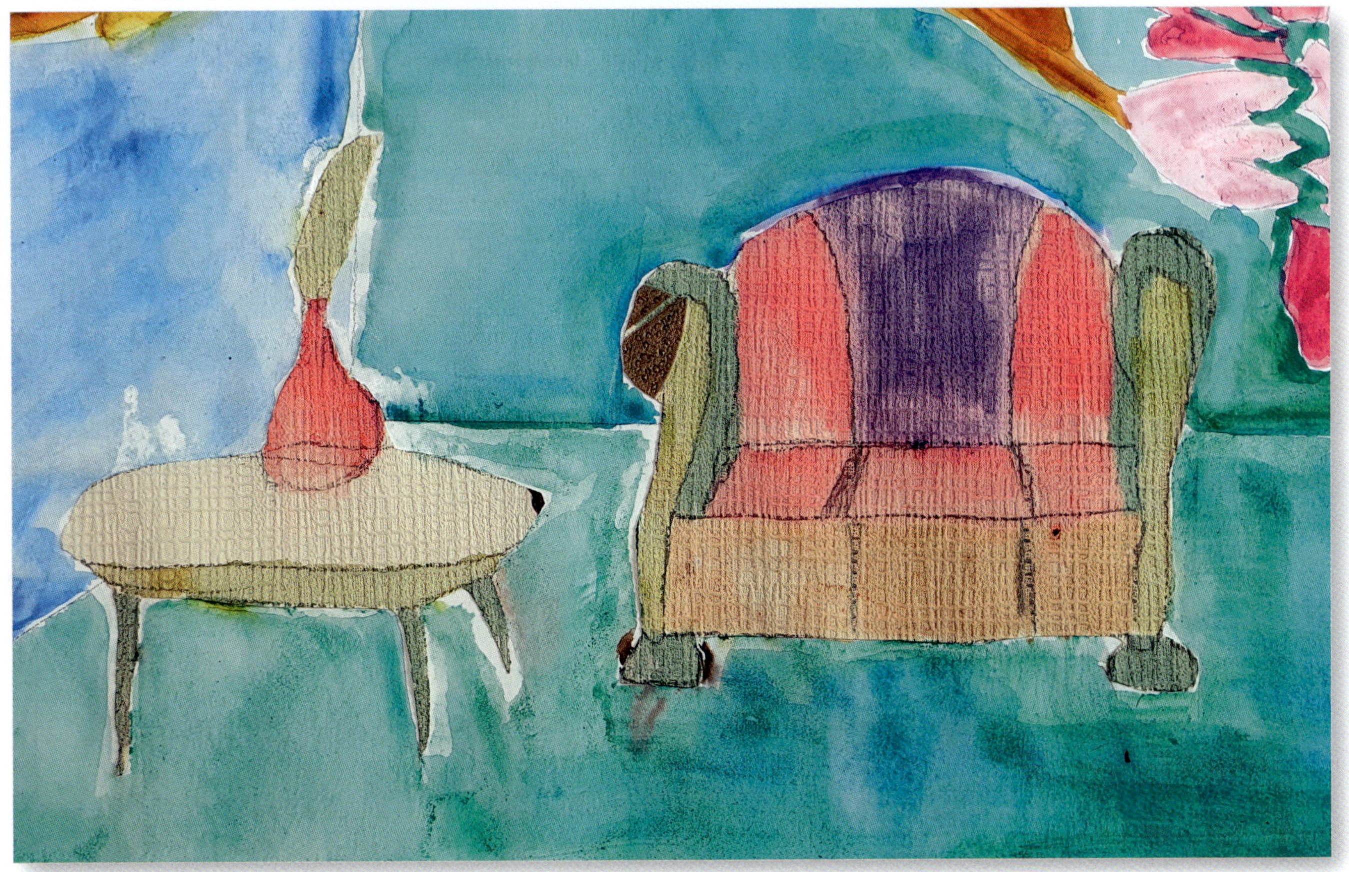

Welches Tier versteckt sich hinterm Barcode? (1/3)

Darum geht's

„Welches Tier versteckt sich hinterm Barcode?" ist eine Kombination aus Collage und Malerei, bei der die Schüler*innen in vielerlei Hinsicht ihre Erkenntnisse und Kompetenzen erweitern können. Hinter der ausgewählten Thematik verbirgt sich zum einen das Weiter- und Ausmalen sowie Weiterentwickeln mit dem „Arbeitsblatt Zebras" (siehe S. 50), wobei die Tiere an der Umrisslinie zunächst ausgeschnitten und auf ein größeres Blatt geklebt werden. Anschließend werden die Details des Tieres und die Umgebung des Tiermotives malerisch mit Brush-Pens ausgestaltet. Im weiteren Verlauf wird ein Barcode hergestellt, der, aus silbernem Karton geschnitten, schön metallisch wirkt. Danach kommt die Technik der Phasen- oder Streifencollage zum Einsatz, wobei Bild und Barcode nahezu dramatisch miteinander verwoben werden. Zwei unterschiedliche Bildinhalte werden derart zielgerichtet zerschnitten, dass eine beeindruckende Gesamtaussage entsteht, die nach Grundfertigkeiten wie Malen, Legen, Ausprobieren und vor allem nach Genauigkeit und Geduld verlangt. Die Schüler*innen sind täglich mit Barcodes in der realen Welt konfrontiert. Ein genaues Hinsehen, den Barcode bewusst mit allen Sinnen ins Visier nehmen, ist lohnenswert und bestens für die künstlerische Gestaltungspraxis geeignet. Aber was ist denn nun ein Barcode überhaupt? Als Barcode (von englisch bar = Balken), Strichcode oder auch Balkencode wird ein Code bezeichnet, der aus unterschiedlich breiten, parallel verlaufenden Strichen und Leerräumen besteht. Der Barcode beinhaltet verschlüsselte Daten, die mithilfe von optoelektronischen Lesegeräten (Scannern) erfasst und verarbeitet werden können. Es gibt nahezu kein Produkt mehr auf dem Markt, das keinen Barcode aufweist. Er ist aus unserem Alltag nicht mehr wegzudenken und hat die Kundenabwicklung – vor allem an Supermarktkassen – um ein Vielfaches beschleunigt. Barcodes gibt es nunmehr seit über 70 Jahren: Im Jahr 1949 wurde das Patent für den Strichcode von zwei US-Amerikanern eingereicht und 1952 erteilt. Die Cracks unter Ihren Schüler*innen haben durch das Internet die Möglichkeit, sich noch intensiver mit der Materie auseinanderzusetzen. An dieser Stelle sollte die Information jedoch ausreichen, um in die Kunstaufgabe einsteigen zu können.

Bei meiner Recherche zum Thema stieß ich auf eine Werbung, bei der sich ein Motiv hinter dem Code zeigte und die auf diese Weise für verschiedene Umsetzungs- und Einsatzmöglichkeiten der Barcodes warb. Diese Idee bildet die Grundlage für die Rollage, also eine Collage aus genau zwei Bildern, die durch parallele Schnitte zerteilt und anschließend so auf dem Bildträger montiert werden, dass ein verschobenes, unterbrochenes Gesamtbild entsteht. Dies wirkt ein wenig wie aus der Zeit gefallen oder wie in Zeitlupe betrachtet und setzt dadurch kunstgerecht dem Barcode, der für schnelle Informationsverarbeitung steht, die Verlangsamung durch Streifen oder Phasen entgegen. In den 1970er-Jahren waren die Rollagen der Renner im Kunstunterricht und, wie ich finde, sind sie es heute immer noch, denn das Ergebnis spricht für sich: Der metallische Barcode und die Filzstiftmalerei gehen trotz der Gegensätze in der Anmutung eine interessante Symbiose ein.

Aus unserem Alltag nicht mehr wegzudenken: Barcodes

Welches Tier versteckt sich hinterm Barcode? (2/3)

Mischtechniken: Collage und Malerei

Material:

pro Schüler*in
- Arbeitsblatt „Zebra" (siehe S. 50)
- Zeichenblock, DIN A4
- Spiegelkarton, DIN A4
- Bogen Tonpapier, DIN A3
- Schere, Bleistift, Lineal
- 2 Klebestifte, dick und dünn
- Packung Brush-Pens
- Unterlage für die Klebearbeit

weiterhin:
- ggf. Beispiel einer Rollage zur Veranschaulichung

Dauer:

2 Doppelstunden

Klasse:

ab Klasse 8

Ziele:

Die Schüler*innen ...
- sammeln in Vorbereitung auf die Kunstarbeit verschiedene Barcodes.
- erfahren die Bedeutung eines Barcodes und fertigen diesen aus Metallfolie.
- schneiden die Zebras aus und kleben sie auf ein DIN-A4-Zeichenpapier.
- ergänzen den Bildhintergrund und gestalten die Tierfiguren mithilfe von Brush-Pens.
- schneiden, montieren und kleben eine Phasen-Collage.

Vorbereitung:

Lassen Sie Ihre Lerngruppe vorab als Hausaufgabe verschiedene Barcodes sammeln und dokumentieren. Die Informationen zum Thema „Barcode" auf der vorhergehenden Seite stellen eine schnelle Vorbereitungshilfe für Sie selbst dar, die Sie auch in den Unterricht einbinden können. Kopieren Sie das Arbeitsblatt „Zebra" in Gruppenstärke und stellen Sie sicher, dass die entsprechenden Papiere vorhanden sind. Teilen Sie Ihren Schüler*innen mit, dass es für die Ausführung der Klebearbeiten unerlässlich ist, einen dicken und einen dünneren Klebestift zu kaufen. Das vereinfacht die Klebearbeiten entscheidend und sorgt für ein sauberes Ergebnis. Natürlich können die Streifen per Hand geschnitten werden. Noch exakter gelingen die Zuschnitte jedoch unter Verwendung einer einfachen Papierschneidemaschine, die bestimmt auch an Ihrer Schule vorhanden ist. Prüfen Sie, ob Schneidemaschine und Scheren intakt sind! Die Bildstreifen verlieren an Wirkung, wenn sie zackig und fransig geschnitten sind. Achten Sie darauf, dass nur Brush-Pens zum Einsatz kommen, da diese ein flächiges, pinselartiges Ausmalen erlauben und brillante Farbergebnisse zaubern.

So geht's:

Wecken Sie die Neugier Ihrer Lerngruppe mithilfe eines kurzen Blitzlichts zum Thema „Barcode". Barcodes, die Ihre Schüler*innen als Ergebnis der Hausaufgabe mitgebracht haben, sammeln Sie an der Tafel und fügen sie zu einer Barcode-Collage zusammen. Haben die Schüler*innen die Codes dagegen mit dem Handy abfotografiert, können Sie diese über Smartboard oder Beamer zeigen.
Erklären Sie Ihrer Gruppe mithilfe der Abbildung hier im Buch oder anhand eines mitgebrachten Beispiels, dass die „Rollage" eine Sonderform der Collage darstellt und ein exaktes Arbeiten bei der Streifenherstellung voraussetzt. Geben Sie beim Schneiden der Streifen Hilfestellung, sodass das Zebra-Motiv in gleich breite Streifen geschnitten wird, während das Metall-Papier – wie ein Barcode – in den Breiten variiert. Wenn Sie dann dafür sorgen, dass alle Schüler*innen einen entsprechend großen Arbeitsbereich

Welches Tier versteckt sich hinterm Barcode? (3/3)

für das Arrangieren und anschließende Aufkleben zur Verfügung haben, sollte die Aufgabe bestens gelingen. Gut ist es ebenfalls, auf dem Bildgrund oben und unten eine Hilfslinie zu ziehen, damit die Streifen einfach angelegt und ausgerichtet werden können. Denken Sie unbedingt daran, als Bildgrund ein stabiles Tonpapier zu verwenden und die einzelnen Bildabschnitte nummerieren zu lassen, damit alles schön geordnet und stressfrei abläuft.

Tipps/Variationen:

- Ein spannendes Doppelbild ergibt sich aus zwei komplett identischen Fotos, die in Streifen zerschnitten und dann abwechselnd untereinander aufgeklebt werden. Gut geeignet sind dafür Köpfe.
- Ausgefallen wird eine Rollage, wenn Bildteile verdreht oder in der Höhe verschoben werden.

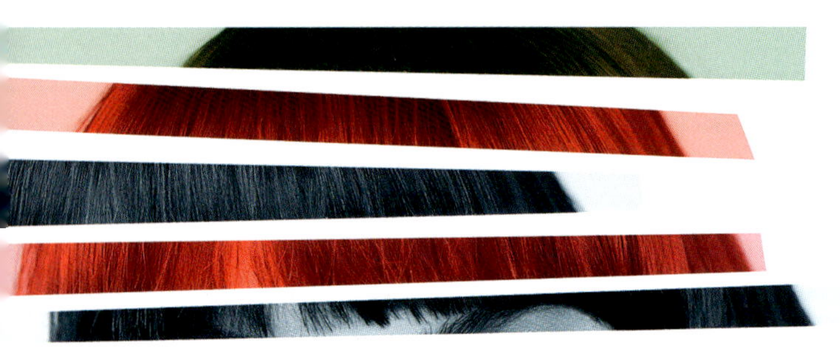

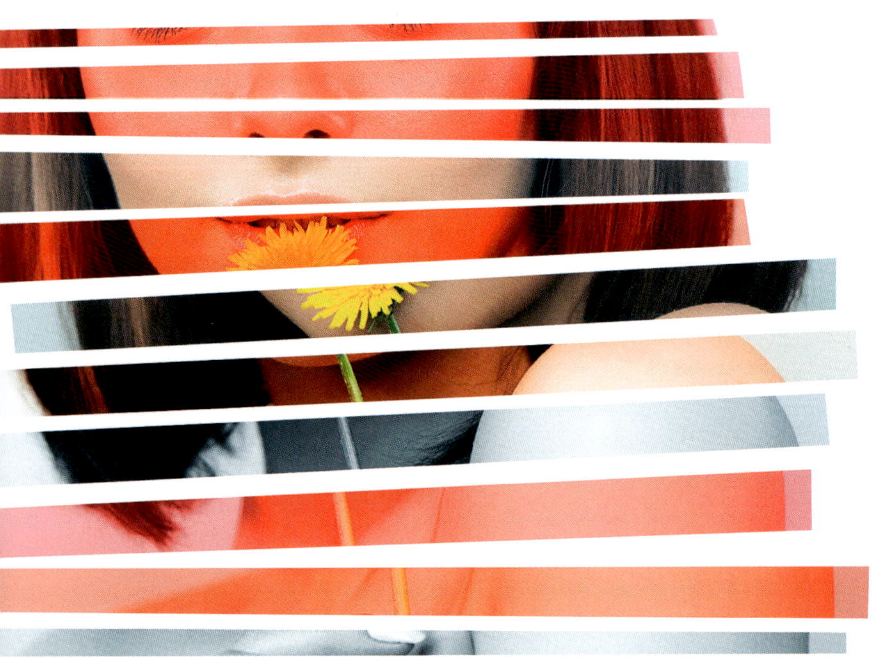

In Streifen zerschnittene Porträts bieten sehr viele unterschiedliche Gestaltungsmöglichkeiten.

Welches Tier versteckt sich hinterm Barcode?

Fertige Ergebnisse

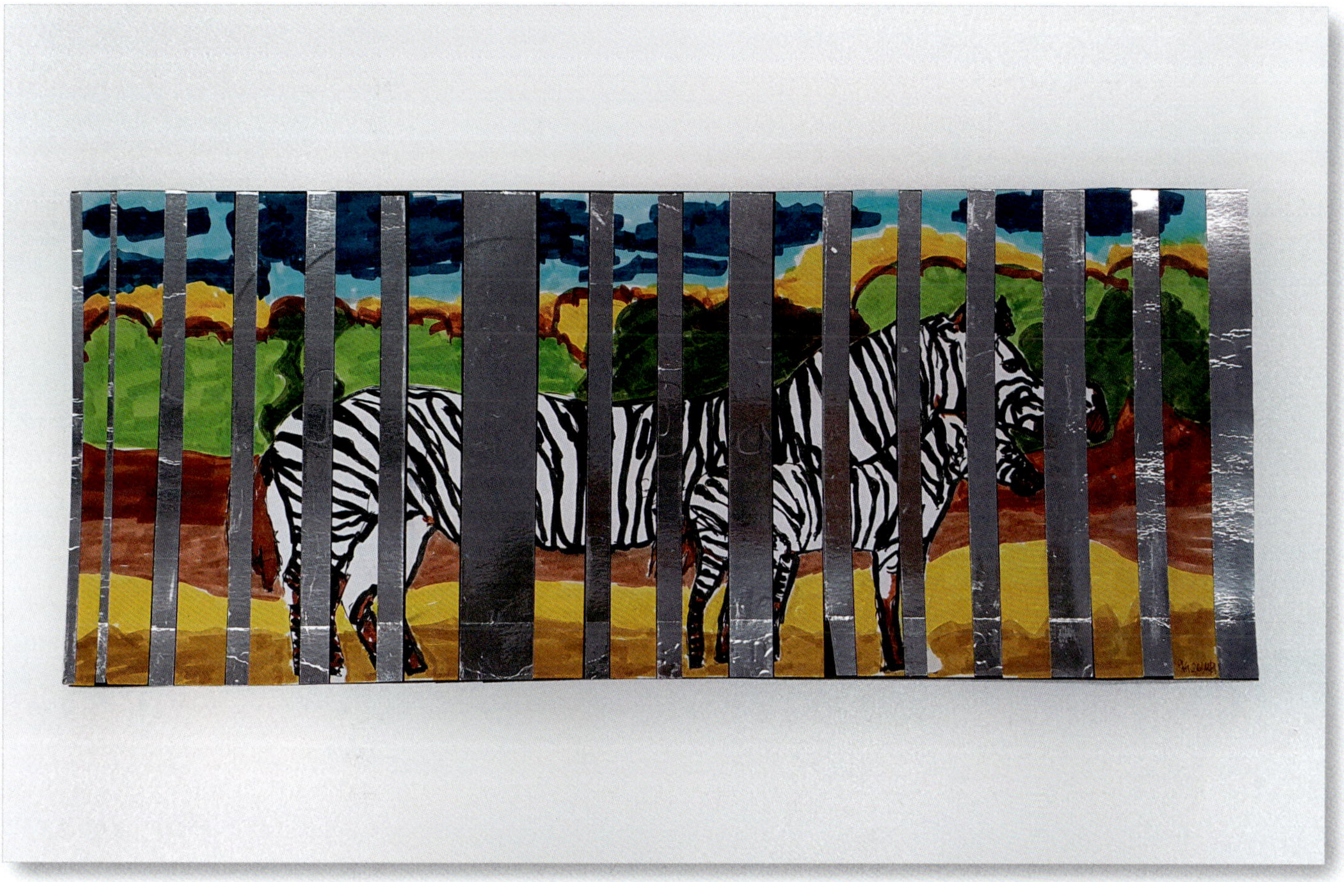

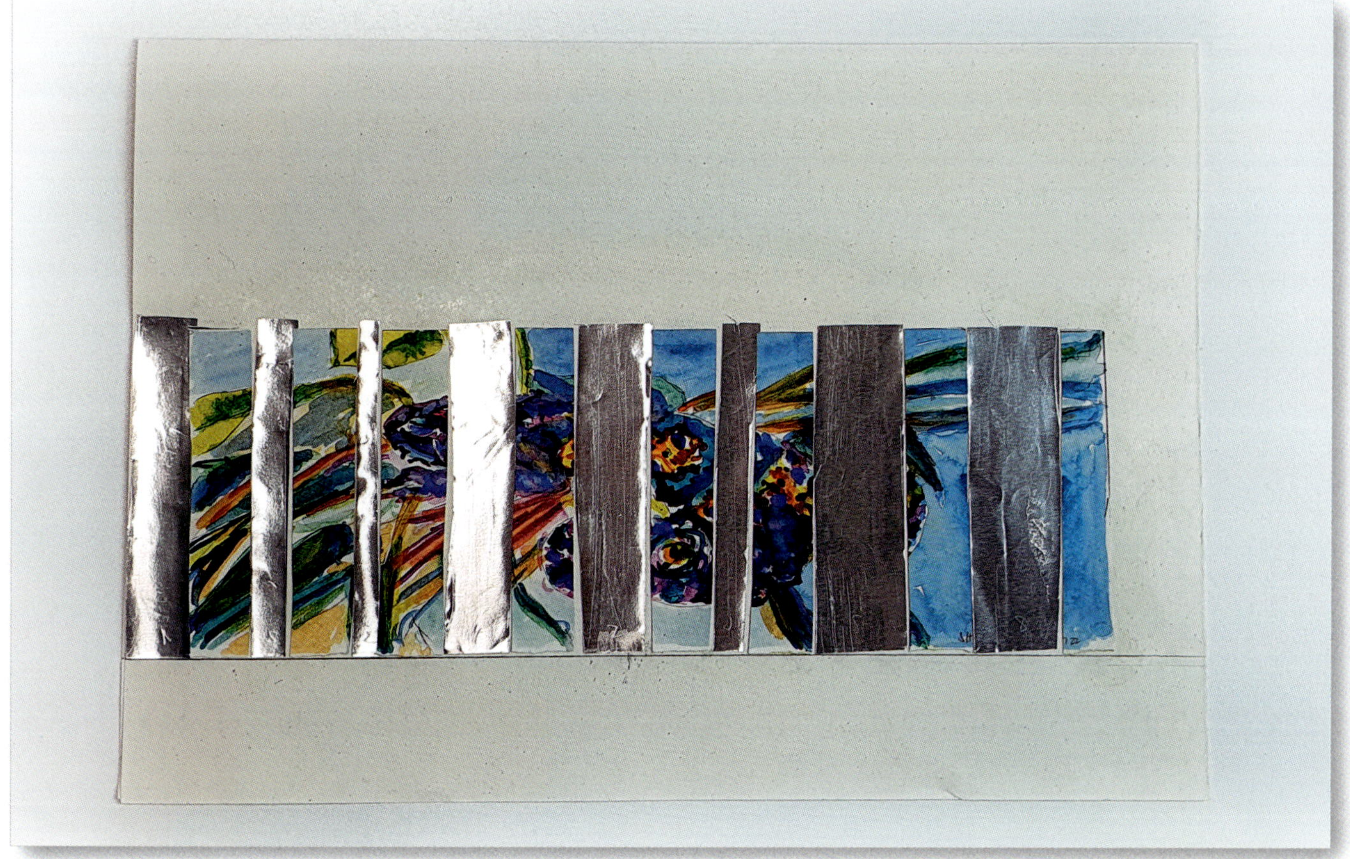

Welches Tier versteckt sich hinterm Barcode?

Mischtechniken: Collage und Malerei

Kopiervorlage „Zebra"

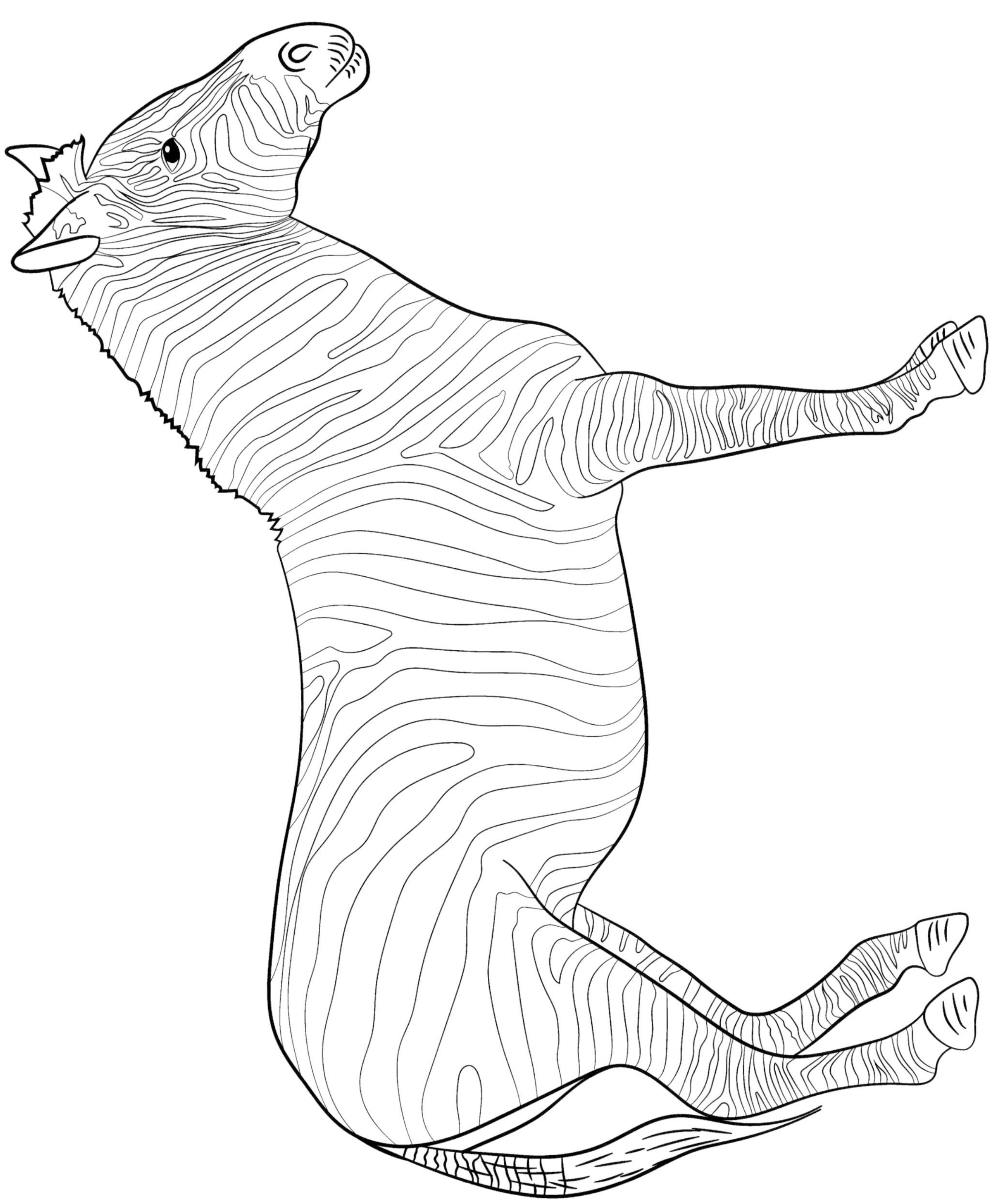

Kalte Farben: Eine Werbung (1/2)

Darum geht's

Beim Blättern durch eine Zeitschrift entdeckte ich eine ganzseitige Werbeanzeige, die mich sofort durch ihre besonderen Farben in den Bann zog: Abgebildet war eine geschliffene Mineralsteinscheibe in Blau, Türkis, Grün, Weiß und ein wenig Schwarz, die eindrucksvoll für den Zusatz von natürlichen Mineralien in einer Zahnpasta warb. Wie wirken die Farben aus dieser Werbung auf uns? Blau als Kolorit des Himmels und des Wassers wird auch als die Farbe der Ferne, der Weite und der Unendlichkeit gesehen. Assoziationen sind: Klarheit, Stille, Entspannung, Kälte. Grün ist die Farbe des Lebens, der Lebendigkeit, der Pflanzen und wirkt ruhig und erholsam.
Sie kann für Zuversicht, Frische und Harmonie stehen, aber auch für das Unreife und Giftige. Ein Spaziergang im grünen Wald gilt als sehr entspannend. Grün ist für die Augen angenehm, vermittelt Ruhe. Ausgehend von dieser Werbeanzeige, war schnell die Idee geboren, das abgebildete Motiv durch Umgestaltung für eine Kunstaufgabe zu nutzen. Durch vier gerade, parallele oder vier Winkelschnitte wird das Motiv in fünf unterschiedlich breite Flächen zerlegt, die anschließend mit selbst gewählten Abständen von schmal bis breit auf ein DIN-A3-großes Blatt Papier geklebt werden. Das Papier sollte sich gut zum Aquarellieren eignen. Mit Bleistift werden Gesteinsschichten und -adern mit ihren Ausbuchtungen derart zeichnerisch ergänzt, dass eine überdimensionale, vergrößerte Halbedelsteinscheibe entsteht. Mit Gouache lassen sich wunderbar die Maserungen in Grün- und Blautönen – durchbrochen von weißcremigen Farbtönen – herausarbeiten. Mit feinen Haar- und Borstenpinseln werden die Muster in dem Mineralgestein detailgetreu gemalt. Wenn sich die ersten Zwischenräume mit Farbe füllen, sind die aufgeklebten Papierteile kaum mehr zu erkennen und Ihre Schüler*innen zu Expert*innen im Anfertigen von Mineralienabbildungen geworden. Ein entscheidender Vorteil beim Verwenden von auserwählten „Bildsplittern" ist sicherlich der, dass Ihre Lerngruppe nicht vor einem leeren, weißen Blatt Papier sitzt. Die Schüler*innen können direkt sehr konkret mit der praktischen Arbeit beginnen. Durch das Sich-Einlassen auf die vorgegebene Farbigkeit des Steins und das Finden von ähnlichen Tönen und Zwischentönen können Ihre Schüler*innen tief in die Materie eintauchen, sich in der Zeit verlieren und imposante, kreative Ergebnisse finden. Es eignen sich viele weitere Motive aus der Tier- und Pflanzenwelt. Suchen Sie nach schönen Postkarten in Museumsshops oder nutzen Sie Abbildungen aus nicht mehr genutzten Schulbüchern. Auch die kostenlosen Kinderheftchen aus der Apotheke, die oft auch Poster enthalten, eignen sich für diese Aufgabe. Eventuell gibt es in Ihrer Schule auch eine Mineraliensammlung. Dann könnten Sie Fotos von geeigneten Exemplaren machen und diese als Ausdruck den Schüler*innen zur Verfügung stellen.

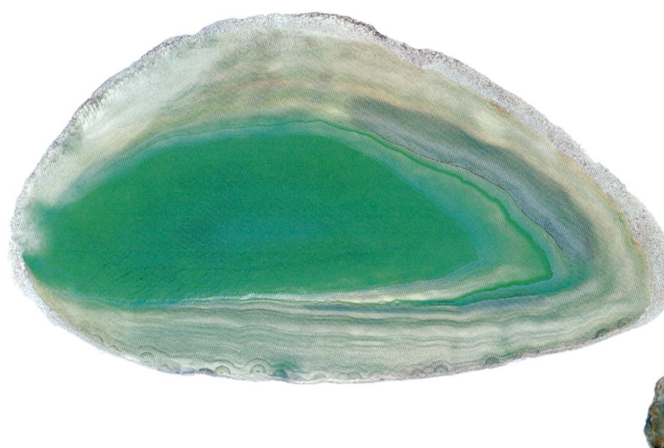

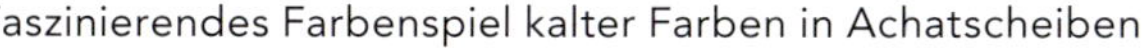

Faszinierendes Farbenspiel kalter Farben in Achatscheiben

Kalte Farben: Eine Werbung (2/2)

Material:

pro Schüler*in

- Universalblock/Multitechniken, DIN A2
- Abbildung einer Halbedelsteinscheibe, DIN A4
- Bleistift, Radiergummi, Schere, Klebestift
- Gouachefarben in Grün- und Blautönen, Weiß und Schwarz
- Haarpinsel, Stärke 1, 3, 5; Borstenpinsel, Stärke 2, 6
- Putzrolle oder Mallappen

weiterhin

- Kopiervorlage „Motivzuschnitt" (S. 53)

Dauer:

mindestens 2 Doppelstunden

Klasse:

ab Klasse 5

Ziele:

Die Schüler*innen …

- zerschneiden ein Motiv in fünf Einzelteile gemäß gewählter Vorlage und kleben die Abschnitte mit frei wählbaren Abständen auf den Bildgrund auf.
- führen die Umrisse weiter und ergänzen die Muster, erfinden dabei ggf. eine veränderte, neue Farbigkeit des Motivs.

Vorbereitung:

Die Kombinationsaufgabe aus Malerei und Collage lässt sich schnell vorbereiten. Schnappen Sie sich ein geeignetes Bildmotiv und kopieren Sie dieses in Gruppenstärke. Besorgen Sie für den Unterrichtseinstieg verschiedene Gesteine oder entsprechend geeignete Abbildungen zur Veranschaulichung. Nutzen Sie die Möglichkeiten, repräsentative Gesteine mit kalter Ausstrahlung in Blau und Grün aus dem Internet per Whiteboard zu präsentieren. Stellen Sie darüber hinaus den Schüler*innen Universalpapier sowie Gouachefarben in Tuben in Grün- und Blautönen sowie in Weiß und Schwarz zur Verfügung. Gut ist ein Vorrat von Klebestiften. Diese werden gern vergessen oder sind plötzlich leer. Vielleicht verfügen Sie auch über einen Scherenblock und ein Sortiment an Pinseln. Alle anderen benötigten Dinge bringen die Schüler*innen, entsprechend der Materialliste, mit. Gerne können Sie die beigefügten Skizzen zum Papierzuschnitt und zur Verteilung auf dem Bildträger verwenden. Machen Sie davon einfach eine Overhead-Folie, die Sie projizieren, oder zeichnen Sie diese Skizzen an die Tafel. Dann kann es losgehen!

So geht's:

Die beschriebene Einführung ins Thema macht Lust auf die malerische Arbeit mit Farben und Bildschnipseln, ohne dass es einer weiteren Motivation bedarf. Der anschließende Umgang mit den selbst zugeschnittenen Bildschnipseln erleichtert den Schüler*innen die eigenständige Gestaltung, ohne sie zu überfordern. Helfen Sie beim Strukturieren des Bildgrundes und beraten Sie beim Aufkleben der Bildelemente sowie bei der Weiterentwicklung der Motive mit Bleistift. Wenn die Schüler*innen noch nicht mit Gouachefarben gemalt haben, bauen Sie eine kleine Farbübung ein. Dann bekommen diese ein Gefühl für das Mischen der Farben und lernen deren Konsistenz und Trocknungseigenschaften kennen. Schauen Sie, ob alle Teile gut eingebunden sind und ob das Bildformat optimal genutzt wurde. Bei der Bleistiftzeichnung können noch Veränderungen vorgenommen werden. Denken Sie daran, dass am Ende der Unterrichtstunde noch genügend Zeit zum Aufräumen bleibt, und stellen Sie eine Ablagefläche oder ein Trockengestell für das Trocknen der Bilder zur Verfügung.

Tipp:

Planen Sie fächerübergreifend mit Kolleg*innen der Fächer Geografie und Biologie eine Mineralien-Ausstellung: Objekte und Malereien werden dabei in Vitrinen präsentiert.

Kalte Farben: Eine Werbung

Kopiervorlage „Motivzuschnitt“

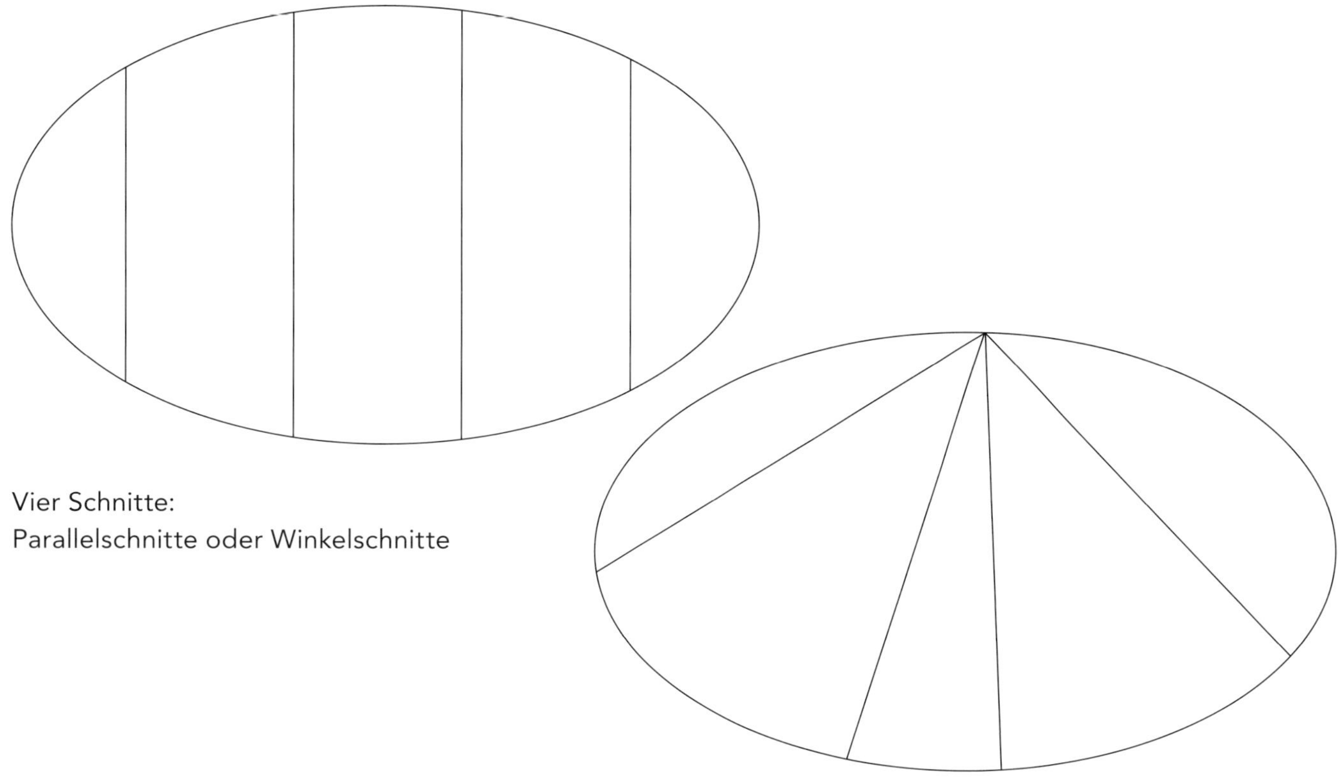

Vier Schnitte:
Parallelschnitte oder Winkelschnitte

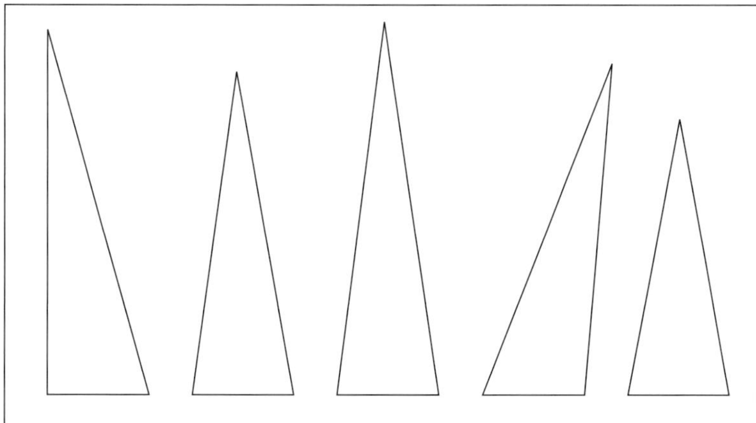

Abschnitte:
dreieckige oder rechteckige Abschnitte

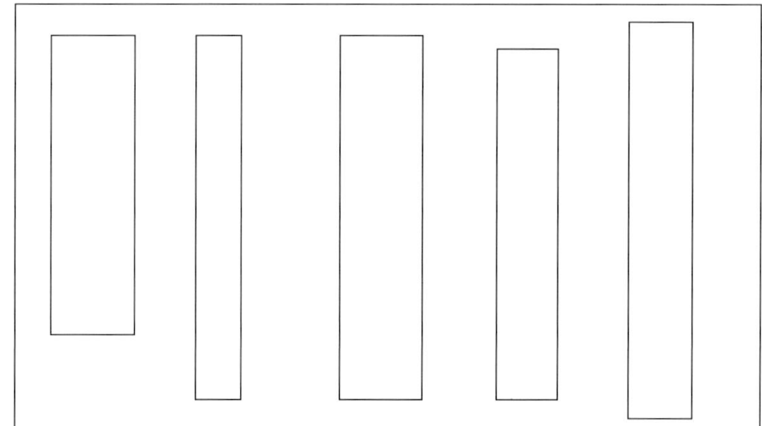

Kalte Farben: Eine Werbung

Fertige Ergebnisse

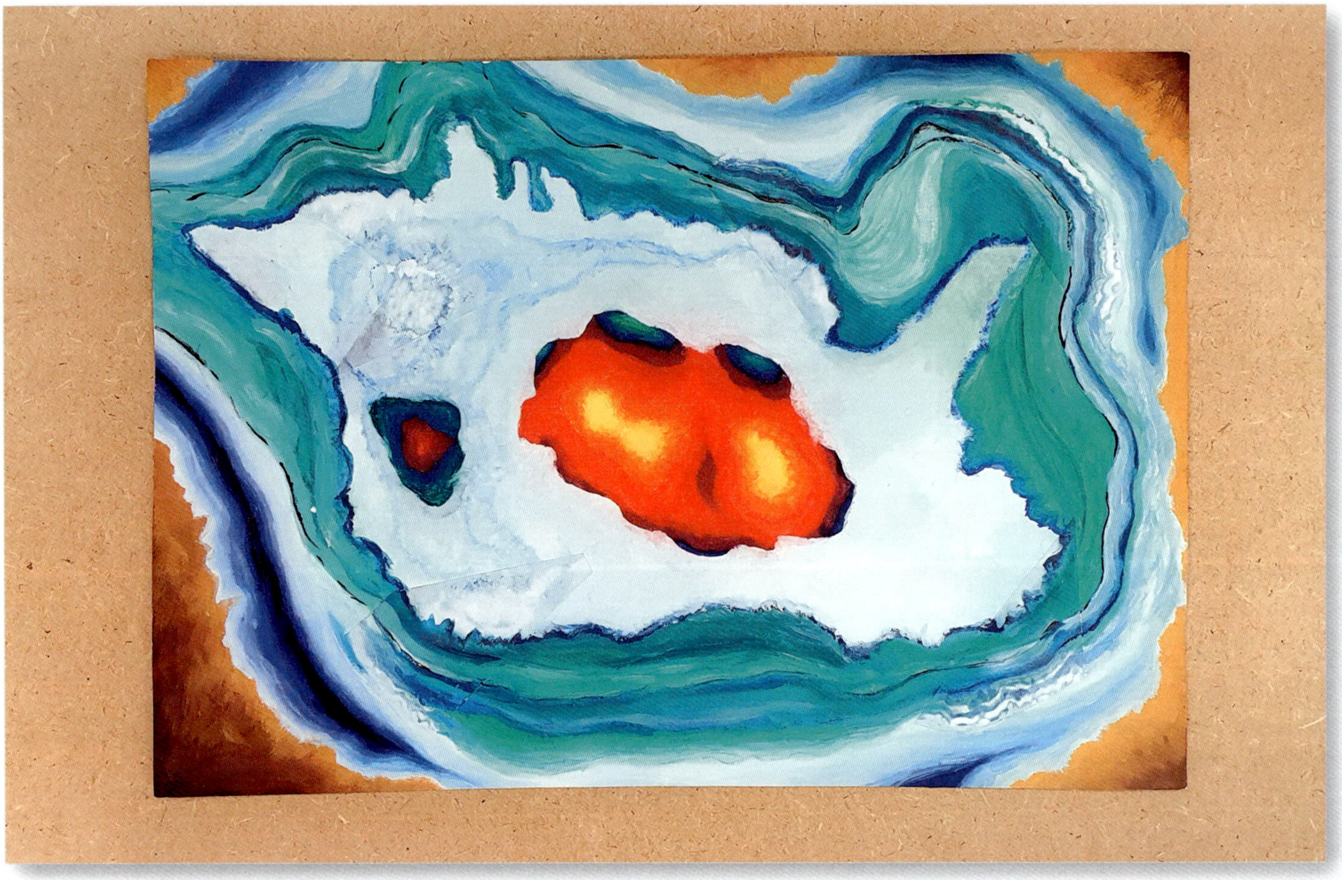

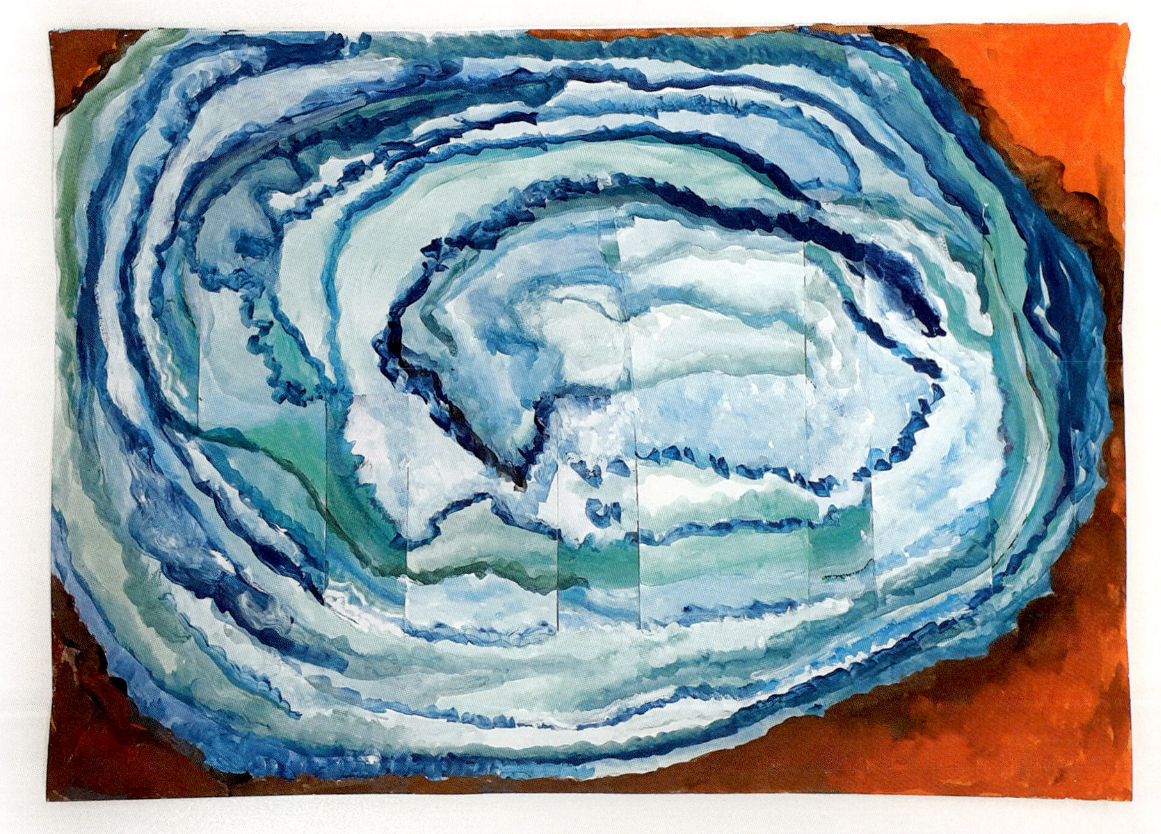

Wachsreservage: Zauberteppich (1/3)

Darum geht's

Die Idee für die Gestaltung eines Zauberteppichs mit der Wachsreservage-Technik ergab sich nach der Durchforstung aller aufbewahrten Studien- und Schulunterlagen mit Arbeitsproben wie von selbst. Denn wie spannend und aufregend kann es für die Schüler*innen sein, zunächst unsichtbare und aufgemalte Zeichen, wie Linien, Punkte, Dreiecke, durch Übermalen mit dem farbigen Pinselstrich wieder sichtbar zu machen? Wie viel Spaß macht es ihnen, diese schon sehr alte Technik neu zu entdecken? Sie, liebe Kunstschaffende, werden merken, wie schnell sich Ihre Gruppe auf die Aufgabe einlassen wird und wie faszinierend das Entwerfen von Mustern für einen runden Teppich ist. Bis zum letzten Wachsmalstrich bleibt die „zauberhafte Spannung" erhalten. Denn erst dann – durch Übermalen mit stark verdünnten und dunklen Wasser- oder Gouachefarbtönen – zeigt sich die Schönheit und die Strahlkraft des Teppichs in seiner Gesamtheit: Er leuchtet sozusagen von innen und wirkt fast ein wenig gläsern oder mystisch.

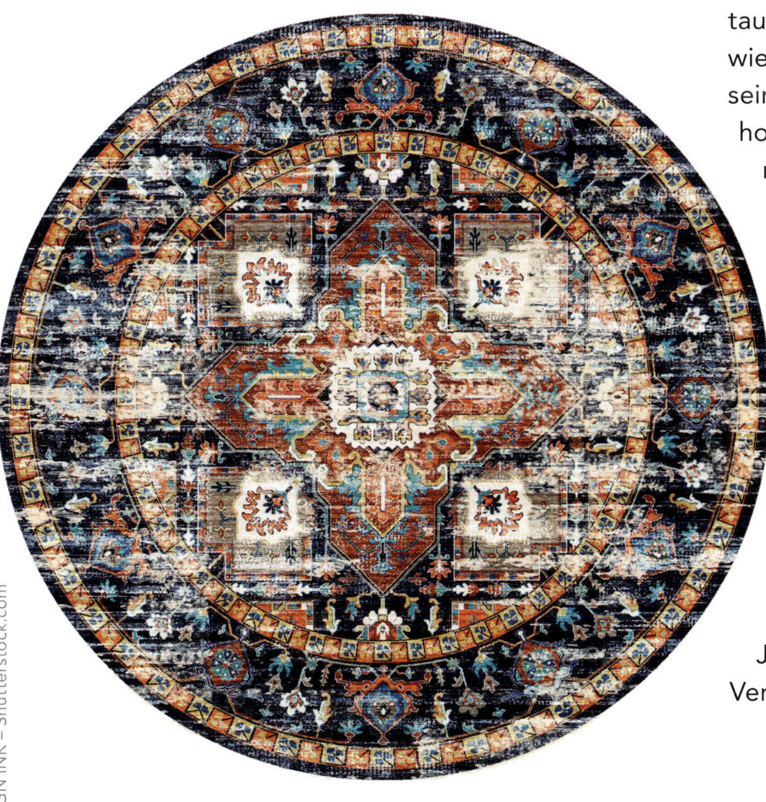

Typisch für einen orientalischen Teppich: sich wiederholende geometrische Teilflächen und Muster und ein symmetrischer Aufbau

Bei der Reservage-, Auswasch- oder Absprengtechnik werden „unsichtbare" Bildmotive mit Wachsmalstiften aufgetragen und anschließend mit dunkler Wasserfarbe übermalt. Das Wachs konserviert so das Motiv und es steht weiß im umgefärbten Bildgrund.
Die Technik findet als indirektes Färbeverfahren von Textilien und Papier Verwendung: Das Dekor wird aus Wachs aufgebracht und überall dort, wo das Wachs ist, wird die Aufnahme von Farbe verhindert. Bei der industriellen Nutzung wird das Wachs anschließend wieder entfernt. Wir lassen es bei unserer Arbeit jedoch auf dem Bildgrund stehen.
Einen besonderen Effekt erzielen Sie, wenn Sie als Bilduntergrund einen etwa 2 cm starken, naturfarbenen Wabenkarton wählen, auf den das Wachsmotiv aufgetragen wird. Die Größe des Teppichs geben Sie als Rundform bei optimaler Ausnutzung des Quadrates vor. Der Einsatz von Bildzeichen, aus denen das Muster konstruiert wird, sollte sich auf nur wenige Zeichen/Formen beschränken (Punkt, Linie und Dreieck).
Das steigert die Konzentration und die Lerngruppe taucht direkt in Technik und Malaufgabe ein, ähnlich wie bei einem Mandala. Das Teppichmuster ist mit seinen wiederkehrenden Formen und sich wiederholenden Elementen auf den Mittelpunkt ausgerichtet und erinnert somit auch an ein Mandala. Den aus dem indischen Raum kommenden Mandalas wird eine magische Bedeutung zugeschrieben. Heute sind die Mandalas als Ausmalbilder eine beliebte Beschäftigung für Klein und Groß. Die Faszination liegt in der angenehmen Ruhe, die beim Ausmalen der Motive den Körper durchströmt. Beim Zauberteppich entwickeln die Schüler*innen von Beginn an alles selbst, was das Reizvolle an dieser Arbeit ist. Möglich, dass sie eine besondere Leidenschaft für das Herstellen von Zauberteppichen entwickeln.
Jeder Teppich ist ein Unikat. Eine Aufgabe zum Verlieben! Probieren Sie es aus!

Wachsreservage: Zauberteppich (2/3)

Material:

pro Schüler*in
- Wabenkarton, 30x30 cm oder 40x40 cm, 2 cm stark
- weiße Wachsmalstifte, Bleistift, Radiergummi, Anspitzer, Zirkel
- dunkle Deck- oder Gouachefarben in Blau, Violett und Grün
- Flächenstreicher oder Flachpinsel
- Küchentücher, Putzrolle oder Mallappen
- Schürze oder altes Hemd

weiterhin:
- Abbildungen von Teppichen aus Prospekten oder dem Internet zur Veranschaulichung

Dauer:

mind. 2 Doppelstunden

Klasse:

5–7

Ziele:

Die Schüler*innen ...
- entwerfen ein Teppichmuster unter Verwendung der Zeichen/Formen Punkt, Linie und Dreieck.
- überprüfen die Vorzeichnung auf Vollständigkeit und malen das Dekor mit Wachsmalstiften nach.
- erstellen verdünnte Farbmischungen zur Übermalung des Wachsmotivs.

Vorbereitung:

Die Vorbereitung für Sie ist einfach: Sie bestellen die Wabenkartons im Klassensatz. Flächenstreicher oder Flachpinsel sind im Kunstfundus sicherlich vorhanden. Wachsmalstifte, Bleistift und Deckfarben sind im Besitz Ihrer Schüler*innen. Suchen Sie zur Veranschaulichung/ Einstimmung auf das Thema noch nach geeigneten Abbildungen in Prospekten oder im Netz.

So geht's:

Erklären den Schüler*innen mithilfe einer schnellen Demonstration die Technik der Wachsreservage. Nehmen Sie ein großes Stück Wabenkarton, setze mit dem Wachsmalstift ein schnelles Muster aus Zeichen – die Vorzeichnung lassen Sie weg – und malen Sie dann mit einer dunklen Farblasur aus Gouachefarbe darüber. Eindrucksvoller kann eine Präsentation nicht sein, weil wie durch Zauberhand beim Überstreichen mit Farbe das Teppichmuster erscheint. Erklären Sie den Schüler*innen, dass nur die Zeichen Punkt, Linie und Dreieck (gefüllt oder leer) verwendet werden dürfen. Eine Vorzeichnung der Teppichform sowie des Musters ist unbedingt erwünscht. Die anschließende Übermalung der Vorzeichnung mit dem hellen Wachsmalstift sollte großzügig sein und nicht pedantisch wirken, denn dies macht den Reiz der Gestaltung aus. Da der Wachsmalstift aber an sich schon einen breiten, unregelmäßigen Strich hat, dürfte die Ausführung kein Problem sein. Anschließend wird der Gesamtentwurf dahin gehend überprüft, ob alle Bleistiftzeichen mit Wachs überdeckt wurden.
Erst dann legen die Schüler*innen eine sehr transparente, dunkle Farbmischung an. – Es dürfen aber auch zwei bis drei Farben sein, die dann ineinanderfließen und beim Übermalen mit dem Flächenstreicher einen tollen Effekt ergeben. Der eingesetzte Wabenkarton mit brauner Bildoberfläche sorgt für eine brillante Hervorhebung des Reservage-Motivs.

Tipp/Variation:

Eine schöne Variante ist die Verwendung eines Kordel-Druckmusters für die Reservage: Sie verwenden eine Schablone (siehe Skizze auf nächster Seite), bei der eine Schnur auf einen starken Karton aufgeklebt wird. Diese wird nicht wie bei einem Stempel abgedruckt, sondern man legt sie unter einen Bogen Ingres-Papier (weiß) und „frottiert" das Muster vorsichtig mit einem weißen Wachsmalstift durch (möglichst nur die Form). Benutzen Sie die Schablone immer wieder, bis ein Teppichläufer entstanden ist. Zum Schluss übermalen Sie die Wachsmotive.

Wachsreservage: Zauberteppich (3/3)

Skizze:

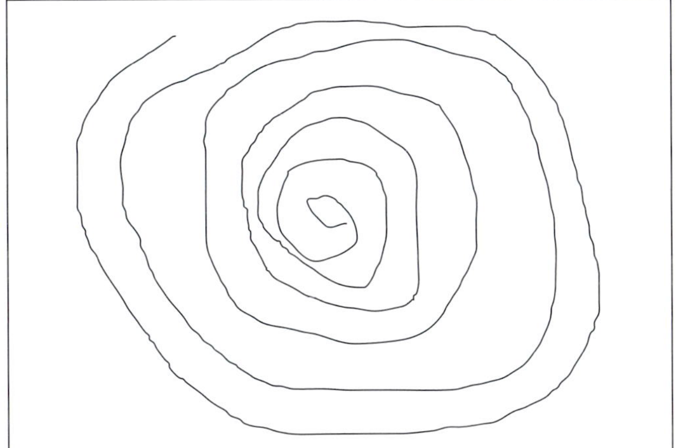

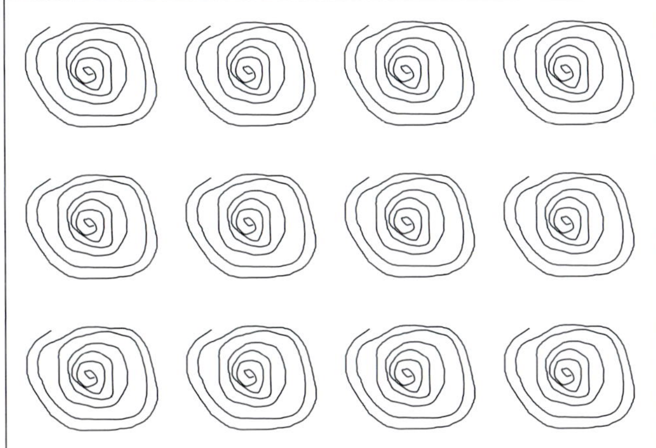

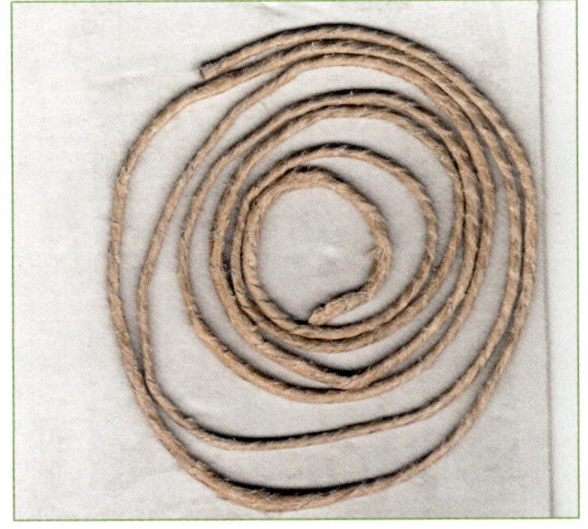

Kordel-Druckschablone

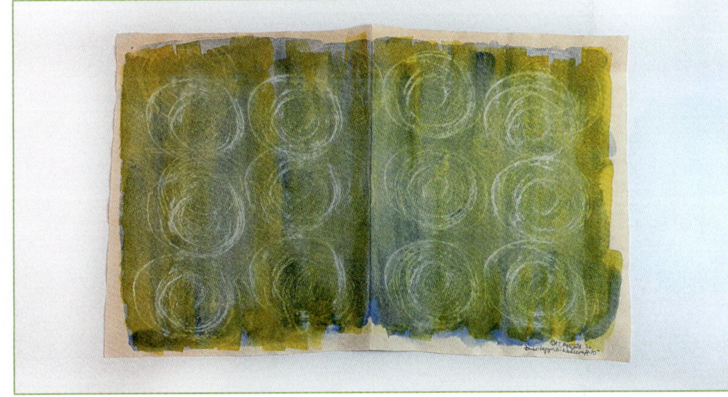

Läufer auf Ingres-Papier

Lassen Sie die Schüler*innen geheime Schriftzeichen erfinden und ein Schriftstück mit Zauberschrift (Wachsmalkreide) herstellen. Das weitere Prozedere bleibt auf S. 56 beschrieben.

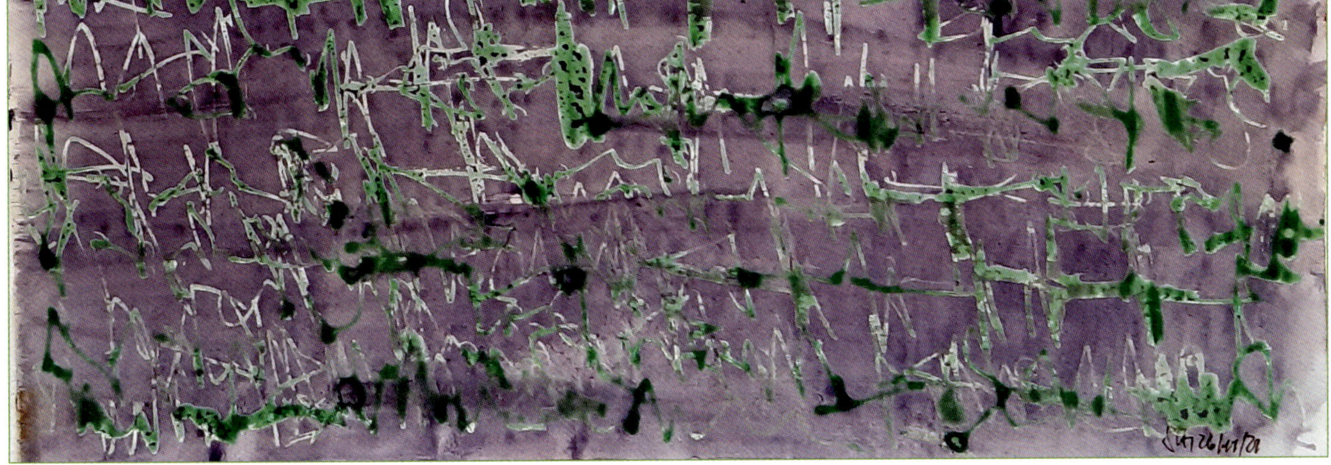

Reihen mit Endloslinien innerhalb des ausgewählten Formats üben die Handschrift!

Wachsreservage: Zauberteppich

Fertige Ergebnisse

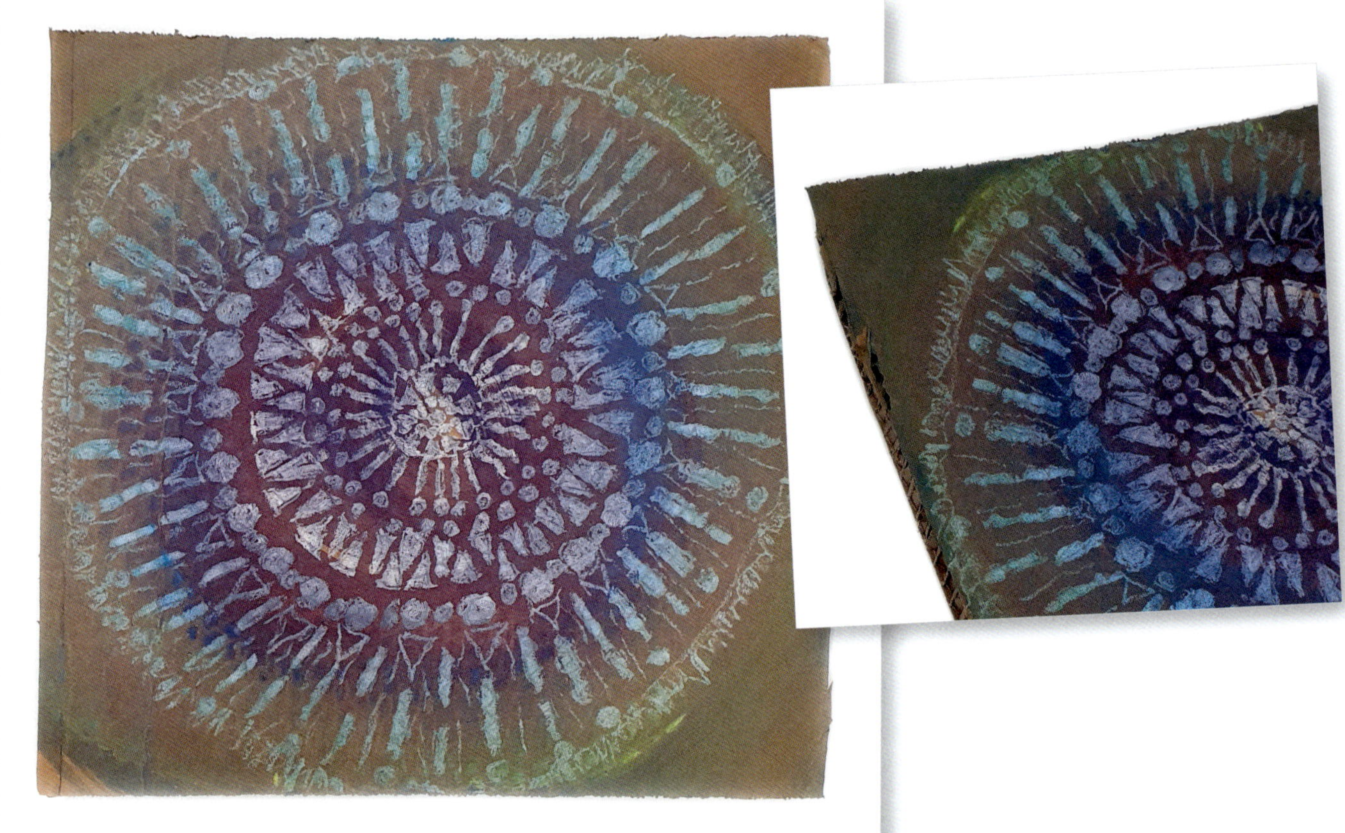

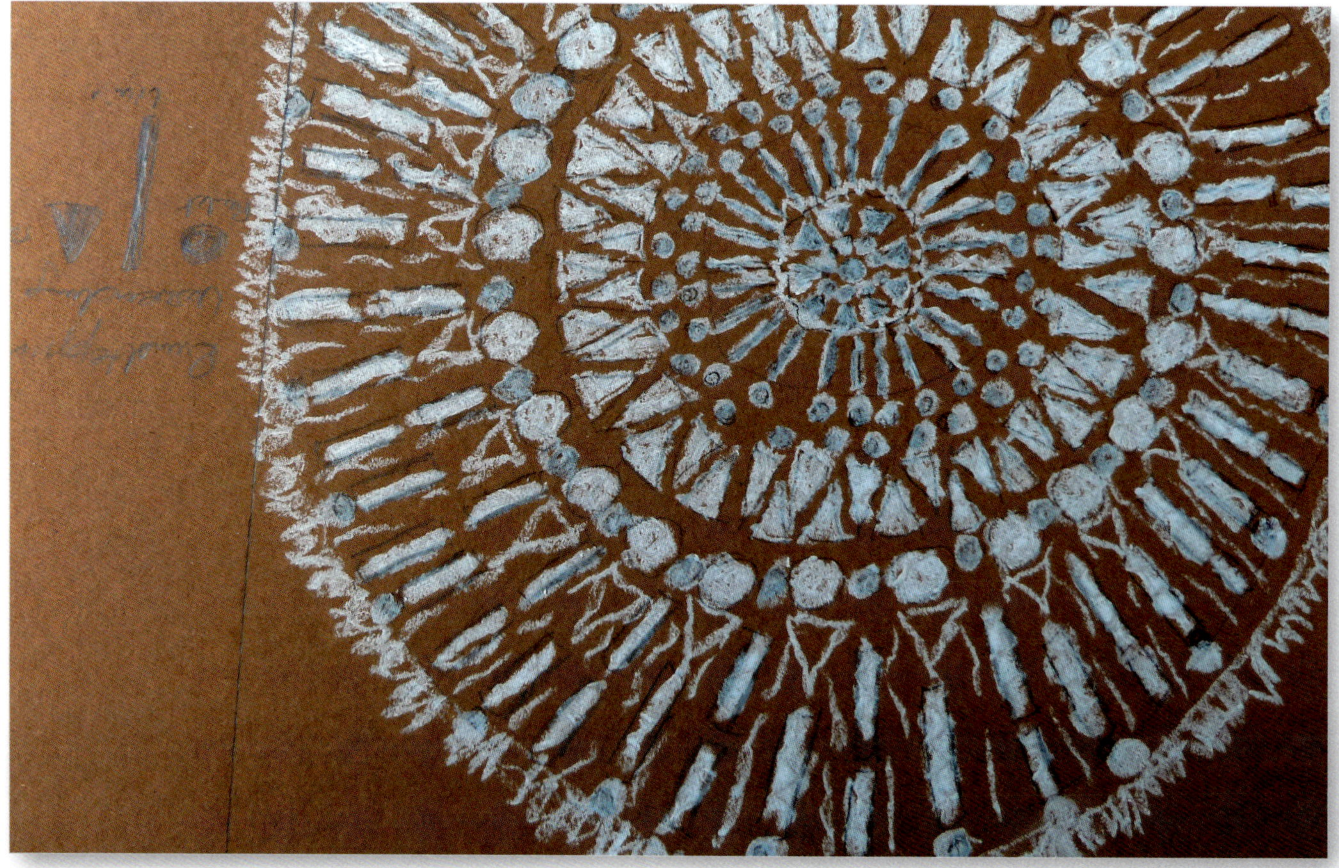

Drucktechniken

Abdrücke von Fingern, Händen, Schuhen oder Reifen hinterlassen individuelle Spuren. Dadurch können sie helfen, bestimmte Vorgänge zu klären und zu verstehen – nicht nur in der Kriminalistik. Aus unserer modernen Welt ist dagegen der digitale Fingerabdruck nicht mehr wegzudenken. Ein Fingerabdruck auf einem Glas, Reifen- oder Schuhspuren auf lehmigem Boden oder Schnee zählt im weitesten Sinne zu einer Drucktechnik, bei der kein Druckstock notwendig ist. Ganz einfache Druckstöcke dagegen finden sich im Haushalt, wie z. B. der Kartoffelstampfer oder die Verschlusskappe eines Filzstifts. Bekommen diese mithilfe eines Stempelkissens Farbe und werden auf Papier oder auch mit Stoffmalfarbe auf Stoff abgestempelt, entsteht ein fast unerschöpflicher Formenfundus. Die Stempel- oder Druckspur bleibt hierbei immer linear.
Zum Drucken von komplexen Motiven wird allerdings ein spezieller Druckstock benötigt. Aus der Tradition handwerklicher Tätigkeit sind uns insbesondere drei verschiedene Druckverfahren bekannt, die nach der Lage bzw. Höhe der druckenden Teile benannt werden: Dies sind der Hoch-, Flach- und der Tiefdruck. Die druckenden Teile sind dabei entweder erhaben (Hochdruck), auf annähernd gleicher Ebene mit den nicht druckenden Stellen (Flachdruck) oder sie liegen vertieft in der Druckform (Tiefdruck). Bei den im folgenden Kapitel vorgestellten Verfahren Kartondruck, Styrenedruck, Stempeldruck, Druck mit Heißklebepistole und Frottage handelt es sich jeweils um die Technik des Hochdruckverfahrens, bei dem die erhabenen Teile Druckfarbe aufnehmen und diese an den Bildträger abgeben. Der Styrenedruck oder Weißliniendruck wird hier im Kapitel separat erklärt, wie auch die ungewöhnliche Herstellung eines Stempels bzw. Druckstocks mit der Heißklebepistole. Bei dem Thema „Baustelle" werden relativ große Formen, wie Häuser und Leitern, aus dünner Pappe ausgeschnitten, mit Farbe eingewalzt und auf den Bildträger gedruckt: Diese Stempeltechnik wird als „Abklatsch" oder, wenn diese verfeinert ist, als „Umdruck" bezeichnet.
Wichtig ist, dass Sie im Zusammenhang mit den hier vorgestellten Kunstaufgaben auch die Bedeutung des Drucks als Vervielfältigungstechnik vermitteln; ebenso den sachgerechten Einsatz der erforderlichen Werkzeuge und Hilfsmittel.
Tiefdruck- oder Flachdruckverfahren werden im Offsetdruck oder von Künstler*innen genutzt, die in Holz schneiden oder mit ölhaltiger Farbe auf Lithosteinen Motive aufmalen.
Der Tiefdruck oder auch die Lithografie sind schon recht anspruchsvoll und eher den Schüler*innen der Oberstufe oder Kunststudent*innen sowie entsprechenden Berufsbildern vorbehalten.

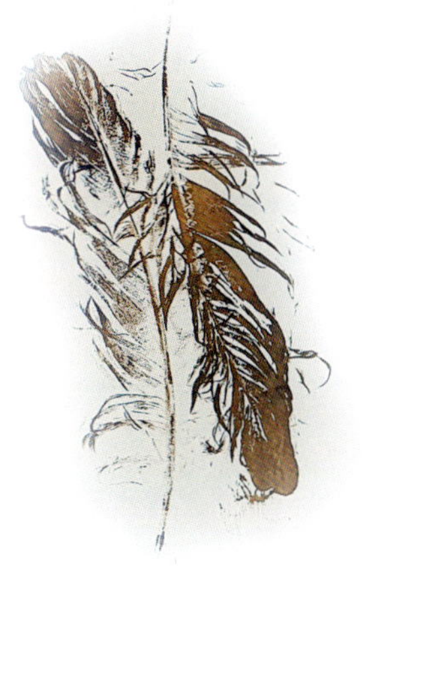

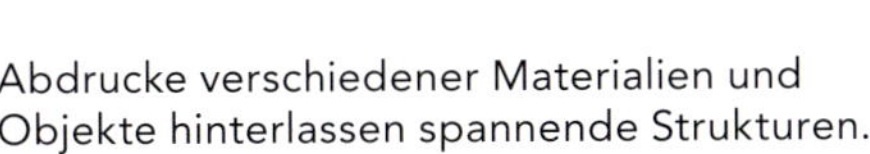

Abdrucke verschiedener Materialien und Objekte hinterlassen spannende Strukturen.

Gedruckte Baustellen-Impressionen (1/3)

Darum geht's

Den Kartondruck, der hier beim Thema „Baustelle" eingesetzt wird, können Sie bereits mit Schüler*innen ab Klasse 7 durchführen, wenn Sie Kartonmaterial verwenden, mit dem die Schüler*innen gut umgehen können. Dünne Pappe z. B. ist einfach und leicht zu verarbeiten, weil sie sehr biegsam und mit der Schere gut zu schneiden ist.

Häuserfassaden von Mehr- oder Einfamilienhäusern, Gerüstbohlen sowie Leitern werden zunächst vorgezeichnet und anschließend ausgeschnitten: Die so entstandenen Druckschablonen sind einsatzbereit! Halten Sie die Schüler*innen dazu an, die Häuser und Leitern bei der Vorzeichnung stark zu vereinfachen, da zu viele Details das Ausschneiden erschweren und eine sehr gute Fingerfertigkeit voraussetzen. Dann wird die Geduld der Schüler*innen schnell auf die Probe gestellt. Es macht dagegen sehr viel Spaß, einfache Formen herzustellen, weil sich der sichtbare Erfolg schnell einstellt.

Bei der Bildgestaltung mithilfe von Druckverfahren kommt es besonders auf eine flächige, plakative Wirkung an. Zunächst entstehen wunderbare, aussagekräftige Einzeldrucke. Später kann auch ein gemeinsames Wandbild mit der gesamten Lerngruppe gedruckt werden, eine Art Häuserfries, welcher durch Bäume ergänzt wird. So umgesetzt, eignet sich das Thema für den Wahlpflichtunterricht oder auch eine Projektwoche.

Bevor Sie mit der eigentlichen Aufgabe beginnen, sollten Sie den Schüler*innen etwas Zeit für das Ausprobieren des Materialdrucks geben. Weiterhin ist es wichtig, den ungefähren Bildaufbau mit den Einzelteilen spielerisch auszuprobieren: Wo kann ich eine Leiter anstellen? Wo verbinde ich Leitern durch Gerüstbretter? Arbeite ich im Hoch- oder Querformat? Mit welchen Materialien lässt sich der Baustellencharakter im Hintergrund im Material- bzw. Walzdruck umsetzen?

Setze ich ein Stückchen Kunststoffgitter, geknülltes Papier, Schmirgelpapierstücke oder etwas Mull für die Darstellung von Sandhaufen, Steinen, Verstrebungsmatten oder Materialpaletten ein? Diese Details bilden das untere Drittel des Hinter- und Vordergrundes der Baustelle. Sie geben der Baustelle ihren unverwechselbaren Charakter und vermitteln Arbeitsatmosphäre. Das wirkt im Gesamtbild sehr lebendig. Haus und Gerüste werden anschließend darübergedruckt.

Sie werden erleben, dass es bei dem Drucken der Baustellen zu einem sehr kreativen und fantasievollen Praxisprozess kommt, der sehr viele Ideen freisetzt und trotzdem aufgrund der Aufgabenstellung ganz konkret ist:

Durch den Umgang mit den Bauelementen schlüpfen Schüler*innen schnell in die Rolle von Architekt*innen und Bauleiter*innen, die nach Strukturierung, Planung und Organisation verlangt.

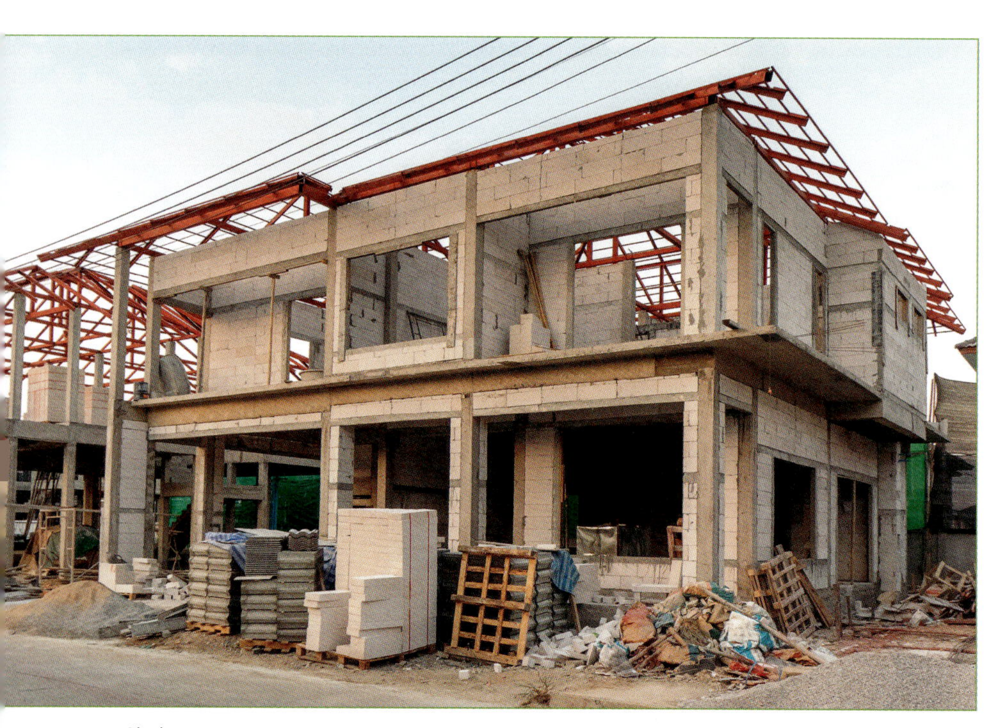

Skelettartige Formen und Ansammlungen von Materialien machen eine Baustelle zu einem spannenden Motiv.

Gedruckte Baustellen-Impressionen (2/3)

Material:

pro Schüler*in

- Linoldruckpapier oder Universalpapier DIN A3
- 3 Bögen dünne Pappe oder Tonpapier
- Bleistift, Anspitzer, Radiergummi, Geodreieck, Lineal, Schere, Bastelpinzette
- Glas- oder Plexiglasdruckplatte, DIN A3; alternativ: Fensterfolie und Kreppband zum Befestigen
- 2 Druckwalzen
- Linoldruckfarbe, wasserlöslich
- Latexhandschuhe, Schürze oder altes Hemd, alte Zeitungen
- Küchentücher, Putzrolle oder Mallappen
- Seidenpapier, Stoffreste, Verbandsmull, Schmirgelpapier
- ggf. Handy

Dauer:

mind. 2 Doppelstunden

Klasse:

7–9

Ziele:

Die Schüler*innen …

- entwerfen für den Materialdruck Häuserfassaden Leitern und Gerüstbretter aus dünnem Karton und schneiden sie aus.
- bedrucken unter sachgerechter Anwendung der Materialien und Werkzeuge den Bildgrund.
- wählen passende Materialien aus, mit denen sie Sand, Steine usw. darstellen (drucken).
- arrangieren und erstellen weitere Drucke.

Vorbereitung:

Diese Aufgabe lässt sich relativ stressfrei angehen, wenn schon in der Fachkonferenz Kunst einige grundlegende Voraussetzungen dafür besprochen und je nach Etat verwirklicht wurden. Besonders komfortabel ist es, wenn eine Druckpresse an Ihrer Schule vorhanden ist. Diese eröffnet Ihnen viele Möglichkeiten, die Technik des Druckens zu vermitteln, und erlaubt sogar das Prägen von Papieren. Haben Sie diese Möglichkeit nicht, können Sie aber auch mit dem nachfolgend beschriebenen Walz- und Materialdruck sehr gute Ergebnisse erzielen. Dies hat sogar einige Vorteile, denn in der Umsetzung mit jüngeren Schüler*innen ist der Druckprozess mit einer Farb- und Druckwalze unkomplizierter im Handling. Dadurch, dass jede*r Schüler*in seine*ihre eigene Druckstation hat, kommt es nicht zu Staus, wie es bei der Arbeit an der großen Druckpresse oft der Fall ist. Eine erhebliche Arbeitserleichterung stellt ein guter Material- und Werkzeugvorrat dar. Dazu zählen Klassensätze von Druckwalzen, Scheren und Kunststoffplatten für das Drucken ebenso wie wasserlösliche Linoldruckfarbe und ein Linoldruckpapier bzw. gutes Universalpapier in Blöcken/Bögen sowie Tonpapier. Wenn Sie später ein Wandrelief drucken möchten, sollten auch einige Tapetenrollen in Ihrem Fundus sein. Auf deren Vliesrückseite lässt es sich wunderbar drucken. Die übrigen Dinge sollten die Schüler*innen in ihren Mäppchen haben. Materialreste sollten ebenso wie eine Pinzette und Handschuhe separat mitgebracht werden. Alle benutzten Gegenstände lassen sich sehr gut mit Wasser reinigen.
Die fertigen Drucke hängen Sie an einer gespannten Wäscheleine zum Trocknen auf. Das ist einfach und schafft Raum; wenn Ablagemöglichkeiten fehlen.

So geht's:

Falls sich zufälligerweise eine Baustelle in der Nähe der Schule befindet, können Sie mit einem Unterrichtsgang beginnen, bei dem die Schüler*innen ihre Handys für eine Fotosession mit maximal zehn Fotos in Frontalansicht benutzen dürfen. Damit alles zielgerichtet bleibt, geben Sie ein Zeitfenster für das Fotoshooting vor. Sollte das nicht möglich sein, lassen

Gedruckte Baustellen-Impressionen (3/3)

Sie die Schüler*innen zur Vorbereitung eine Fotostrecke in der Umgebung ihres Wohnorts als Hausaufgabe machen. Betrachten Sie die Fotos anschließend gemeinsam und sammeln Sie die wesentlichen Merkmale an der Tafel. Sollte beides nicht so umzusetzen sein, stellen Sie selbst einige Fotos mit Baustellen aus dem Internet zusammen.
Starten Sie zu Beginn der Arbeit mit der Einrichtung des Arbeitsplatzes: Während Sie in der ersten Doppelstunde alles fürs Zeichnen, Entwerfen und Ausschneiden der Häuserfassaden, Leitern und Gerüste zurechtlegen, bereiten Sie für die folgende Doppelstunde alle notwendigen Utensilien für den Druckprozess vor. Schützen Sie die Arbeitstische mit Zeitungspapier, die Kleidung mit einem alten T-Shirt, Hemd oder einer Schürze und die Hände mit Latexhandschuhen vor allzu viel Druckfarbe. Halten Sie außerdem ein Erste-Hilfe-Set mit Pflastern bereit.
Beraten Sie die Schüler*innen beim Zeichnen der Häuser, die später als Druckstöcke fungieren. Halten Sie Ihre Gruppe an, mit Lineal und Geodreieck zu arbeiten und nur wenige Details auszuarbeiten.
Dann funktionieren das Ausschneiden und Drucken reibungslos. Geben Sie für den Entwurf ca. 45 Minuten vor und ebenso viel Zeit für den Ausschneideprozess. Vor dem Drucken wird der Bildaufbau mit Haus und Leitern vorgeplant und das Format (hochkant oder quer) festgelegt. Der Arbeitstisch wird folgendermaßen von links nach rechts eingerichtet: Die Glas-/Plexiglasdruckplatte auflegen oder Fensterfolie mit Kreppband befestigen, daneben ein Stück Pappe legen, auf dem die Farbwalze abgelegt wird, sowie ein weiteres Stück Pappe für die einzuwalzenden Dinge, schließlich einen Platz für das saubere Druckpapier bereitstellen und zum Schluss einen Ablageort für Materialreste und Pinzette freihalten – fertig ist die Walz- und Druckstation!
Nachdem Sie den Schüler*innen jeweils einen Klecks wasserlösliche Linoldruckfarbe auf das untere Drittel ihrer Platten gegeben haben, verteilen diese die Farbe mit wenig Druck in Längs- und Querbahnen darauf. Lassen Sie diesen Abschnitt zur Begrenzung zuvor mit Kreppband abkleben.
Jetzt bitte zügig arbeiten: Zerknülltes Seidenpapier (Sandhaufen), Schmirgelpapier, Mull, grobe Stoffstückchen werden in die Farbe gedrückt und danach direkt wieder abgezogen. Dann wird das zu bedruckende Papier über diese eingefärbten Materialien gelegt und die zweite saubere Walze mit leichtem Druck darübergerollt. Anschließend wird das bedruckte Papier vorsichtig abgezogen. Fertig ist der Baustellenhintergrund! Sollten Ihre Schüler*innen mit dem Ergebnis des Materialdrucks noch nicht zufrieden sein, können sie nach kurzer Trockenzeit noch weitere Materialien im gleichem Verfahren drucken.
Um Häuser und Leitern drucken zu können, bekommen Ihre Schüler*innen einen weiteren Farbklecks auf ihre Platten und rollen erneut in Bahnen längs und quer mit der Farbwalze darüber. Wichtig ist, dass sich die Farbe gleichmäßig auf der Farbwalze verteilt und sich keine Schlieren bilden. Mit der Farbwalze werden nun alle ausgeschnittenen Einzelteile eingefärbt und mit ihrer Farbseite nach unten auf dem Baustellenhintergrund arrangiert. Leitern können auch unter die Fassade geschoben werden.
Anschließend wird ein sauberer Bogen Papier als Schutz darübergelegt und die Schüler*innen walzen erneut mit der sauberen Walze und gleichmäßigem Druck darüber.
Zum Schluss sollten Ihre Schüler*innen das Schutzpapier vorsichtig entfernen und auch die mit Farbe durchtränkten Einzelteile mit einer Pinzette oder einem Pappstreifen behutsam vom Bild abnehmen. Nach einer kurzen Trocknungszeit (z. B. an einer Wäscheleine) können Sie die Werke gemeinsam anschauen oder eine weitere Druckrunde starten.

Tipps/Variationen:

- Zum Aufbessern der Klassenkasse können die Schüler*innen eine Verkaufsauktion mit gerahmten Baustellenbildern veranstalten.
- Als Variation können Post- oder Klappkarten bedruckt und an Elternsprechtagen oder über den Schulförderverein verkauft werden. Spenden Sie den Erlös!
- Ein Wandfries als Allee mit Häusern und Bäumen kann auf einer Tapetenrolle gedruckt werden.

Gedruckte Baustellen-Impressionen

Fertiges Ergebnis

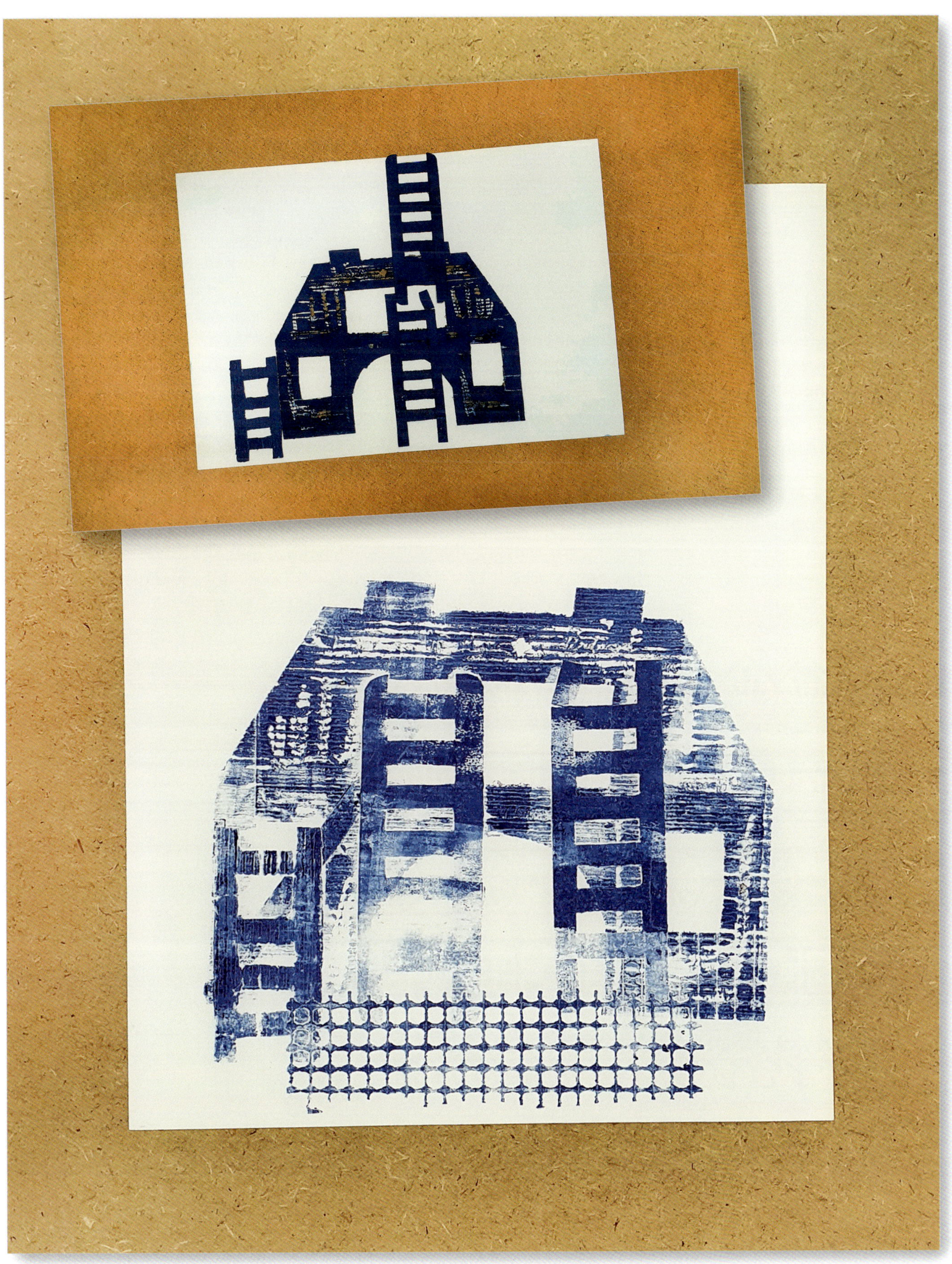

Mit Styreneplatten Muster und Ornamente drucken (1/3)

Darum geht's

Ein Ornament ist ein Verzierungsmotiv und entstammt dem Schmuckbedürfnis des Menschen. Die Formenvielfalt, aus der Ornamente entwickelt werden, stammt aus vielen, unterschiedlichen Bereichen.
Ornamente entstehen in Abhängigkeit zum vorhandenen Material und sind an das Lebensgefühl der jeweiligen Zeit und den Kulturraum gebunden.
In der kunstgeschichtlichen Epoche des Jugendstils erlangte das Ornament große Bedeutung: Tischbeine, Geländer, Zäune, Möbel, Porzellan und Fassadenelemente erhielten durch Ornamentverzierungen eine besondere Wertigkeit. Es entstanden neue ornamentale Verbindungen von Pflanzen- und Tiermotiven. Dem Jugendstil glückten jedoch nicht nur Gestaltungen mit pflanzlich-organischen Elementen, sondern auch geometrisch-abstrakte Formen bekamen besondere Bedeutung (z. B. Mäander).
Eingeleitet durch die Industrialisierung und eine Weiterentwicklung durch die Strömung des Bauhauses gelangten Ornamente zu einer besonderen Klarheit. Sie wirkten „aufgeräumt". Das Hauptkennzeichen eines Ornaments ist der Rapport.
Dieser bezeichnet die gereihte oder rhythmische Wiederkehr des Motivs in einem bestimmten Abstand. Variationen werden durch Wiederholung, Richtungswechsel und unterschiedliche Abstände der Elemente erreicht. Nur durch die Arbeit mit dem Rapport ist eine Friesbildung oder eine Flächendeckung (z. B. bei einer Tapete) möglich.
Die folgende künstlerische Aufgabe bietet den Schüler*innen durch die Vorübung die Möglichkeit, sich spielerisch und mit Experimentierfreude den Zugang zum Ornament zu erschließen. Eine Musterfolge mit einem einfachen Druckverfahren zu erzeugen, ist nicht schwer. Als Druckstock eignen sich Styrenedruckplatten. Sie sind federleicht und weich, sodass ein Musterband mit gebogenen, welligen Linien kinderleicht mit etwas Druck mithilfe eines Bleistifts von einer Vorlage übertragen werden kann. – Und schon ist der Druckstock fertig!

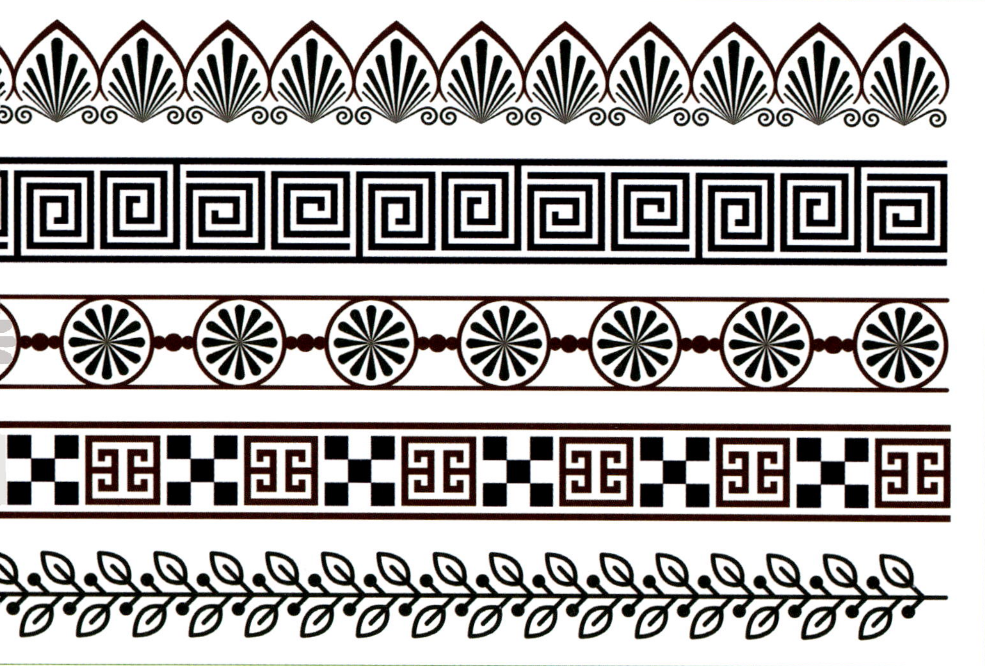

Ornamente faszinieren, weil sie wenige und oft einfache Elemente wirkungsvoll in Szene setzen.

Mit Styreneplatten Muster und Ornamente drucken (2/3)

Material:

pro Schüler*in
- je 20 Schlüsselringe und Unterlegscheiben aus Metall, Durchmesser 1 cm und 3 cm
- Bleistift, Radiergummi, Filzstift, Kreppband
- Papier, DIN A3
- Schuhkartondeckel oder Zeichenblockrückwand
- Styreneplatte, 20,5 cm x 29,5 cm (im Versandhandel z. B. im 10er-Pack erhältlich)
- Glas- oder Plexiglasdruckplatte, DIN A3
- 2 Druckwalzen
- Linoldruckfarbe (wasserlöslich)
- Latexhandschuhe, Schürze oder altes Hemd, alte Zeitungen
- Küchentücher, Putzrolle oder Mallappen

weiterhin:
- Bücher mit Jugendstilornamenten zur Inspiration

Dauer:

3 Doppelstunden

Klasse:

9–10

Ziele:

Die Schüler*innen …
- entwerfen mit Schlüsselringen und Unterlegscheiben ein Ornament und arbeiten daraus mit Filzstift ein Blütenband aus.
- übertragen das Ornament vom Papier auf die Styreneplatte.
- drucken durch die Wiederholung des Musters ein Ornament im Rapport.

Vorbereitung:

Am einfachsten für die Durchführung ist es, wenn Sie die benötigten Styrenedruckplatten, die Kunststoffplatten für das Auftragen der Druckfarbe, die Linoldruckfarbe sowie einen Klassensatz Walzen organisieren und bereitstellen! Möglicherweise sind die Utensilien, die Sie zum Drucken benötigen, bereits an Ihrer Schule vorhanden. Legen Sie einige Bände mit schönen Abbildungen des Jugendstils zum Durchblättern und Finden von geeigneten Motiven im Kunstraum aus. Das entfacht einen wahren Kreativitätsschub!
Richten Sie, während die Schüler*innen ihre Musterbänder fertigen, zwei Druckstationen ein, um die Arbeitsschritte zu strukturieren. Die verbleibende Zeit bleibt dem Drucken vorbehalten. Wenn nicht schon im Kunstraum vorhanden, sollte im hinteren Bereich des Raumes eine Wäscheleine mit ausreichend Klammern gespannt werden, um die Drucke trocknen zu können.

So geht's:

Erklären Sie zu Beginn der Unterrichtssequenz in einer kurzen Einführung Ornament, florales Muster, Wellenband, die einzelnen Arbeitsschritte sowie die Drucktechnik. Es ist gut, die Arbeitsschritte am Whiteboard oder an der Wandtafel zu visualisieren, sodass die Schüler*innen einem strukturierten Arbeitsprozess folgen können. Geben Sie den Schüler*innen für das spielerische „Musterlegen" mit den Schlüsselringen auf dem Karton (z. B. Zeichenblockrückwand oder Schuhkartondeckel), der idealerweise das Format der Druckplatte haben sollte, einen zeitlichen Rahmen vor.
Nachdem die Schüler*innen ihr Muster arrangiert haben, legen sie ein Blatt Papier darüber und umfahren die Umrisslinien mit einem Bleistift. Mit Filzstift wird das Muster anschließend geschickt zu einem Blütenband ausgearbeitet und der Druckstock ist entworfen! Jetzt ist es fast geschafft: Das Muster wird mit Kreppband auf der Styreneplatte fixiert. Mit Bleistift und ganz leichtem Druck lässt es sich nun wunderbar auf die Platte übertragen. Beim anschließenden Drucken wird die Umrisslinie der

Mit Styreneplatten Muster und Ornamente drucken (3/3)

Blütenranke, also die vorgezeichnete Bleistiftlinie, weiß erscheinen, d. h., die eingeritzten Bleistiftlinien drucken nicht mit. Beim Einwalzen der Platte mit Linoldruckfarbe nehmen diese Vertiefungen keine Farbe an, sondern nur die umliegende Fläche, die im Abdruck erscheint. – Ein „Weißlinienabzug" entsteht. Zum Drucken wird ein Klecks wasserlösliche Linoldruckfarbe auf die Mitte der Druckplatte gegeben und derart mittels einer Gummiwalze in Längs- und Querrichtung ausgerollt, dass die Walze gleichmäßig Farbe aufnimmt. Mit dieser Farbwalze wird dann der Druckstock (Styreneplatte) vorsichtig eingefärbt – auch hier wieder durch Rollen in Längs- und Querrichtung. Danach legen die Schüler*innen ein sauberes Papier auf ihren Druckstock und fahren mit einer sauberen Walze mit leichtem Druck wieder längs und quer darüber. Nun kann das bedruckte Papier mit selbst erstellten Pappzangen (in der Mitte geknickte Pappstreifen) vom Druckstock vorsichtig gelöst und zum Trocknen aufgehängt werden. Sechs Abzüge sollten machbar sein, bevor der Druckstock Gebrauchsspuren aufweist. Durch Wiederholung des Druckes als Rapport kann das Ornament beliebig fortgesetzt werden.

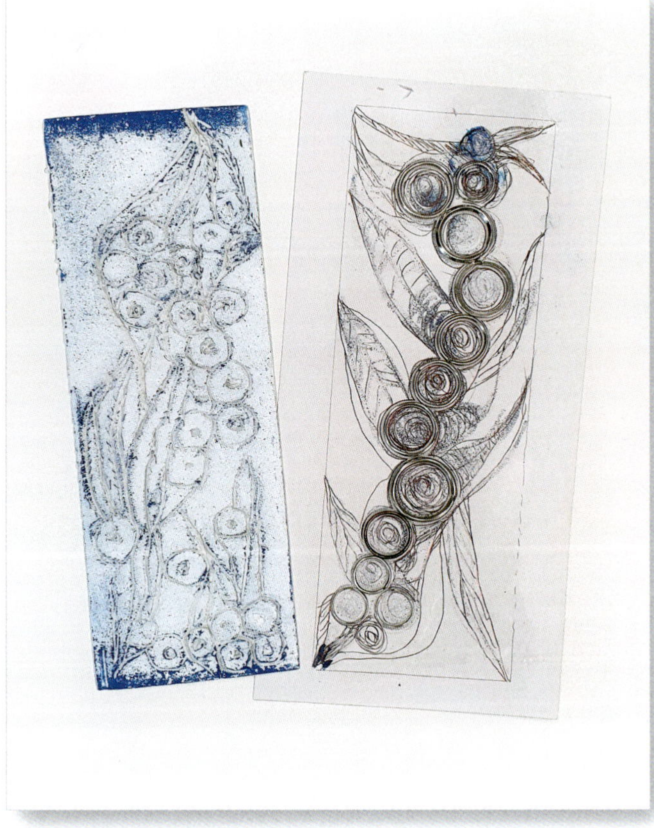

Zwischenschritte und Detailansicht

Tipps/Variationen:

- Legen Sie sich für farbintensive Arbeiten wie diese im Kunstschrank einen Zeitungspapiervorrat an.
- Für besondere Effekte kann der Druckstock auf farbigem oder besonderem Papier abgedruckt werden.
- Die Schlüsselringe können auch auf dem Untergrund fest aufgeklebt und mit Wachsmalstiften auf einem Blatt Papier frottiert werden.

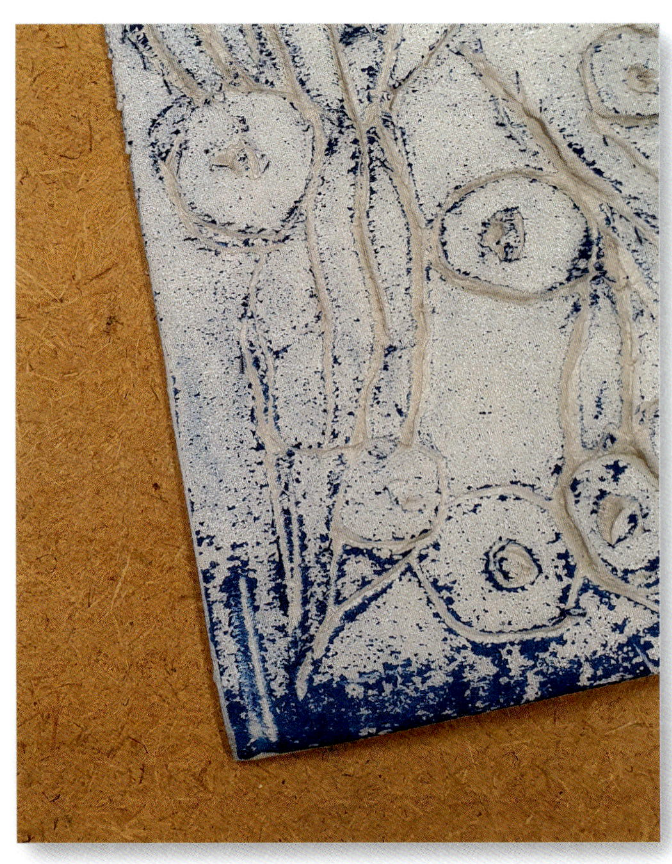

Mit Styreneplatten Muster und Ornamente drucken

Fertiges Ergebnis

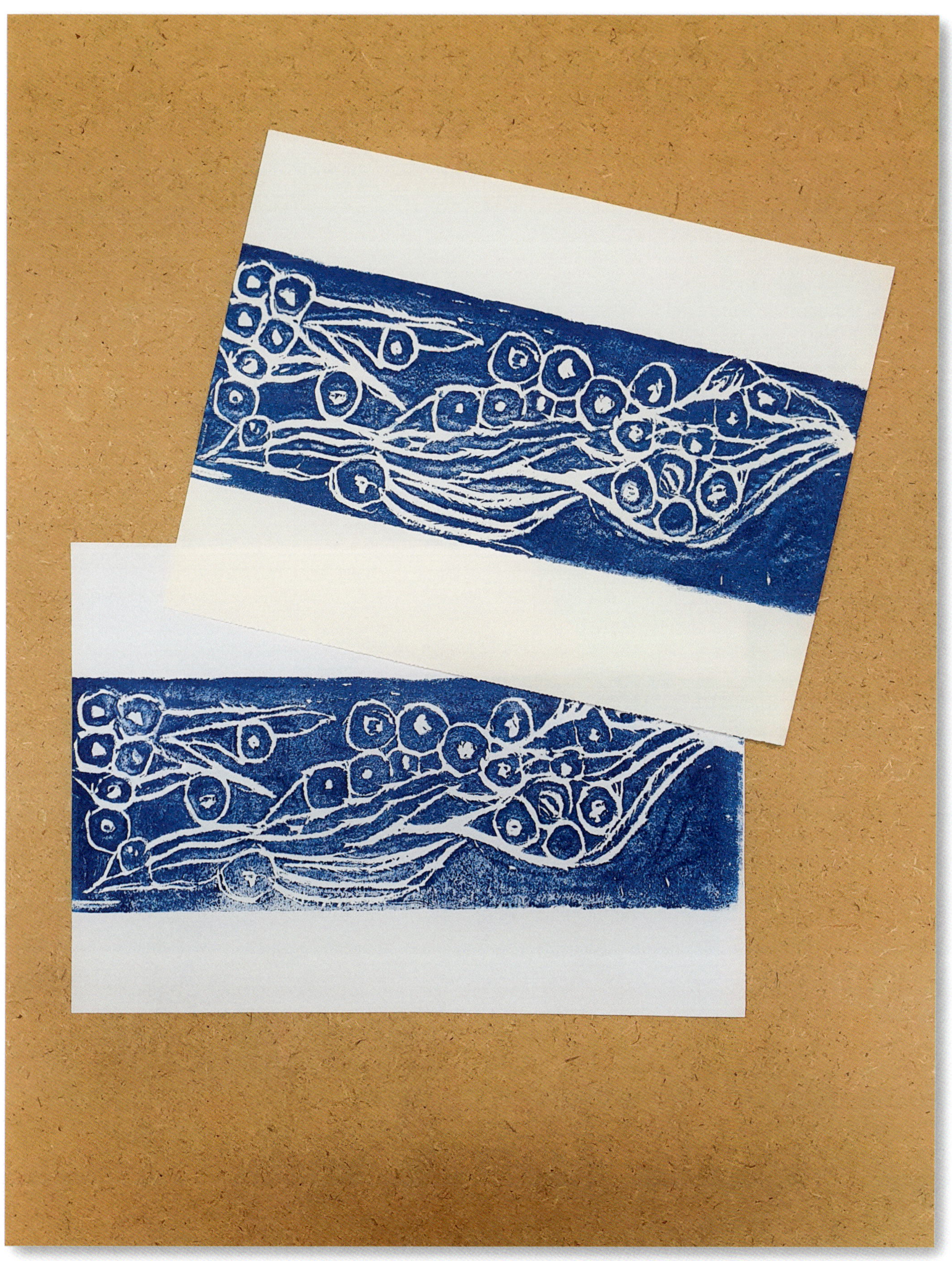

Eine Zeitungsseite mit neuer Bedeutung (1/3)

Darum geht's

Der Stempeldruck hat etwas Befreiendes! Und das Überstempeln von Vorlagen setzt sehr schnell einen strukturierten, kreativen Werkprozess in Gang. Für die Ausführung der folgenden Kunstidee werden nur wenige Dinge benötigt: fertige Stempel und ein Stempelkissen, die jeweils von guter Qualität sein sollten, und einige Seiten aus Tageszeitungen, die die gestempelte Farbe fast ein wenig aufsaugen.
Es ergibt sich eine interessante Verbindung zwischen dem Untergrund, der weich und faserig ist, den gestempelten Flächen und dem Druckprodukt als solchem. Inzwischen gibt es im Bastelbereich eine große Bandbreite an fertigen Stempeln: Buchstaben, Zahlen, kleine Bildmotive mit Tieren oder Pflanzen, aber auch orientalische Muster. Manchmal ergibt sich auch die Möglichkeit, mit alten Firmenstempeln zu arbeiten. Bitten Sie doch einfach mal die Eltern, bei ihren Arbeitgeber*innen nach ausrangierten Exemplaren zu fragen. Beim Arbeiten im Atelier hat mir besonders das Überstempeln mit orientalischen Motiven gefallen. Eine Zeitungsseite bekommt damit fast die Anmutung eines orientalischen Teppichs.
Wenn Sie mit Ihrer Schülergruppe alle Überstempelungen zu einem Großformat zusammenfügen, erschaffen Sie ein beeindruckendes Wandbild und tun gleichzeitig etwas Gemeinsames, Gruppenbildendes. – Welches Stempelbild kommt an welche Stelle im Gesamtprojekt? Wie fügen sich die Stempelfarben und Formate zu einem harmonischen Ganzen zusammen? Wo soll das Werk aufgehängt werden? Wie ist seine Wirkung am vorgesehenen Platz? Alle diese Fragen sind notwendig und bringen Ihre Gruppe zu einer gemeinsamen Kommunikation.
Es wird ausprobiert, verworfen, festgelegt, aufgeklebt, wobei die Meinung des*der anderen immer respektvoll diskutiert werden sollte.
Das ist ein notwendiger Lernprozess innerhalb der Gruppe.
Wichtig für das Überstempeln ist, dem vorgegebenen Aufbau der verwendeten Seiten, dem Verlauf von Spalten und Bildern zu folgen und innerhalb dieser „natürlichen Grenzen" zu bleiben. Erklären Sie den Schüler*innen den Aufbau einer Zeitungsseite und deren Besonderheiten. Viele Zeitungen sind durch ihr Format, durch die Anzahl und Breite der Textspalten, durch die verwendeten Schriften, durch die Anzahl und Platzierung der Fotos etc. unverwechselbar.
Sie machen die Leserschaft neugierig und wecken ihr Interesse. Die Stempeldrucktechnik macht jedoch alle Bilder und Nachrichten unsichtbar, sie sind nicht mehr von Bedeutung. Stattdessen tritt die formale Struktur in den Vordergrund und wird so zu einem kreativen Augenschmaus: kuriose Stempelflächen, die an Teppichmuster oder Ackerflächen aus der Vogelperspektive erinnern, entstehen. Mit einem geringen technischen Aufwand wird die Gliederung der vorhandenen Fläche ganz einfach durch die Addition der Stempelformen neu interpretiert.
Es sei noch erwähnt, dass Sie durch die Auseinandersetzung mit diesem Thema sowohl einen Beitrag zur Demokratie, dem Zugang zum Medium Zeitung, als auch einen Beitrag zum Thema Lesen leisten – allesamt wichtige Schlüsselqualifikationen, nach denen unsere moderne Gesellschaft verlangt. Zeitungen und andere Medien sind unerlässlich für ein demokratisches Grundverständnis.

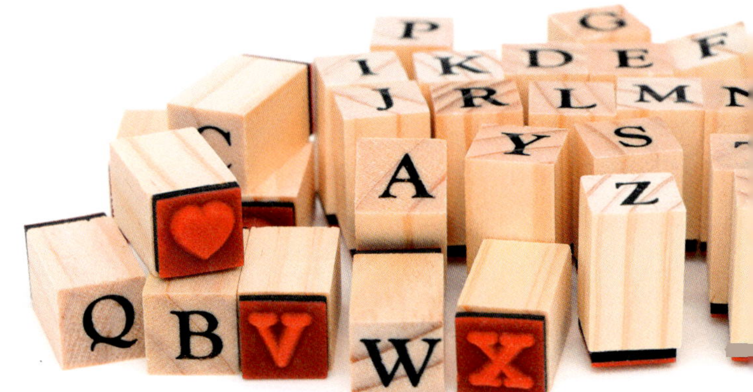

Stempel jeglicher Art können bei dieser Kunstaufgabe zum Einsatz kommen.

Eine Zeitungsseite mit neuer Bedeutung (2/3)

Material:

pro Schüler*in

- viele unterschiedliche Stempel
- mehrere Stempelkissen mit unterschiedlichen Stempelfarben
- einzelne Zeitungsseiten, DIN A2/DIN A3
- Papier für Stempelübungen
- Küchentücher, Putzrolle oder Mallappen
- Schürze oder altes Hemd

Dauer:

2 Doppelstunden

Klasse:

8–10

Ziele:

Die Schüler*innen …

- lernen den Aufbau und das Layout von Zeitungen und ihre funktionale Bedeutung kennen.
- treffen durch vorhergehende Stempelübungen eine individuelle Materialauswahl.
- verdecken – unter Beibehaltung von Spaltenlayout und Überschriften – durch das Überstempeln von Texten und Bildern bewusst und gezielt alle Informationen einer Zeitungsseite.
- arrangieren die Einzelseiten zu einem Großbild.

Vorbereitung:

Die hier beschriebene Kunstaufgabe benötigt nur eine geringe Vorbereitung und lässt sich kurzerhand in den Unterricht als Mini-Unterrichtsreihe einbauen. Sorgen Sie dafür, dass die Schüler*innen Tageszeitungen mitbringen. Möglicherweise haben Sie auch selbst welche im Vorrat. Oft bieten die örtlichen Tageszeitungen Exemplare für ein Zeitungsprojekt im Fach Deutsch kostenlos an. Spätestens im Lehrerzimmer werden Sie jedoch fündig. Sammeln Sie zur Vorbereitung alles ein, was Sie kurzfristig zusammentragen können. Papier für die Stempelübungen haben Sie sicherlich vorrätig. Nehmen Sie hierfür z. B. Kopierpapier und sollten Sie das Großbild als Gemeinschaftswerk planen, bestellen Sie Graupappe in großen Formaten. Eventuell gibt es auch große Pappreste von Schulmaterialbestellungen, die Sie stattdessen verwenden können. Inzwischen gibt es eine Vielzahl von Stempel-Sets in Drogerien oder Bastelgeschäften zu kaufen. Sie entscheiden, entsprechend Ihrer Lerngruppe, ob Sie diese vorher organisieren oder je nach Verlässlichkeit die Gruppe selbst einkaufen lassen. Günstig wäre es, wenn an Ihrer Schule eine Materialbox mit Stempeln vorhanden ist. Die Stempelkissen bestellen Sie am besten im Kunstfachhandel. Je besser die Qualität, umso beeindruckender und aussagekräftiger werden die Arbeiten. Probieren Sie es doch im Vorfeld einfach mal aus. Damit die Aufgabe gut gelingt, erarbeiten Sie zu Beginn gemeinsam den Aufbau einer Zeitungsseite. Sicherlich findet sich dazu ein geeignetes Arbeitsblatt im Internet oder Sie fragen die Kolleg*innen vom Fach Deutsch.

So geht's:

Vermitteln Sie den Schüler*innen zum Einstieg, dass die Intention der Tageszeitung als Massenmedium ist, die Leser*innen mit ihren Berichten, aussagekräftigen Fotos und prägnanten Überschriften über das aktuelle Geschehen zu informieren. Die Inhalte werden – je nach Zeitung – auf sachliche, mitunter aber auch reißerische Art und Weise präsentiert und durch jenes für Zeitungen typische Layout strukturiert und lesefreundlich aufbereitet.
Die Titelseite stellt dabei das Eingangstor zu den Informationen dar. Sie muss die Aufmerksamkeit der Leser*innen im besonderen Maße wecken, denn die Leser*innen sollen sich ja für dieses spezielle Blatt und nicht für eine andere Zeitung entscheiden.
Ihre Gruppe erfährt also, dass der Aufbau der Zeitungsseiten entscheidend ist. Die Überschriften, das typische Spalten-Layout und der Einbezug von Bildern geraten in den Blick. Das gesamte Arrangement zielt darauf ab, den*die Leser*in zu animieren, das Blatt in die Hand zu nehmen und die Nachrichten

Eine Zeitungsseite mit neuer Bedeutung (3/3)

strukturiert erfassen zu können. Sprechen Sie über das Mengenverhältnis von Bildern zu Text, die Anzahl der Textspalten und weitere Besonderheiten. Wie schnell kann ich als Konsument*in Informationen erfassen? Woran liegt das? Wie kommt es dazu, dass ich bei manchen Zeitungen sofort weiß, um welches Blatt es sich handelt? Welche Aufmacher werden benutzt? Wie viele Textspalten, Bilder und Überschriften enthält meine ausgesuchte Textseite?
Bei der Aufgabe der Überstempelung geht es darum, die Inhalte in den Textspalten, die Überschriften und die Bilder zu überdecken, dabei aber das vorgegebene Raster-Layout der Seite beizubehalten. Der*die Betrachter*in kann die Inhalte zwar nicht mehr lesen, versteht aber, wie das zu Lesende aufgebaut und organisiert ist. Das halte ich für die entscheidende Erfahrung. Es ist der Schlüssel zum Layout. Sind am Ende meines Arbeitsauftrags noch Informationen abrufbar? Welche neue semantische Bedeutung hat mein fertiges Werk? Ist meine gestaltete Seite nun ein Kunstwerk oder doch noch Informationsinstrument? Auf jeden Fall ist die künstlerische Auseinandersetzung mit dem Massenmedium Zeitung durch das energetische Stempeln eine tolle Herausforderung zum Loslassen und Druckabgeben und natürlich zum Entspannen durch das eigene Tun. Durch das Zusammenfügen von Einzelseiten zum Gesamtkunstwerk eröffnen Sie Ihrer Gruppe einen Zeitungsteppich mit neuer Bedeutung oder eben einen Orientteppich. Die Unleserlichkeit oder Bedeutungslosigkeit der Nachrichten, die überdeckt oder ausgelöscht wurden, schaffen einen Perspektivwechsel. Tauchen Sie zusammen mit Ihren Schüler*innen in die Welt der künstlerischen Neuinterpretation ein und lassen Sie sich verführen!

Eine Zeitungsseite mit neuer Bedeutung

Fertiges Ergebnis

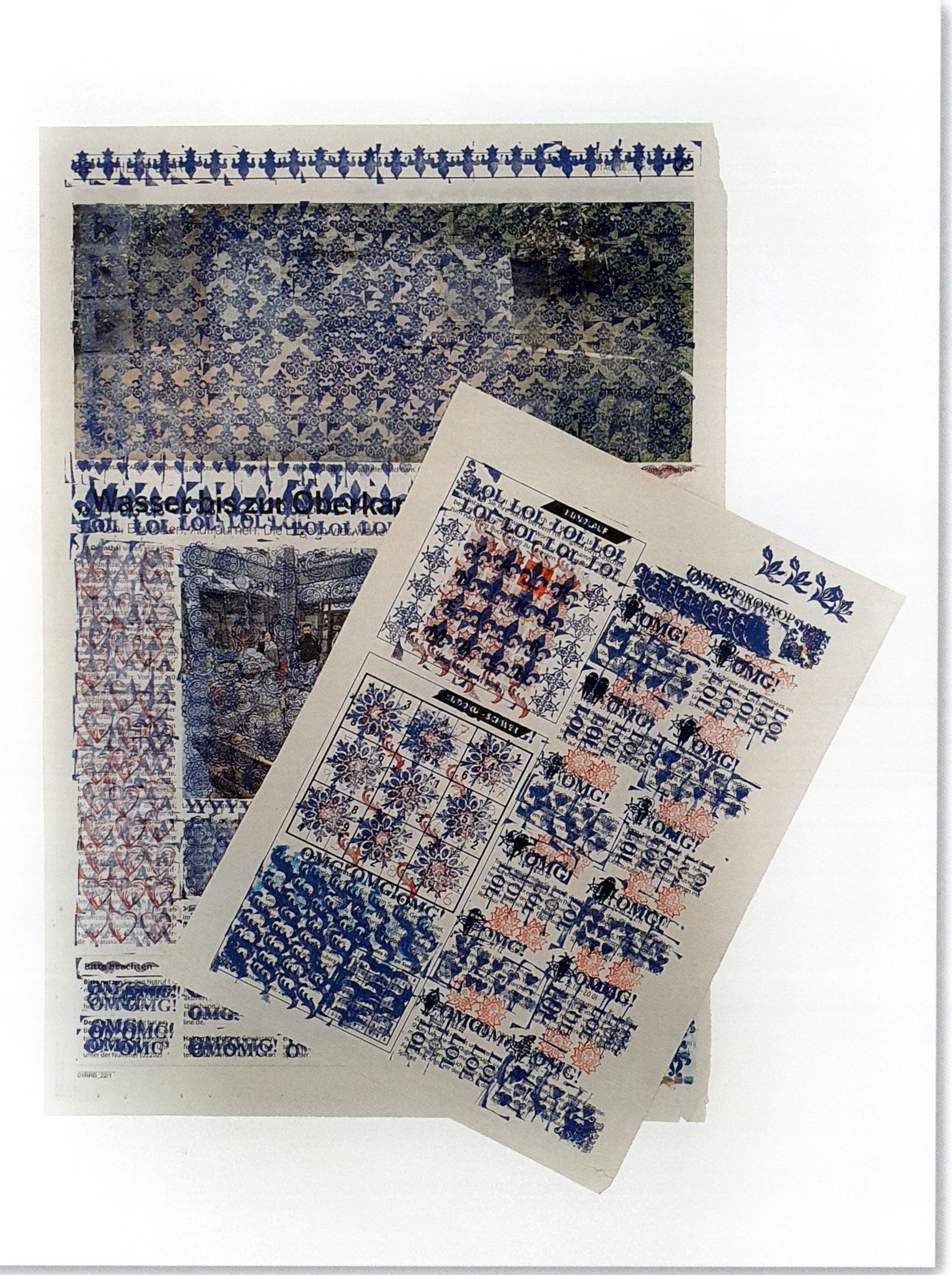

Druckstock aus der Heißklebepistole (1/3)

Darum geht's

Einen Druckstock mittels Heißklebepistole herzustellen, ist so einfach wie ungewöhnlich. Die angewandte Technik zählt zu den Hochdruckverfahren und funktioniert wie ein Stempel: Alle Teile, die drucken sollen, sind erhaben und können mit Druckfarbe benetzt werden. Die Farbe wird hierzu auf das erhöhte Motiv gewalzt und mittels einer Druckpresse oder per Handabzug auf das Papier übertragen. Wir arbeiten jedoch bei der folgenden Aufgabe im wahrsten Sinne des Wortes rein handwerklich und somit ohne Druckpresse. Die Heißklebepistole fungiert dabei als Stift und Druckstock zugleich. Das Porträt wird mit der Heißklebepistole auf Pappe „gezeichnet" und anschließend ein Abdruck von der erkalteten, erhabenen Klebstofflinie vorgenommen.

Für die Kontur des Gesichtes setzen wir eine durchgehende Linie ein, deren Eigendynamik bei diesen Porträts im Vordergrund steht: Die Eigenschaften des Striches sollen weich, geschwungen und fließend sein, die Frisur einfach und ohne abzusetzen gelingen. Sie bildet die Grenzlinie zwischen Figur und Hintergrund. In seiner Gesamtheit bleibt das Gesicht sehr zart, fast sphärisch und dennoch ausdrucksstark auf dem schimmernden Bildträger.

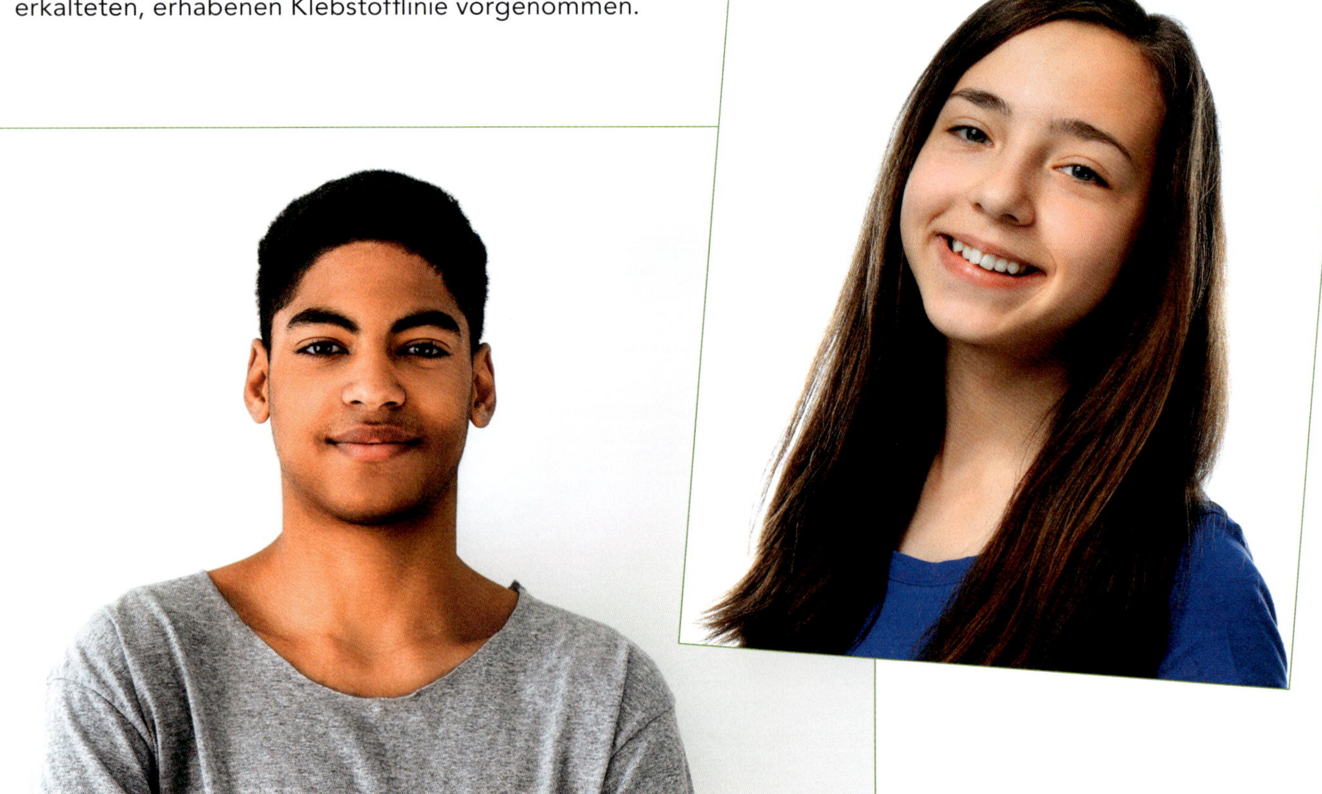

Anders als diese Fotos sind gedruckte Porträts auf das Wesentliche reduziert.

Druckstock aus der Heißklebepistole (2/3)

Material:

pro Schüler*in

- 3 Bögen Batikpapier, DIN A4
- 3 Bögen Transparentpapier, DIN A4, extrastark
- Zeichenblockrückwand, DIN A4
- Bogen Durchschreibepapier, DIN A4
- vergrößerte Kopie des Arbeitsblattes „Porträts“ (siehe S. 76/77)
- 3 Papptabletts, DIN A4
- Heißklebepistole mit Klebestangen
- Bleistift, Radiergummi, Schere, Klebestift
- Glas- oder Plexiglasdruckplatte, DIN A3
- Linoldruckfarbe oder Japanaqua (wasserlöslich)
- 2 Druckwalzen oder 1 Druckwalze und Handreiber
- Latexhandschuhe, Schürze oder altes Hemd, alte Zeitungen
- Küchentücher, Putzrolle oder Mallappen

Dauer:

2 Doppelstunden

Klasse:

8–10

Ziele:

Die Schüler*innen …

- entscheiden sich für ein Porträt und übertragen es als durchgehende Linie auf Pappe.
- „zeichnen“ die Kontur des Porträts mit der Heißklebepistole nach.
- drucken das Motiv unter sachgerechter Anwendung der Materialien und Werkzeuge mehrfach ab.
- fertigen einen Bilderrahmen aus einem Papptablett und arrangieren darin das Porträt auf farbigem Transparentpapier.

Vorbereitung:

Auch bei dieser Kunstaufgabe ist es sinnvoll, das benötigte Material, wie z. B. Papier, Druckfarbe usw., in Form einer Sammelbestellung zu besorgen und anschließend bei den Schüler*innen, je nach Etat des Kunstfachbereiches und Möglichkeiten der Elternhäuser, einen kleinen Eigenbeitrag einzusammeln. Die Materialien werden dann durch die Schüler*innen ganz anders wertgeschätzt, weil die Beschaffungspreise transparent und vorstellbar werden. Das ist für den Realitäts- und Gegenwartsbezug sehr grundlegend.
Die benötigten Heißklebepistolen werden gelegentlich vom Fachbereich Kunst oder Technik in Klassensätzen angeschafft und sind an den Schulen bereits vorhanden. Das ist ideal. Wichtig für die Arbeit mit den elektrischen Geräten ist eine ausreichende Anzahl an Steckdosen bzw. verlangt die Arbeit mit Heißklebepistolen je nach Gruppenstärke den Einsatz von mehreren Mehrfachsteckdosen. Richten Sie für Gruppen von je vier Schüler*innen eine Druckstation ein. Die Handhabung der Heißklebepistolen sollten Sie zuvor demonstrieren und auch die entsprechenden Vorsichtsmaßnahmen (hohe Temperatur!) thematisieren. Auf keinen Fall dürfen die Finger mit dem Klebestrang in Berührung kommen. Es besteht Verbrennungsgefahr! Der Hinweis, die Pistolen nach deren Gebrauch erst völlig erkalten zu lassen, darf an dieser Stelle auch nicht fehlen.

So geht's:

Erläutern Sie die Aufgabe in einem Lehrer*innen-Schüler*innen-Gespräch. Besonders das Zeichnen ohne ein Absetzen des Zeichenwerkzeugs kann sehr gut an der Tafel demonstriert werden. Die Schüler*innen sollten anschließend die Möglichkeit erhalten, dies selbst auszuprobieren. Wenn das erfolgt ist, wählen die Schüler*innen ein Porträt aus und übertragen es mithilfe des Durchschreibepapiers mit Bleistift auf Pappe (z. B. Zeichenblockrückwand). Diese Bleistiftskizze wird dann mit dem Heißkleber nachgezeichnet (möglichst ohne die Heißklebepistole abzusetzen).

Druckstock aus der Heißklebepistole (3/3)

Für den Walzdruck braucht man nur wenige Utensilien: pro Druckstation zwei Gummiwalzen oder eine Walze und einen Handreiber (dies ist ein Andrückwerkzeug mit einer Filzauflage), eine Glas- oder Plexiglasdruckplatte in DIN A4, die Druckfarbe, von der wenige Tropfen reichen, sowie Batikpapier. Das Verfahren ist recht simpel. Auf die Druckplatte werden einige Tropfen Farbe gegeben und durch mehrfaches Hin- und Herrollen mit der Walze verteilt, bis Platte und Walze gleichmäßig eingefärbt sind.
Es ist sehr wichtig, nur ganz wenig Farbe zu nehmen, damit es nicht zu Schlierenbildung kommt. Anschließend wird der „Porträtstempel", d.h. das mit dem Heißkleber gezeichnete Porträt, mit der Farbwalze eingefärbt. Hier heißt es nun, zügig zu arbeiten, da die Farbe schnell trocknet.
Das Batikpapier wird nach dem Farbauftrag rasch auf das Motiv gelegt und mit der zweiten, sauberen Walze oder dem Handreiber walzt bzw. reibt man darüber, sodass sich das Motiv auf das Papier überträgt.
Das Batikpapier wird sehr langsam und vorsichtig vom Druckstock abgezogen, damit es nicht reißt. Bevor es weitergeht, wird das Papier mit dem Porträt kurz zum Trocknen hingelegt oder aufgehängt. Nach dem Trocknen legen die Schüler*innen ein farbiges Transparentpapier unter ihr Porträt und kleben es am oberen Rand fest. Zum Schluss werden aus den Papptabletts Rahmen für die Porträts gestaltet. Dazu wird das Innenteil ausgeschnitten, sodass der wellige Papprand als Rahmen stehen bleibt. Die mit farbigem Transparentpapier unterlegten Drucke werden hinter dem Rahmen befestigt. Die zarte, durchscheinende Struktur der entstandenen Porträts wirkt ganz wunderbar, wenn diese am unteren Rand der Klassenzimmerfenster aufgehängt werden.

Tipps/Variationen:

- Falls eine Druckpresse an der Schule vorhanden ist, können die Porträts auf farbigem Linoldruck- oder Ingres-Papier gedruckt werden. Sie verlieren dann ihre Transparenz und wirken eher kompakt.
- Schaffen Sie eine „Ahnengalerie" mit den entstandenen Porträts.
- Der Papprahmen muss nicht weiß bleiben: Silber- oder Goldspray sieht toll aus!
- Sind die Druckstationen einmal eingerichtet, lassen sich mit der Druckplatte Monotypien (auch: Eindrucke, Monoprints) herstellen: Die Druckplatte wird ganz dünn mit Farbe eingewalzt, ein Bogen Papier wird darübergelegt und ein Motiv mit Bleistift oder Kugelschreiber auf das Papier gezeichnet. Nach dem vorsichtigen Abziehen des Papiers erscheint das gezeichnete Motiv gedruckt auf der Unterseite.

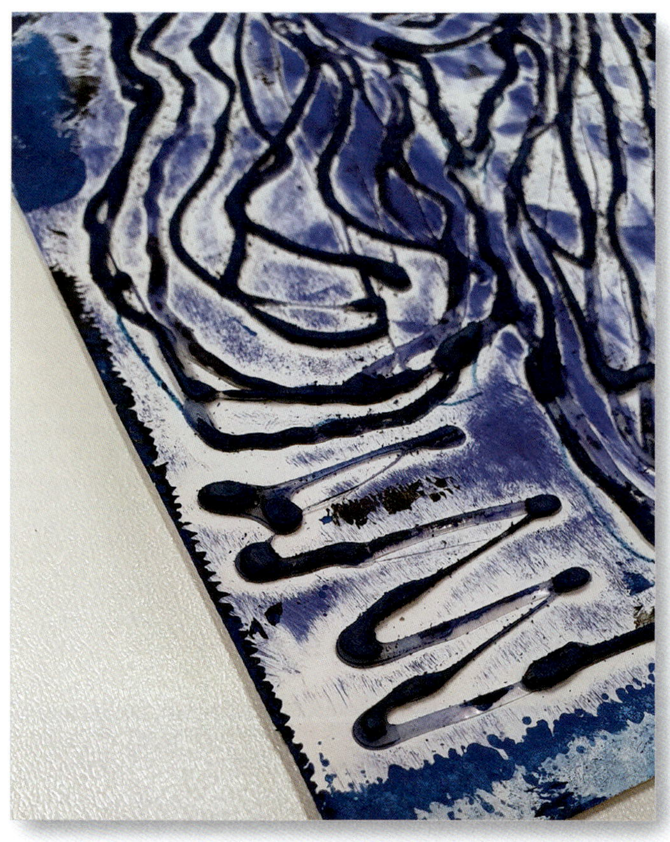

Detailansicht des Druckstocks

Druckstock aus der Heißklebepistole

Fertige Ergebnisse

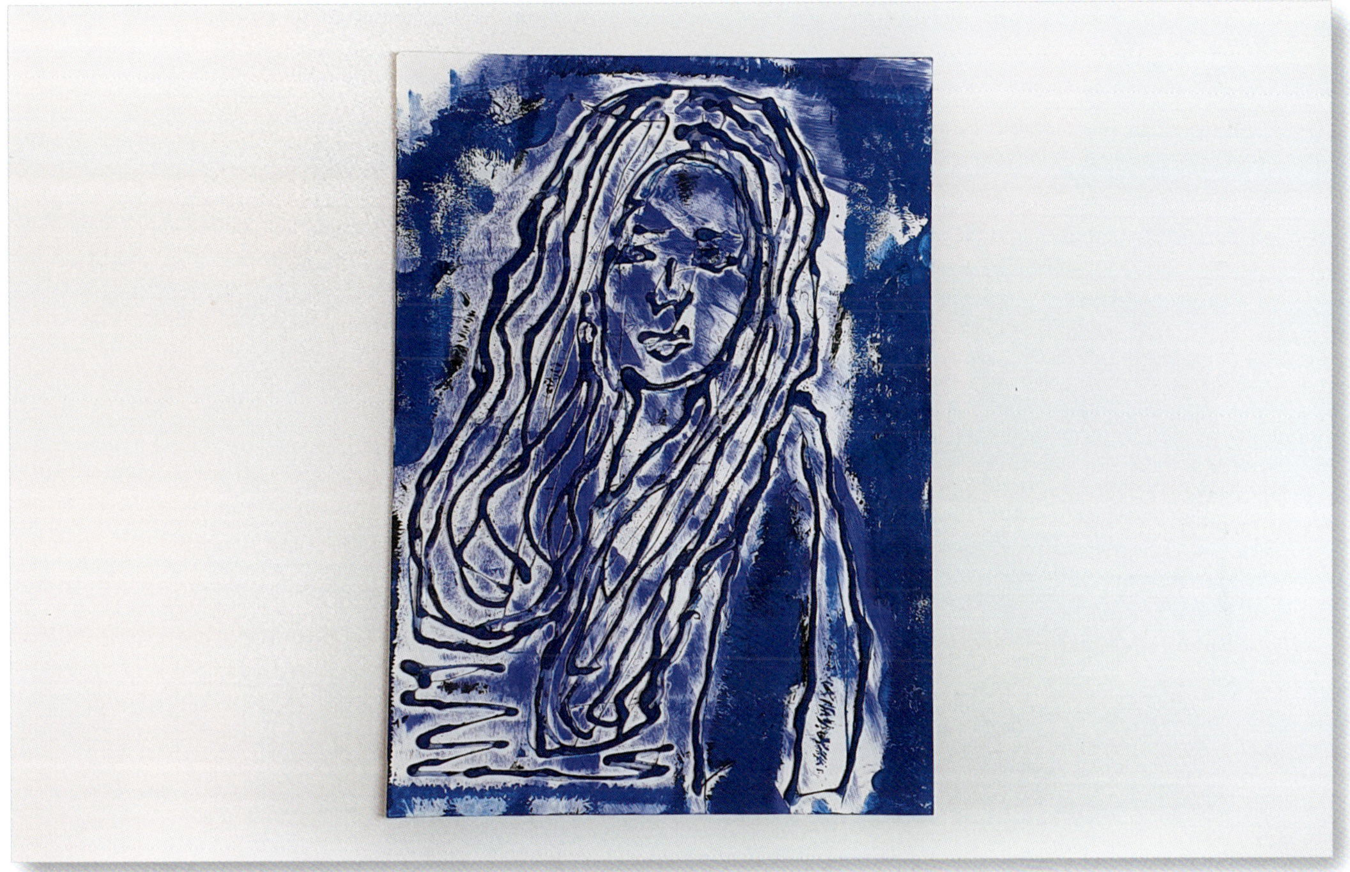

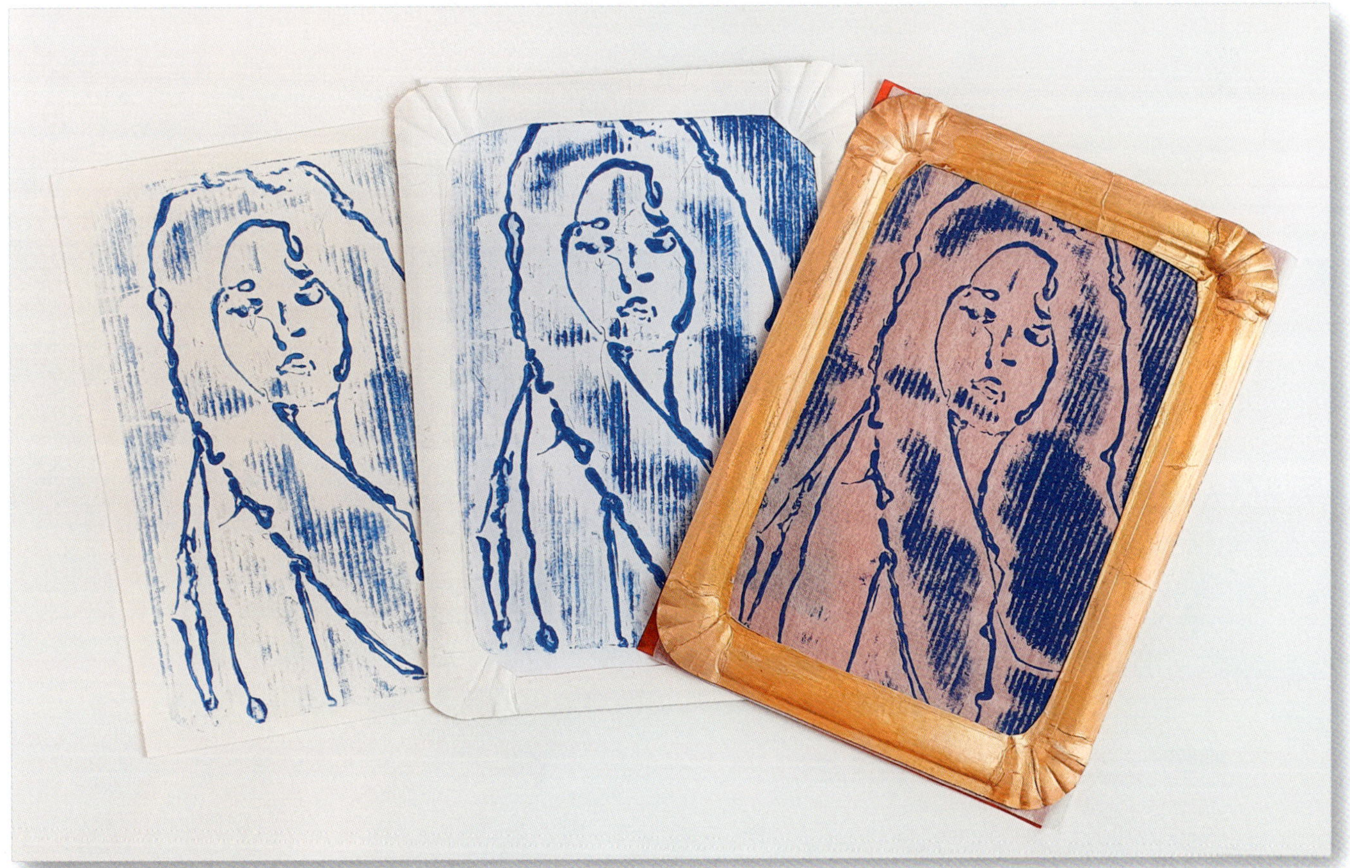

Druckstock aus der Heißklebepistole

Kopiervorlage „Porträts"

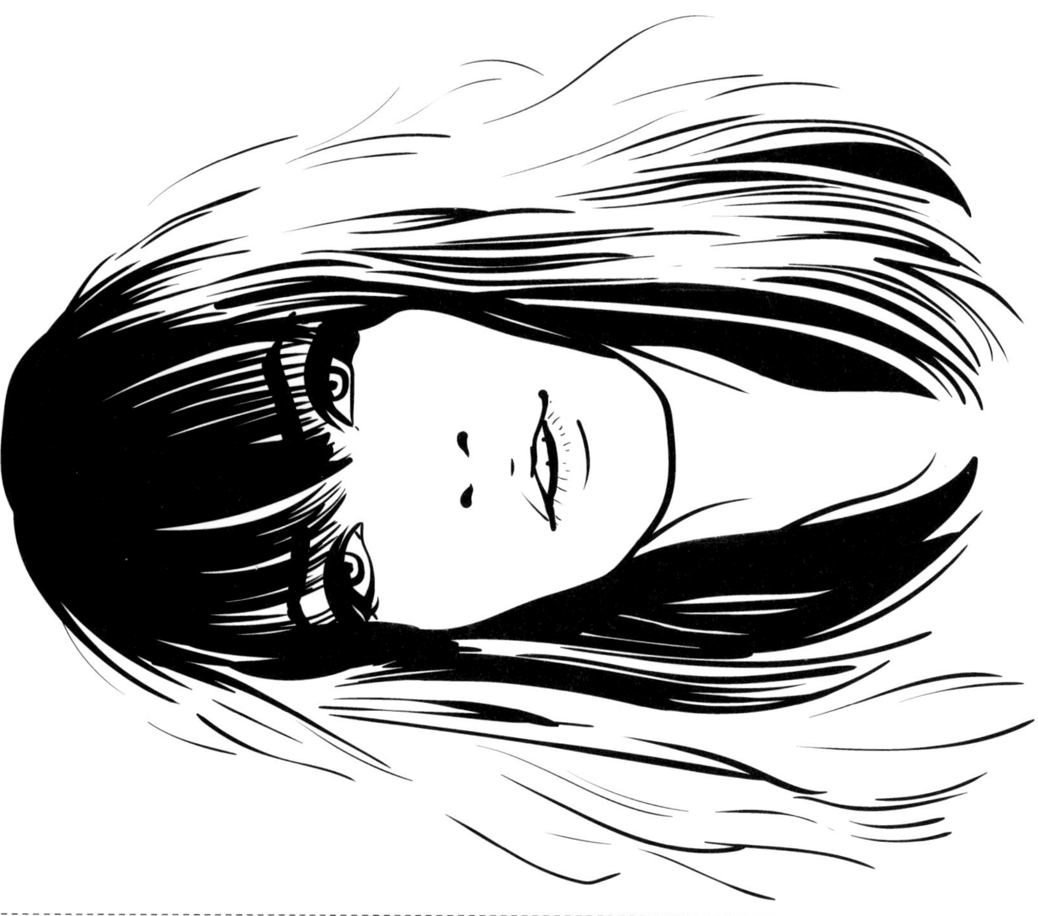

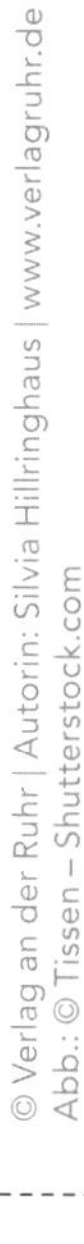

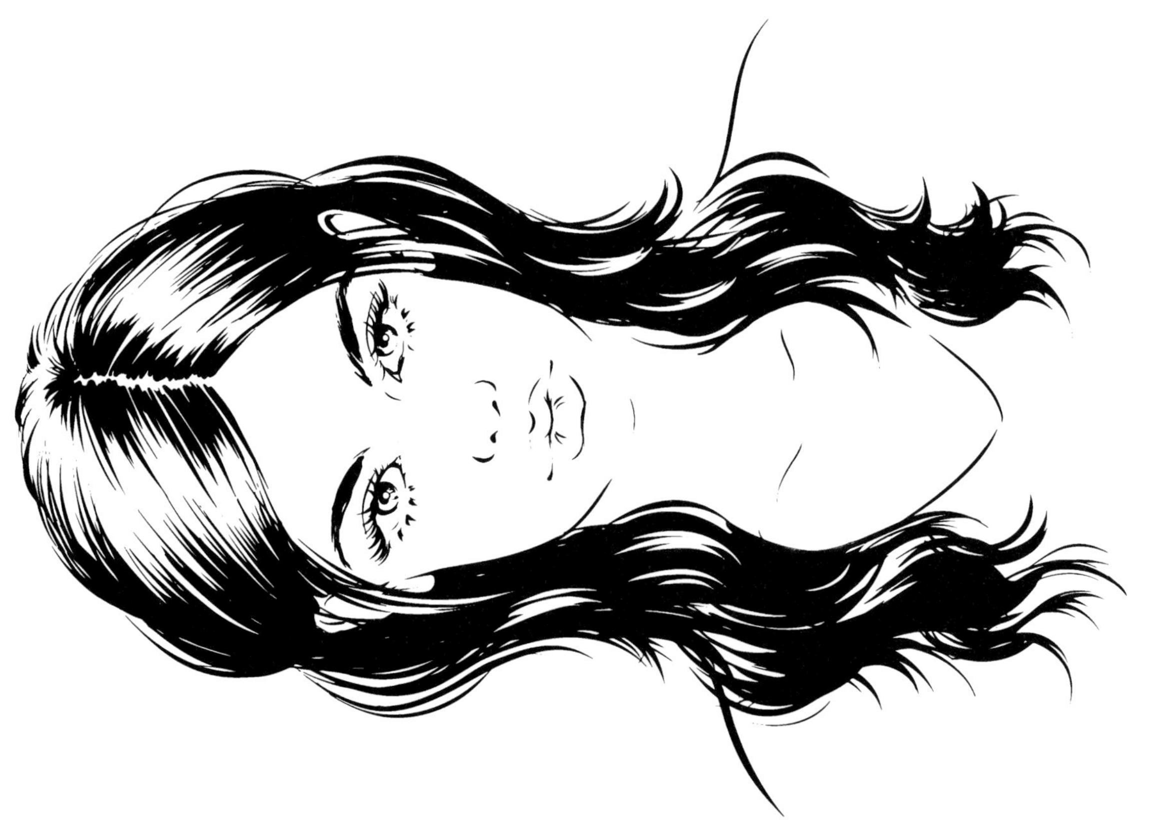

Druckstock aus der Heißklebepistole

Kopiervorlage „Porträts“

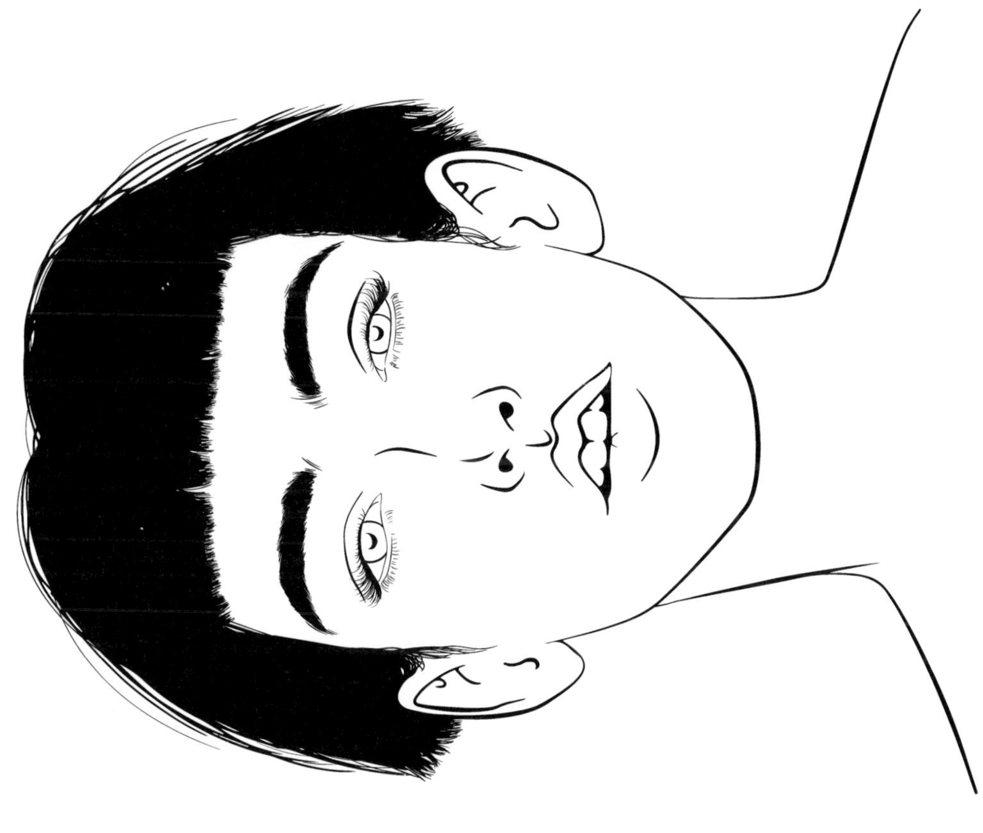

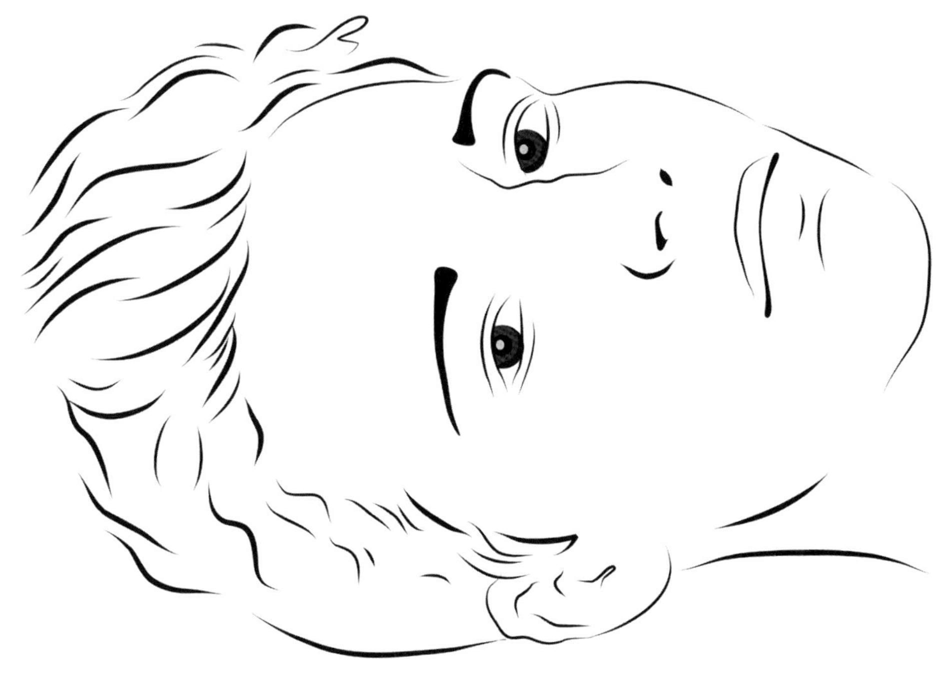

Frottage: eine Strukturen-Suche (1/3)

Darum geht's

Als ich ein kleines Mädchen war, hat meine Tante oft mit mir gemalt und gebastelt. Es hat mir gutgetan, dass sie sich für mich Zeit genommen hat, um mir künstlerische Verfahren näherzubringen. Sie fragen sich jetzt bestimmt, warum ich Ihnen an dieser Stelle davon berichte? Es hat etwas mit der folgenden Kunstaufgabe zu tun. Die Tante nahm einige Münzen aus ihrer Geldbörse, legte ein Blatt Papier darauf und rieb mit der flachen Bleistiftspitze leicht darüber. Das löste bei mir ein Schlüsselerlebnis aus! Und was für eines! Was war passiert? Durch das „Frottieren", die Bezeichnung für diese Technik kannte ich damals natürlich noch nicht, erschien das Motiv, die Münzoberfläche, auf dem Papier. Während sich die erhabenen Stellen dunkel präsentierten, bildeten die tiefer liegenden einen hellen Kontrast dazu. Meine Neugier, die sich bis heute nicht gelegt hat, war geweckt und wir waren eine ganze Weile damit beschäftigt, meinen Schaffensdrang zu befriedigen. Im Rahmen des Schulunterrichts ist der „Abrieb", das Sichtbarmachen von Strukturen, eine ganz einfache sowie effektive Technik, die wunderbar auch bei jüngeren Kindern (dann aber mit einem reduzierten Anspruch an die handwerklichen Fähigkeiten) funktioniert. Bei der Frottage handelt es sich ursprünglich um ein altes chinesisches Verfahren, das sich von dem französischen Verb „frotter" (reiben) ableitet. Der Begriff „Frottage", der sowohl in der deutschen als auch in der englischen Sprache für dieses Verfahren verwendet wird, meint die Übertragung einer reliefartigen, strukturierten Oberfläche auf den Bildgrund oder Bildträger mit verschiedenen Zeichengeräten, wie Kohle, Bleistift, Buntstift, Filzstift oder Marker. Die Frottage kann künstlerisch zur Strukturierung und Gliederung von Flächen, aber auch zum Abbilden von einzelnen Figuren und Gegenständen genutzt werden. Schnell wird die Frottage zur Ideenschmiede für die Schüler*innen und zur Grundlage von vielfältigen Gestaltungsaufgaben. Inspirieren Sie die Schüler*innen z. B. zu Traum- und Tiefseelandschaften, Korallenriffen oder Fabelwesen. Suchen Sie mit ihnen nach ökologischen Fingerabdrücken anderer Art und machen Sie die Spuren des Borkenkäfers in Baumrinden sichtbar oder suchen Sie nach anderen Strukturen in der Natur. Eine Kombination aus gewachsenen, organischen Strukturen und Alltagsoberflächen kann wunderbare Bildgeschichten erzählen. Stimmen Sie sich und die Lerngruppe ein mit Werken von Max Ernst (1891–1976), der die Technik der Frottage ab 1925 für sich mit der Serie: „Histoire Naturelle" wiederentdeckte. Der Künstler verwendete u. a. Muscheln, Holzstücke, Schnüre, Leder, Blätter, um bizarre Tierwesen darzustellen oder natürliche Dinge abzubilden. Lassen Sie Ihre Schüler*innen zu Forscher*innen werden, indem sie die für den Abrieb verwendeten Gegenstände in den Werken von Max Ernst suchen und so die Brücke zu der Kunstaufgabe schlagen. Die Bildmotive, die z. B. durch den Durchrieb von Dingen wie Gittern, Fliesenwänden, Steinen, Stoff, Fußmatten, Schuhsohlen oder Federn entstehen, lassen sich vielfältig weiter gestalten.

Immer wieder faszinierend:
Strukturen in Alltagsgegenständen finden

Frottage: eine Strukturen-Suche (2/3)

Material:

pro Schüler*in

- Bleistift, Radiergummi, Wachsmalkreiden (ohne Papierummantelung), Anspitzer
- Füller mit blauer oder schwarzer Tinte
- Filzstifte in Schwarz und Blau
- Fineliner in Schwarz und Blau oder: Brush-Pen mit 2 Spitzen in Schwarz und Blau
- Kopierpapier, Batikpapier, Universalblock, DIN A4
- Gouache- oder Temperafarben
- Flächenstreicher

Dauer:

mind. 2 Doppelstunden

Klasse:

ab Klasse 5

Ziele:

Die Schüler*innen ...

- suchen geeignete strukturierte Oberflächen im Schulumfeld und frottieren diese.
- arbeiten mit Füller, Fineliner oder Filzstift einzelne Bildteile besonders heraus (überarbeiten alternativ die Durchreibearbeit insgesamt).
- ergänzen malerisch den Hintergrund und Teilbereiche der Frottage.

Vorbereitung:

Zur Vorbereitung braucht es bei dieser Aufgabe Ihrerseits nur wenig Einsatz. Fast alle Materialien sind bei den Schüler*innen vorhanden. Sorgen Sie trotzdem dafür, dass Sie eine mögliche Reserve für die Vergesslichen im Fundus bereithalten. Dann sind Sie auf der sicheren Seite. Diese Art von Vorratshaltung hat sich immer bewährt. „Ein Ass im Ärmel" rettet Ihnen so manche Unterrichts- oder Vertretungsstunde besonders im Fach Kunst. Falls Sie in der Natur frottieren, überlegen Sie sich eine geeignete Strecke im Wald oder Park, die Sie mit Ihrer Gruppe erwandern können. Wo gibt es Baumscheiben, Baumwurzeln u. Ä. zu entdecken? Bleibt Ihre Gruppe im Schulgebäude – das ist ja immer auch wetterabhängig –, überlegen Sie, welche Flure oder Gebäudeteile vielfältige Möglichkeiten zum Durchreiben bieten. Die überzeugendste und eine sehr motivierende Idee ist, wenn Sie Ihre Schüler*innen auffordern, für den geplanten Unterricht ihre Turnschuhe anzuziehen, die ein spannendes Sohlenprofil haben.

Natürlich dürfen zusätzlich noch weitere Schuhe mitgebracht werden, die sich besonders eignen. Schicken Sie Ihre Schüler*innen schon daheim auf Entdeckungsreise. Das ist eine durchaus spannende Erfahrung, die bei der späteren gemeinsamen Sichtung noch einmal verstärkt wird.

Organisieren Sie weiterhin einen Band mit Max Ernsts Frottagen, z. B. das Buch „Max Ernst – Jenseits der Malerei" von Ulrich Bischoff, das Abbildungen seiner Werke enthält. Es liefert den Schüler*innen Anregungen für ihre Frottagen und gibt Aufschluss über Max Ernsts Biografie.

So geht's:

Für die Umsetzung der Frottage-Technik habe ich zwei Variationen ausgesucht:

Bei der ersten Möglichkeit legen die Schüler*innen das Zeichenpapier im DIN-A4-Format auf eine strukturierte Fläche und reiben mit der Breitseite eines weichen Bleistiftes darüber.

Bei der zweiten Variante frottieren diese die Oberflächenstruktur eines Turnschuhs oder einer Baumscheibe mit der flachen Seite eines Wachsmalstifts

Frottage: eine Strukturen-Suche (3/3)

(ohne Papierummantelung) auf das aufgelegte Papier (es kann ein Batikpapier bzw. Einmalhandtuch verwendet werden). Es ist schön, wenn die Lerngruppe beides ausprobiert und dabei nicht nur Papier und Stifte wechselt, sondern beim Durchreiben auch mit unterschiedlichem Druck arbeitet: Je nach Druck entstehen zarte oder plakative Effekte. Bei den erhabenen Stellen des Reliefs lagert sich mehr Farbe ab als bei den tiefer liegenden. Dadurch wird die Oberflächenstruktur sichtbar. Im nächsten Schritt übermalen die Schüler*innen bei der Bleistift-Variante die Schuhsohle/Baumscheibe mit schwarzem Fineliner, Filzstift oder Füller. Wird z. B. mit blauem Wachsmalstift durchgerubbelt, sollte die Weiterarbeit auch mit blauem Stift erfolgen, um eine harmonische Gestaltung zu erzielen. Wie von selbst findet der Füller seinen Weg auf dem Papier und erfindet fantasievolle Details. Die fertigen Arbeiten erreichen eine nahezu grafische Anmutung und erzählen Geschichten!
Die überzeichneten Frottagen brillieren mit einem ganz eigenwilligen Duktus, folgen der Grundform oder weichen von dieser ab. Geben Sie ruhig eine thematische Richtung vor, wie z. B. „Mein ökologischer Schuhabdruck" oder „Eine Baumscheibe erzählt von ihrem Leben im Wald" o. Ä. Fordern Sie die Schüler*innen auf, einen Bildhintergrund mit verdünnter Tempera anzulegen, wobei bei den Bleistiftfrottagen sehr vorsichtig gearbeitet werden sollte, damit sich der Durchrieb nicht löst. Bei den Wachsarbeiten stellt das Übermalen kein Problem dar. Der farbig gestaltete Bildhintergrund bildet bei den Wachskunstwerken einen ganz besonderen Kontrast und lässt sie nahezu dramatisch wirken. Die Bleistiftarbeiten leben durch die Weiterzeichnungen.
Die abgebildeten Beispiele sollen Ihnen lediglich als Anregung dienen. Es lassen sich viele weitere Themen und Fortführungen umsetzen: Lassen Sie die Lerngruppe z. B. nach Baumgeistern suchen, die diese mit grafischen Mitteln, wie kleinen Kreisen, Schraffuren oder Endloslinien, und mit Füller oder Fineliner zum Leben erwecken.

Tipps/Variationen:

- Grobe, strukturierte Dekorationsstoffe eignen sich ebenfalls gut zum Durchreiben und eröffnen viele weitere Gestaltungsmöglichkeiten.
- Nessel, Seide oder Leinwand bilden interessante Bildgründe für Stillleben.
- Für eine digitale Variante können die Schüler*innen zunächst Stoffmuster frottieren und die Ergebnisse dann mit dem Handy fotografieren. Mit einem Bildbearbeitungsprogramm und dem digitalen Werkzeug „Filzstift" lassen sich interessante „Stoffgesichter" erfinden.

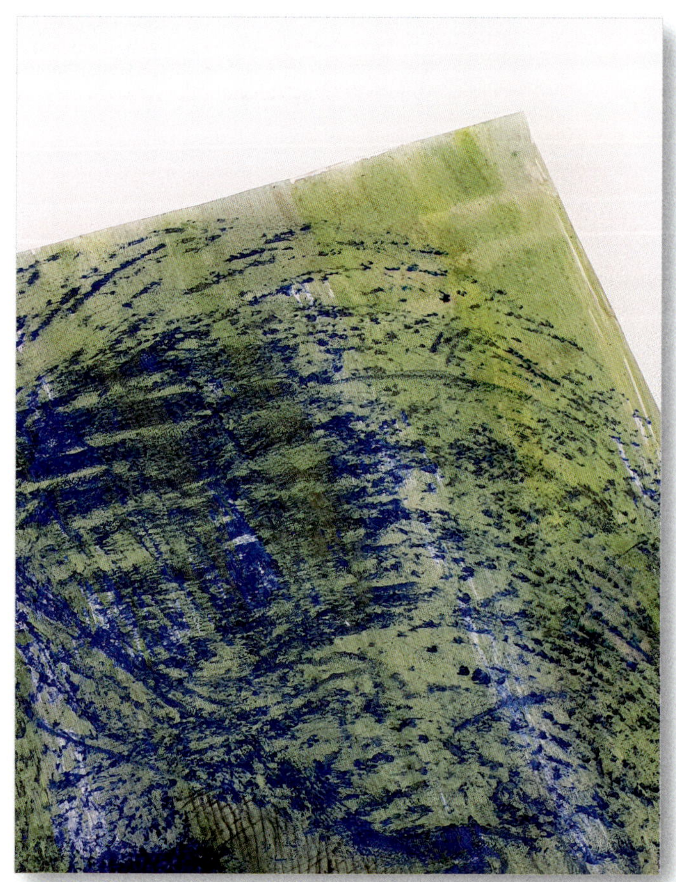

Fertige Ergebnisse

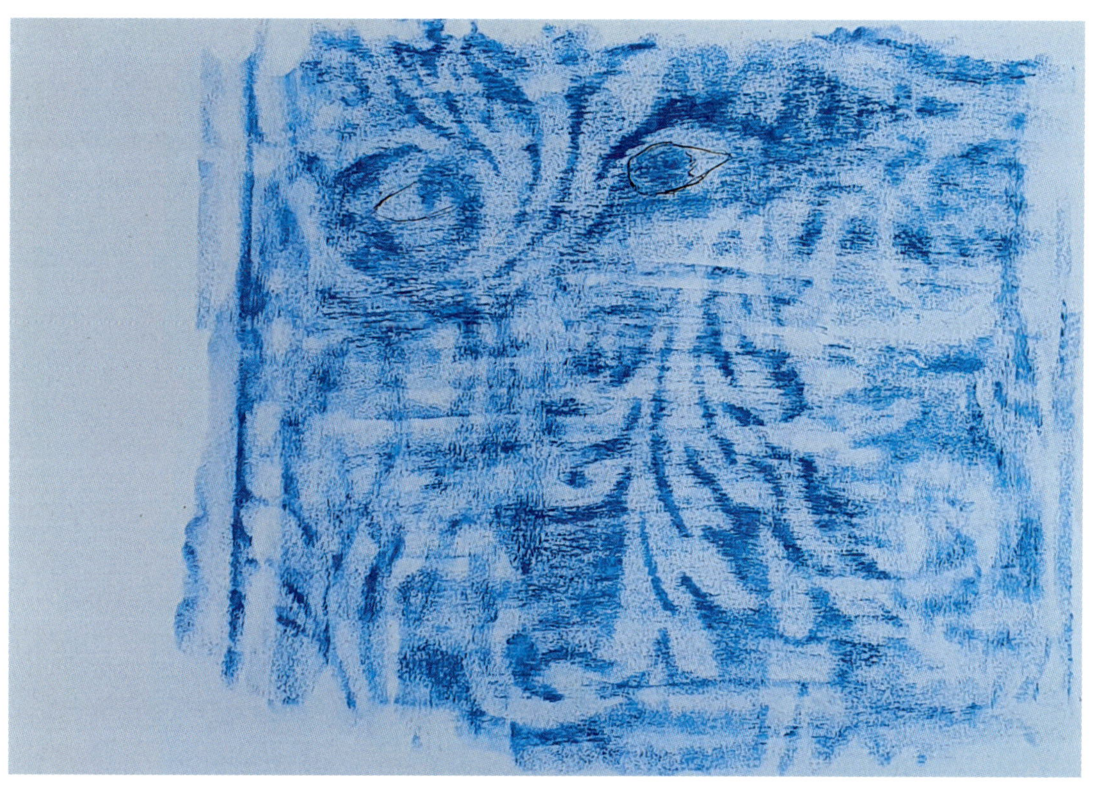

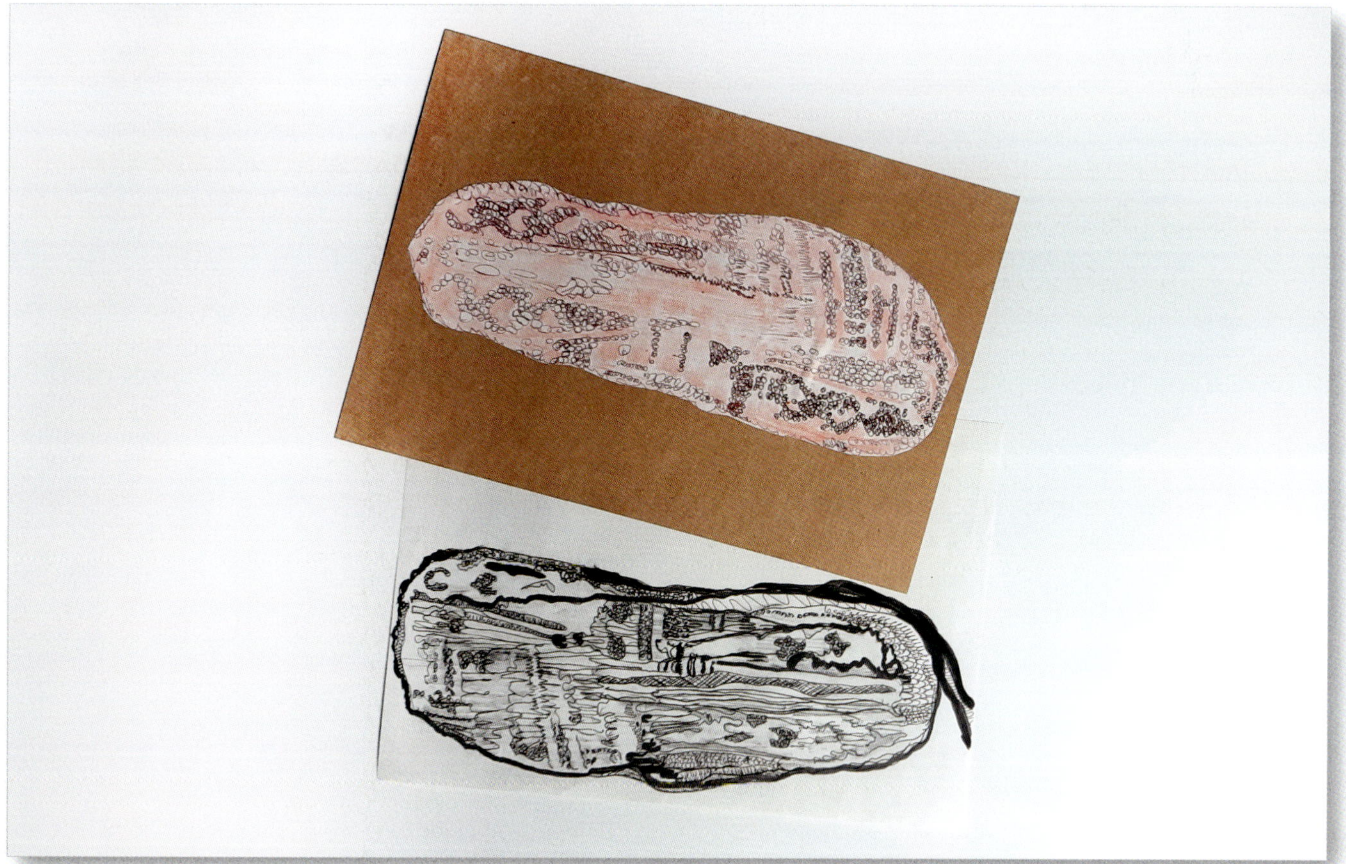

Malerei

Die Malerei wird als Kunst beschrieben, die sichtbare Welt, Empfindungen, Gedanken etc. mit Farben auf Flächen künstlerisch darzustellen. Bei dieser Kunst auf der Fläche hält der*die Maler*in seine*ihre Gedanken und Ideen auf verschiedenen Malgründen fest. Im Gegensatz dazu streicht und gestaltet der*die Maler*in und Lackierer*in als Handwerker*in Wohnräume, Böden, Fassaden, Möbel und vieles mehr. Welche Bedeutung die Definition von Malerei und die Unterscheidung von Kunst und Handwerk für diesen Themenblock haben, sei nachfolgend erläutert.
Der Anfang der Malerei geht auf Höhlenzeichnungen und Felsenritzbilder zurück (z. B. Höhle von Altamira oder El-Castillo-Höhle, beide in Spanien). Die Motive zeigen Tierdarstellungen und Jagdszenen. Später entstanden Wandbilder, Altarbilder und Illustrationen. Malen funktioniert nicht ohne Verwendung von Farben, die die Welt erst sichtbar machen, nicht ohne Malgründe, speziell vorbereitete Untergründe, die die Farben aufnehmen, wie verschiedenste Papiere, Pappen, Leinwand, Hartfaser-, Kunststoff-, Holz-, Metall- und Glasplatten, und nicht ohne bestimmte Techniken, wie z. B. Aquarell-, Gouache-, Deckfarben-, Acryl- oder Öl- und Pastellmalerei.

Die entstandenen Bilder bekommen ihren unverwechselbaren Charakter durch die unterschiedlichen Bindemittel, denn Farbe setzt sich aus Farbpigmenten und dem Bindemittel zusammen. Die Pigmente, die aus der Natur oder synthetisch gewonnen werden, sind nahezu gleich, die Bindemittel sehr verschieden. Temperafarbe wird mit Ei oder Kasein, Ölfarbe mit Leinöl, Aquarellfarbe mit Gummiarabikum, Acryl- und Dispersionsfarbe mit Kunststoffen gebunden. Durch die Verwendung von Pinsel, Spachtel oder sogar den Einsatz der Finger erhalten Malereien ihren unverwechselbaren Duktus, die Fingerspur der Kunstschaffenden. Die Arten des Farbauftrags in den Grundtechniken können deckend, halbdeckend, lasierend, nass-in-nass und gemischt sein. Die hier im Buch gewählten Themen stellen zum Teil Maltechniken auf ungewöhnlichen Untergründen vor oder unterschiedliche Maltechniken. Beim Deckfarbenthema z. B. ist die angewandte Technik die Décalcomanie, ein Farbabzugsverfahren, bei dem die Fantasie und Vorstellungskraft in den Vordergrund rücken.

Leuchttürme in Aquarell (1/2)

Malerei

Darum geht's

Die folgende Kunstaufgabe verbindet auf der malerischen Ebene zwei Themenschwerpunkte miteinander: zum einen die Technik der Aquarellmalerei und zum anderen eine schematische, kleingliedrige Aufteilung des Bildgrundes in viele Quadrate, die in ihrer Flächigkeit den Bildgrund, die Türme und deren Umgebung gestalten. Nur durch die Verwendung von zwei Farbfeldern, Gelb und Blau, sollen die Türme leuchten, sich vom Hintergrund durch den Hell-Dunkel-Kontrast abheben. Nach der Farbenlehre von Johannes Itten sind „Licht und Finsternis, Hell und Dunkel, als polare Kontraste für das menschliche Leben und die ganze Natur von großer, grundlegender Bedeutung" (Itten, Johannes: Kunst der Farbe, Christophorus Verlag, Gilching 2019, S. 37). Ein Leuchtturm sichert ebenfalls das menschliche (Über-)Leben.

Als Schifffahrtszeichen ist er mit einer Befeuerung (in der Seefahrt meint dies ortsfeste Licht- oder Funksignale zur Navigation) versehen und dadurch nachts weithin sichtbar. Der Leuchtturm bringt durch seine Lichtsignale nicht nur den Seeleuten Licht und Orientierung in dunkler Nacht. Leuchtfeuer helfen bei der Positionsbestimmung, warnen vor Untiefen und markieren das Fahrwasser.

Ein Aquarell ist ein mit wasserlöslichen, nicht deckenden Farben angefertigtes Bild, dessen Malgrund, wie z. B. Papier, angeraut und pergamentgleich durch die aufgetragenen Farben hindurchschimmert. Farbmischungen entstehen durch das Übereinanderschichten, behalten aber ihre Transparenz. Sehr gute Ergebnisse können mit den günstigen Schulaquarellfarben und -pinseln und einem einfachen Aquarellpapierblock erreicht werden.

Vor Beginn des praktischen Teils ist ein kleiner Exkurs, eine Bildbetrachtung mit Werken des Malers Paul Klee, empfehlenswert, der Hochschullehrer am Bauhaus in Weimar und Dessau war und später an der Kunsthochschule in Düsseldorf lehrte.

Klee hat die Entwicklung der modernen Kunst stark geprägt, weil sein Werk, so vielschichtig wie es war, bis heute viele Künstler*innen beeinflusst. Klees Mutter war Schweizerin, sein Vater deutscher Musiklehrer. Paul Klee blieb neben der Malerei sein ganzes Leben lang auch der Musik verbunden: Er spielte ausgezeichnet Geige.

Klee ging mit 20 Jahren nach München in die Privatmalschule von Heinrich Knirr und wurde 1900 zur Kunstakademie zugelassen. Später schrieb Klee viele Aufsätze über Farbe und Licht.

Er ging nach Tunesien und hielt seine Eindrücke in zahlreichen Aquarellen fest. Die Farbwerte behandelte er oft wie Noten, umgesetzt in „magischen Quadraten". Für Klee gibt Kunst nicht das Sichtbare wieder, sondern sie macht Dinge sichtbar, wie er es in einem seiner Aufsätze 1918 festhielt. Ein geeignetes Bildbeispiel, welches all das aufgreift, ist der „Bauchredner und Rufer im Moor", 1923, Aquarell, 39 x 29 cm; Galerie Berggruen, Paris.

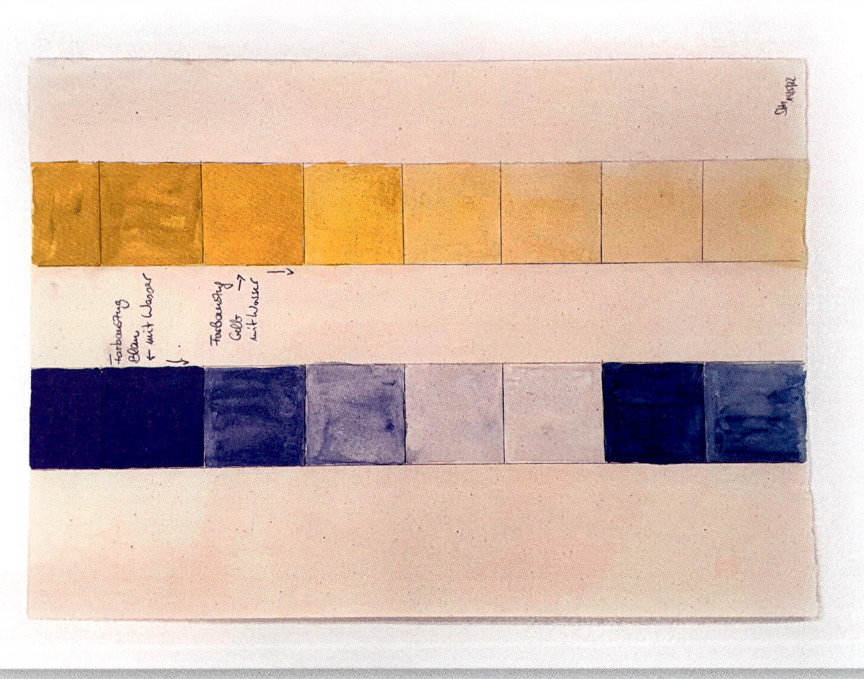

Farbauszug zur Vorbereitung der „Leuchttürme"

Leuchttürme in Aquarell (2/2)

Malerei

Material:

pro Schüler*in
- Aquarellpapier, DIN A4
- Bleistift, Anspitzer, Radiergummi, Lineal
- Schulaquarellfarben
- Haarpinsel, Nr. 8 und 10
- Kreppband
- Pralinenschachteleinsatz/Pappteller
- Küchentücher, Putzrolle oder Mallappen
- Schürze/altes Hemd

weiterhin:
- 1 Haartrockner pro Tischgruppe
- Werke von Paul Klee als Postkarten o. Ä.
- fertige „Leuchttürme" als Demo-Version zur Veranschaulichung

Dauer:

3 Doppelstunden

Klasse:

8–10

Ziele:

Die Schüler*innen ...
- lernen an den Werken des Künstlers Paul Klee die Brillanz transparenter Farbigkeit sowie den Hell-Dunkel-Kontrast kennen.
- entwerfen das Motiv unter Beachtung der Vorgaben auf Aquarellpapier.
- üben die Herstellung von wässrigen Lasuren und füllen die einzelnen Quadrate der Leuchttürme mit gelben und blauen Lasuren.

Vorbereitung:

Für den Einstieg in das Thema ist es sinnvoll, einige Kunstpostkarten mit Aquarellen von Klee, auf OHP-Folie kopierte Werke oder digitale Bilder zu präsentieren. Materialien, wie Schulaquarellfarben, Pinsel und Papiere haben die Schüler*innen entweder selbst oder sie werden ihnen gegen einen kleinen Betrag zur Verfügung gestellt. Außerdem ist es zweckmäßig, eine Küchenrolle, einen Karton mit Mallappen oder eine Putzrolle und Kreppband bereitzuhalten.
Darüber hinaus wird pro Tischgruppe eine Mehrfachsteckdose mit langem Kabel und ein Haartrockner für die Einrichtung einer Föhnstation benötigt.

So geht's:

Beginnen Sie mit einer Vorübung, bei der auf zwei Farbstreifen mit jeweils sechs bis acht Feldern (3x3 cm groß) die Farben Gelb und Blau immer weiter ausgezogen, d. h. verdünnt werden. Der Pralinenschachteleinatz bzw. Pappteller kann hierbei zum Mischen verwendet werden. Durch das stetige Verdünnen soll schließlich die größtmögliche Transparenz der Farben entstehen und der Untergrund durchscheinen. Bereiten Sie hierzu gerne ein Demo-Blatt vor oder nutzen Sie eine Tafelskizze. Der Farbauftrag ist nicht deckend, sondern es geht um eine „gesteuerte Farbverdünnung" mit etwas mehr Wasser. Nach der Vorübung zeichnen die Schüler*innen ihre Leuchttürme mit Bleistift und Lineal auf und beginnen mit dem Farbauftrag. Damit die einzelnen Farben nicht ineinanderlaufen, muss Feld für Feld gearbeitet werden. Dabei wird dann das danebenliegende zunächst ausgespart oder die Felder werden mit dem Haartrockner an der „Trockenstation" getrocknet. Sowohl bei der Vorübung als auch bei der eigentlichen Malaufgabe wird das Aquarellpapier vor dem Verrutschen geschützt, indem es mit Kreppband auf der Tischplatte befestigt wird.

Tipp:

Lassen Sie das Aquarellpapier an allen vier Seiten rundum schmal mit Kreppband am Tisch befestigen. Das ergibt einen schönen Rand und das Papier wellt sich nicht.

Leuchttürme in Aquarell

Fertiges Ergebnis

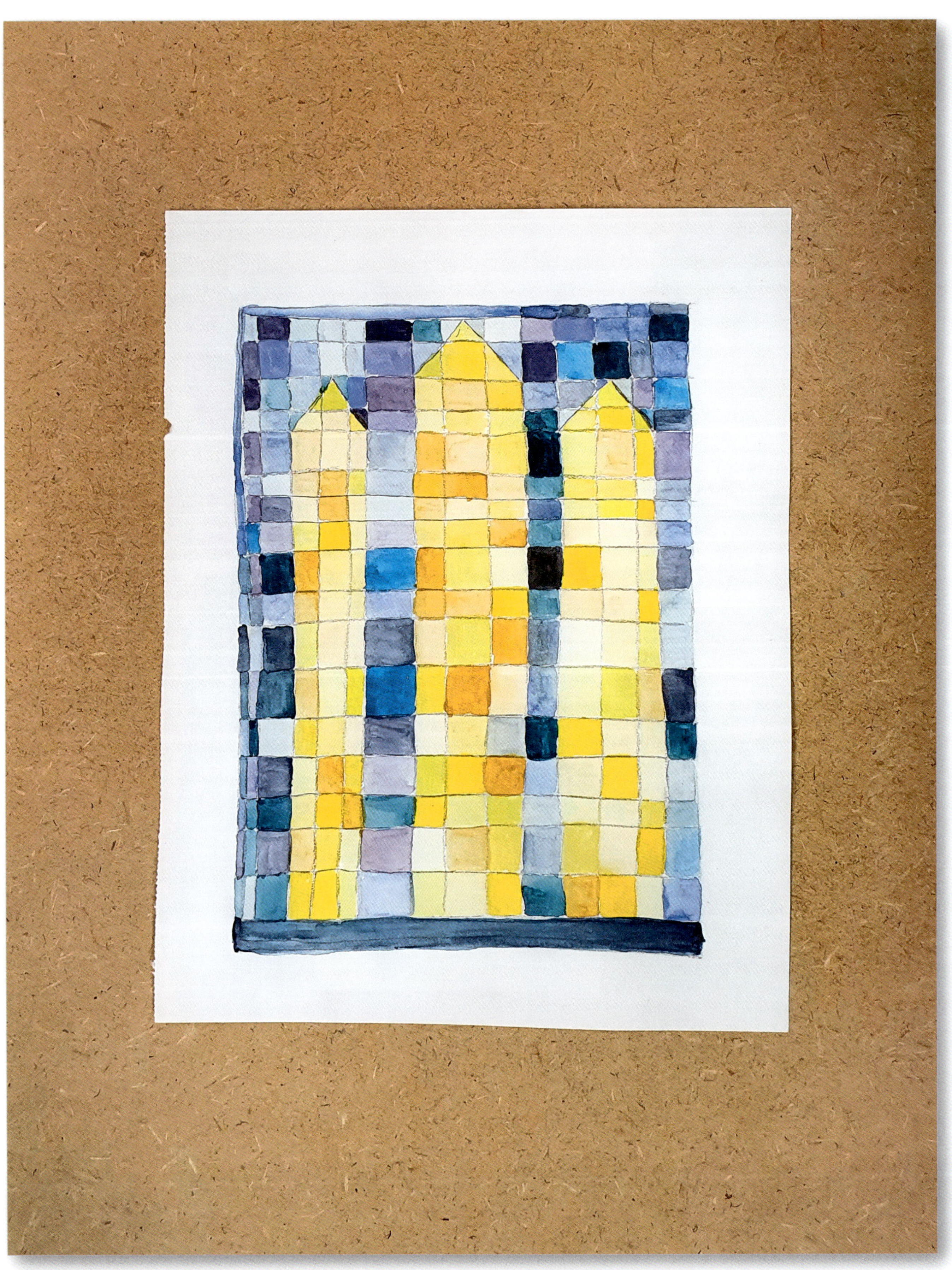

Im Gräserwald (1/3)

Darum geht's

Der Gräserwald ist eine farbige Angelegenheit in Varianten von Grün. Er wird großformatig mit Temperafarben und Filzstiften gearbeitet. Sie können die Gestaltung – entsprechend differenziert – in den Klassenstufen 5 bis 10 durchführen. Altersmäßig gibt es da keine Grenzen. Nähern Sie sich dem Thema „Gras" einmal ganz konkret und stellen Sie fest, wie viele verschiedene Arten von Gräsern es gibt: Süßgräser, Sauergräser, Wildgräser … – alle jeweils mit zahlreichen Unterarten. Gräser sind Pionierpflanzen und gehören zu den ältesten bekannten Nutzpflanzen. Sie können alte und verfallene Gebäude überwachsen oder werden in Island als Grastorfsoden zum Dachdecken (Gründach) genutzt. Sie sind Grundnahrungsmittel und Viehfutter. Spannend ist ebenso die Herkunft des Wortes „Gras", die vermutlich auf die alte indoeuropäische Silbe „ghr", die „wachsen" bedeutet, zurückzuführen ist und sich heute noch im englischen Wort „grow" wiederfindet. Auch die Bezeichnung der Farbe „Grün" lässt sich hiervon ableiten, was mich auf die Idee brachte, Gräser mit ihren feingliedrigen, bizarren sowie filigranen Strukturen genauer unter die Lupe zu nehmen und in Formen und Grüntönen zu schwelgen. Falls Sie die Arbeit im Sommer umsetzen, gehen Sie mit Ihrer Lerngruppe in die Natur, lassen Gräser sammeln und bei einem „Sit-in" auf einer Wiese Skizzen anfertigen. Sie können ebenso das Bild „Das große Rasenstück" von Albrecht Dürer zum Einstieg wählen, das der Maler 1503 als Aquarell mit Deckfarben gemalt hat. Es ist nur 40,8 x 31,5 cm groß und hängt in der Albertina in Wien.
Es gehört neben dem „Feldhasen" zu seinen bekanntesten Naturstudien. Bevor Sie mit der Hauptaufgabe starten, lassen Sie die Schüler*innen als Vorübung Grüntöne aus Illustrierten sammeln, die dann in eine Tabelle geklebt und malerisch nachempfunden werden. Dadurch wird die Fähigkeit der Schüler*innen, feine Zwischentöne zu erkennen, geschult.

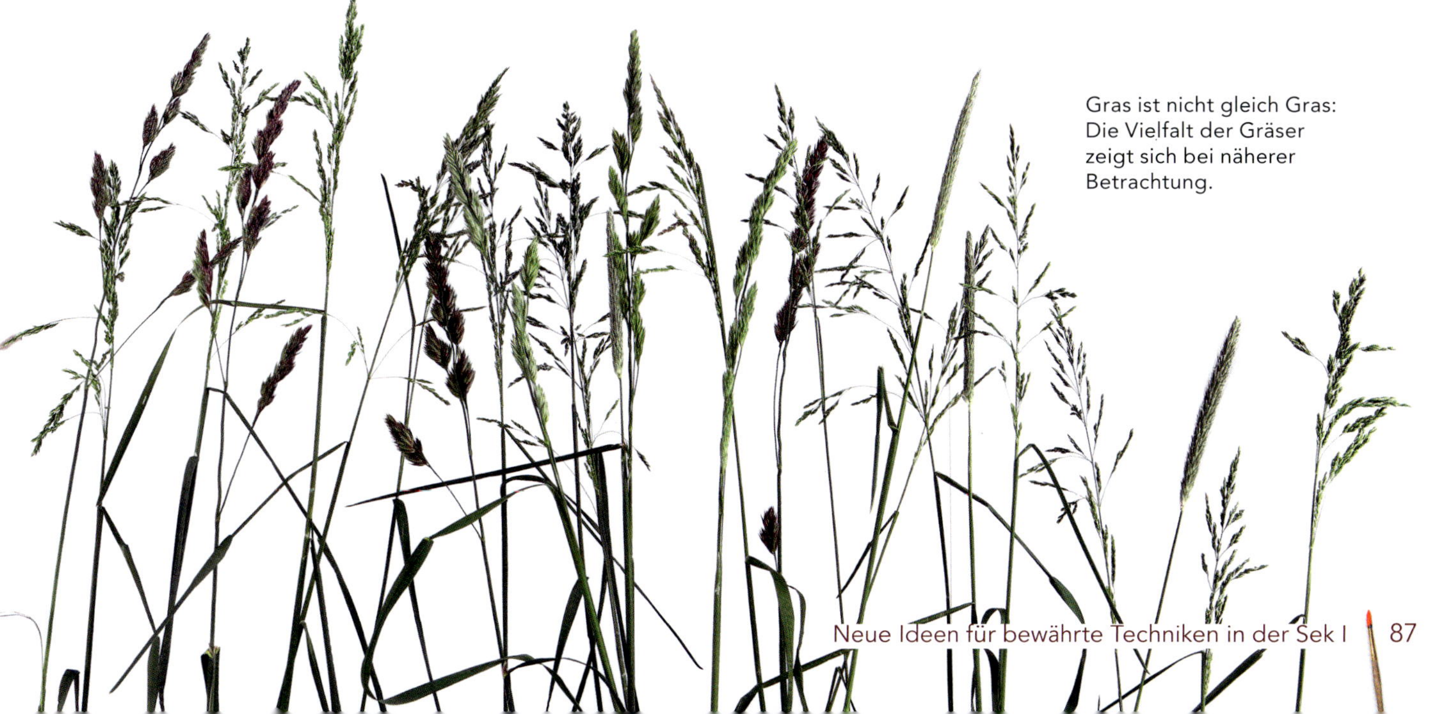

Gras ist nicht gleich Gras: Die Vielfalt der Gräser zeigt sich bei näherer Betrachtung.

Im Gräserwald (2/3)

Material:

pro Schüler*in

- Universalblock, DIN A3
- Bleistift, Radiergummi, Lineal, Schere, Klebestift
- schwarzer Filzstift oder Fineliner
- feine Haar- und Borstenpinsel
- Schultemperafarben in Grüntönen, Weiß und Schwarz
- Küchentücher, Putzrolle oder Mallappen
- Schürze/altes Hemd
- Vorlage „Gräser" (siehe S. 91)
- „Das große Rasenstück" von Albrecht Dürer als Postkarte, Kunstdruck o. Ä. zur Einführung

Dauer:

bis zu 3 Doppelstunden

Klasse:

ab Klasse 5

Ziele:

Die Schüler*innen …

- sammeln Grüntöne aus Illustrierten und erstellen eine Farbpalette mit Temperafarben.
- überzeichnen die Gräser aus der Vorlage mit Filzstift und zeichnen weitere hinzu.
- kleben die Gräser auf das Zeichenblatt.
- ergänzen weitere Gräser und gliedern den Bildgrund durch schmale Farbflächen.
- füllen die Binnenstrukturen, entsprechend ihrer angefertigten Farbskala, aus.

Vorbereitung:

Die Vorbereitung erfordert nur ganz wenig Aufwand. Stellen Sie Farben, Pinsel, Papier und alte Illustrierte bereit oder lassen Sie diese durch die Schüler*innen mitbringen und Sie können gleich mit der Vorübung starten. Zeigen Sie den Schüler*innen „Das große Rasenstück" von Albrecht Dürer per Beamer/Whiteboard oder beschaffen Sie den entsprechenden Kunstdruck. Manchmal stehen auch Kunstpostkarten mit dem benötigten Motiv zur Verfügung. Wenn Sie auf Postkarten oder Kunstdrucke zurückgreifen, ist jeweils eine bzw. einer davon pro Tischgruppe sinnvoll. Teilstücke können ebenfalls in die Bildaufgabe einbezogen werden.

So geht's:

Erörtern Sie in einem Unterrichtsgespräch die zahlreichen Farbabstufungen von Grün und richten Sie zunächst an der Tafel eine Farbskala mit Grüntönen aus Illustrierten ein.
Lassen Sie die Farben mit Worten beschreiben: Grasgrün, Maigrün, Hellgrün, Dunkelgrün, Türkis usw. Dann entwickeln die Schüler*innen ihre ganz individuelle Farbpalette mit Temperafarben. Erst danach geht es an die malerische Umsetzung der Hauptaufgabe. Achten Sie darauf, dass die einzelnen Farbflächen nicht zu kleinteilig skizziert werden.
Die Gestaltung lebt vom Gegensatz zwischen grüntönigen Farben und den mit feinem Filzstift (nach-)gezeichneten Gräsern, deren feine Puschel und Federbüschel sich in den Vordergrund spielen. Für die kleine Zwischenmotivation ist es ganz schön, die grüne Tafel als Bildgrund zu nehmen und alle Schüler*innen der Lerngruppe der Reihe nach aufzufordern, jeweils ihr interessantestes Gras zu skizzieren. So entsteht ganz nebenbei ein Klassen-Graswald! Als Vorlage für die Gräser können die Schüler*innen die Kopiervorlage „Gräser" (siehe S. 91) nutzen und die Komposition durch eigene Gras-Varianten ergänzen.

Im Gräserwald (3/3)

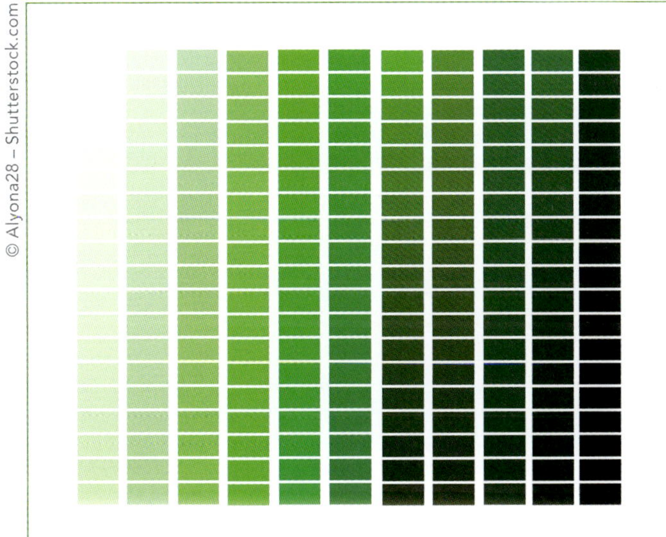

Unglaublich reichhaltig und dennoch nur ein kleiner Auszug möglicher Grüntöne

Tipp/Variation:

Eine schöne Variante bietet eine großflächige Gestaltung des „Gräserwaldes" mit Acrylfarben und breiten Borstenpinseln auf Tapetenbahnen. Sie können die Bahnen gemeinsam aneinanderfügen und es entsteht eine Art Theaterkulisse: Eine Rückwand aus Gras wie ein Wandbehang, der an Urban Gardening anknüpft. Oder Sie präsentieren einen Grasteppich oder -weg, der so selten ist, dass er nicht betreten werden darf, auf einer geeigneten Fläche im Schulgebäude. – Ihrer Fantasie sind da keine Grenzen gesetzt.

Tafelbild: Bezeichnungen für unterschiedliche Grüntöne

Maigrün	Gelbgrün	Giftgrün	Blaugrün	Lindgrün	Apfelgrün
Limettengrün	Lodengrün	Moosgrün	Grasgrün	Smaragdgrün	Flaschengrün
Neongrün	Graugrün	Hellgrün	Dunkelgrün	Kiwigrün	Minzgrün
Blattgrün	Olivgrün	Tannengrün	Türkis	Seegrün	Salbeigrün

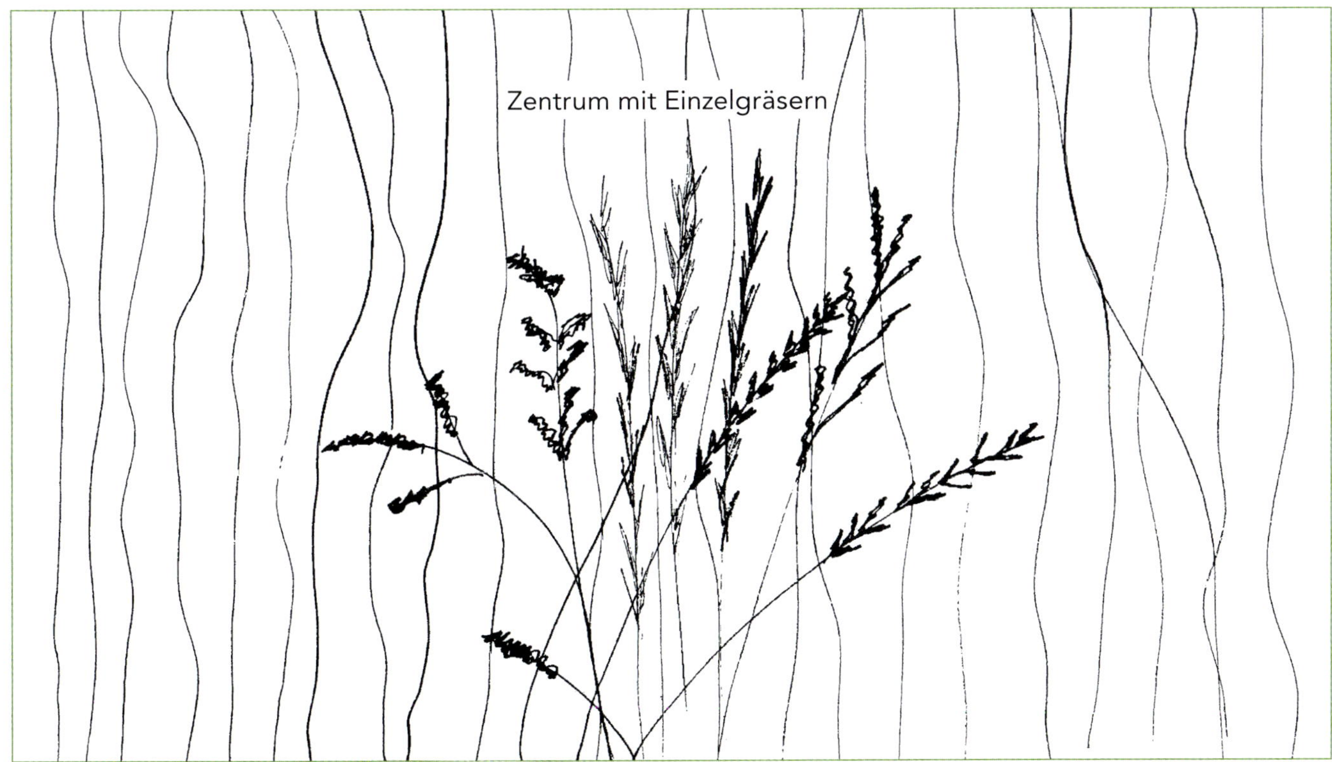

Skizze: Gräserwald – Bildgrund

Im Gräserwald

Malerei

Fertiges Ergebnis

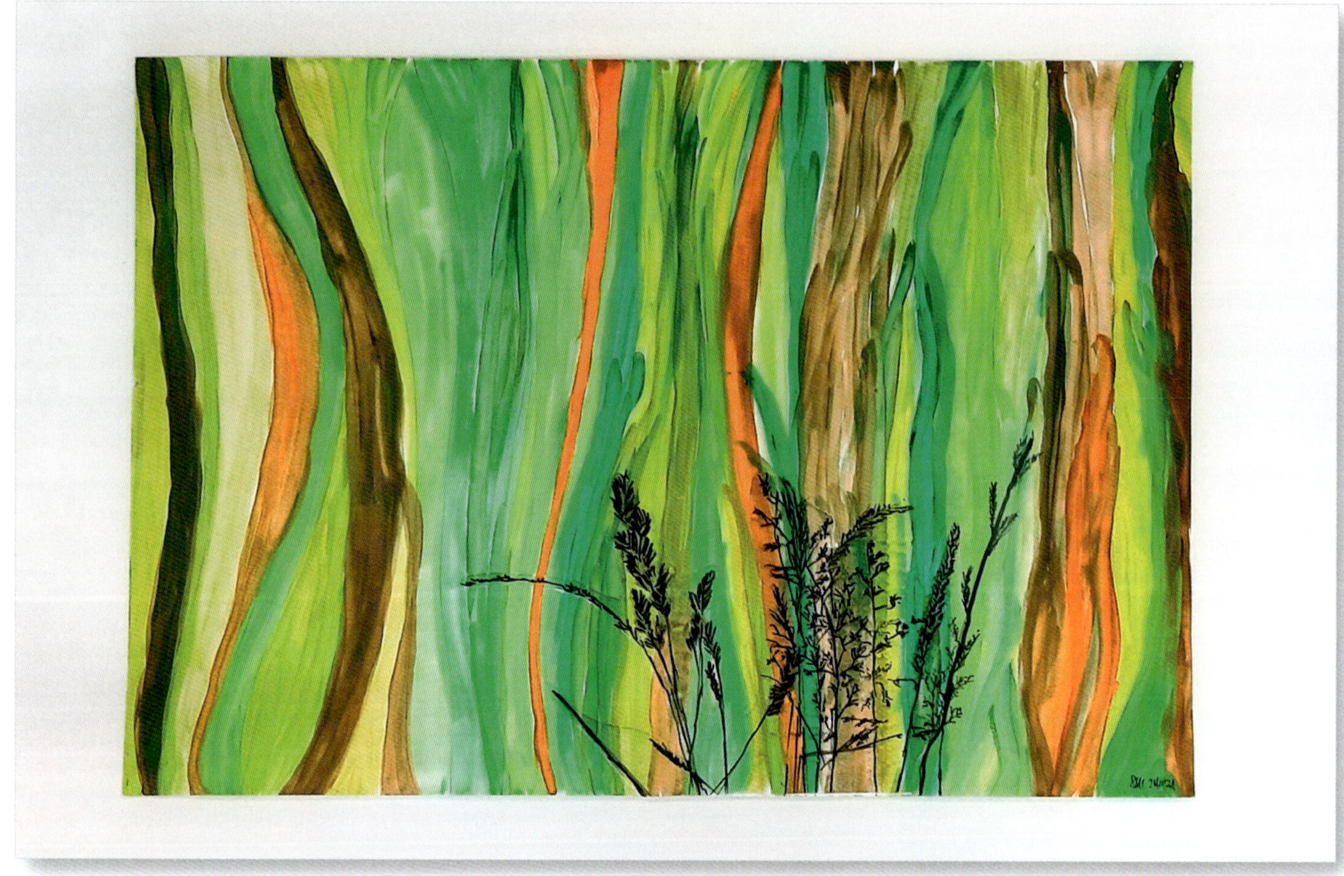

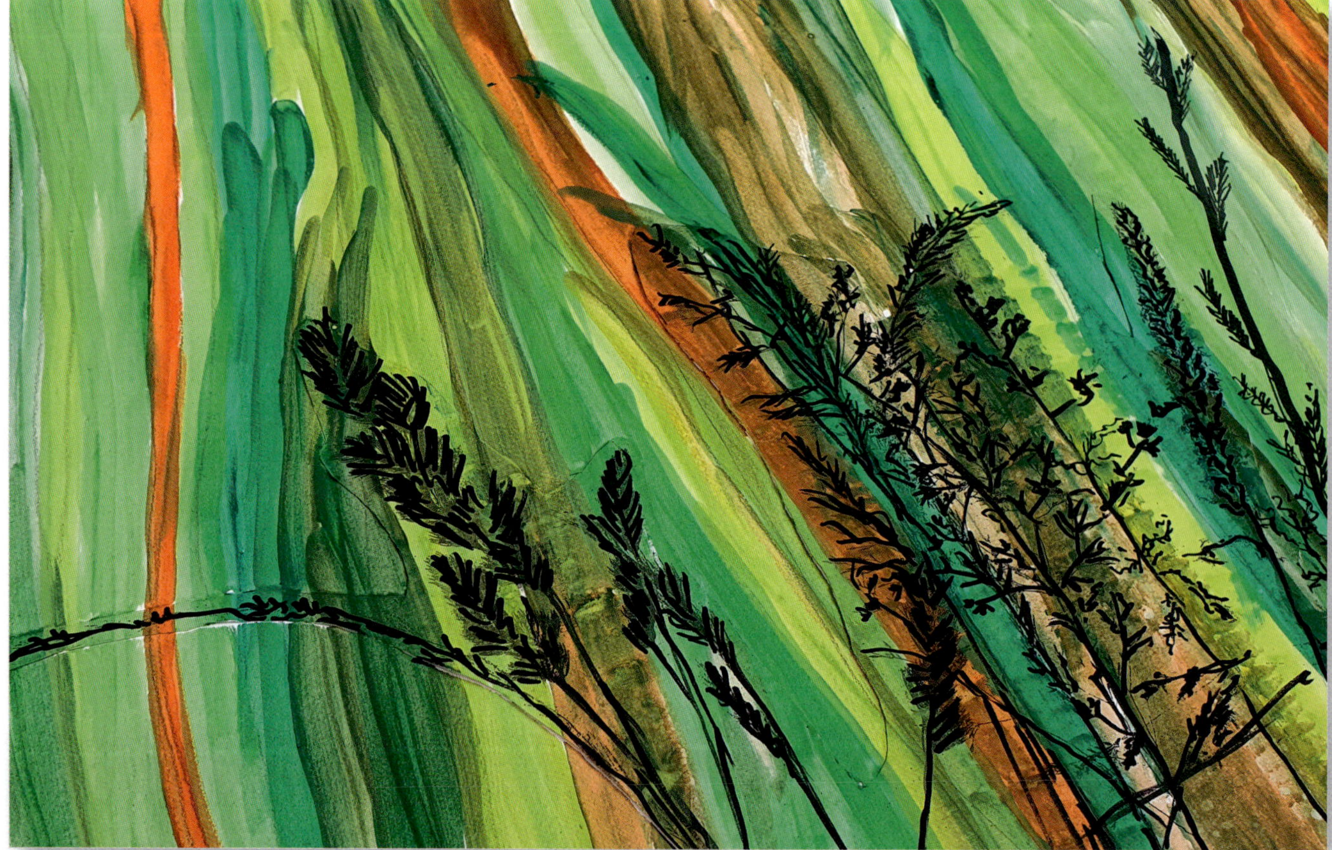

Im Gräserwald

Malerei

Kopiervorlage „Gräser"

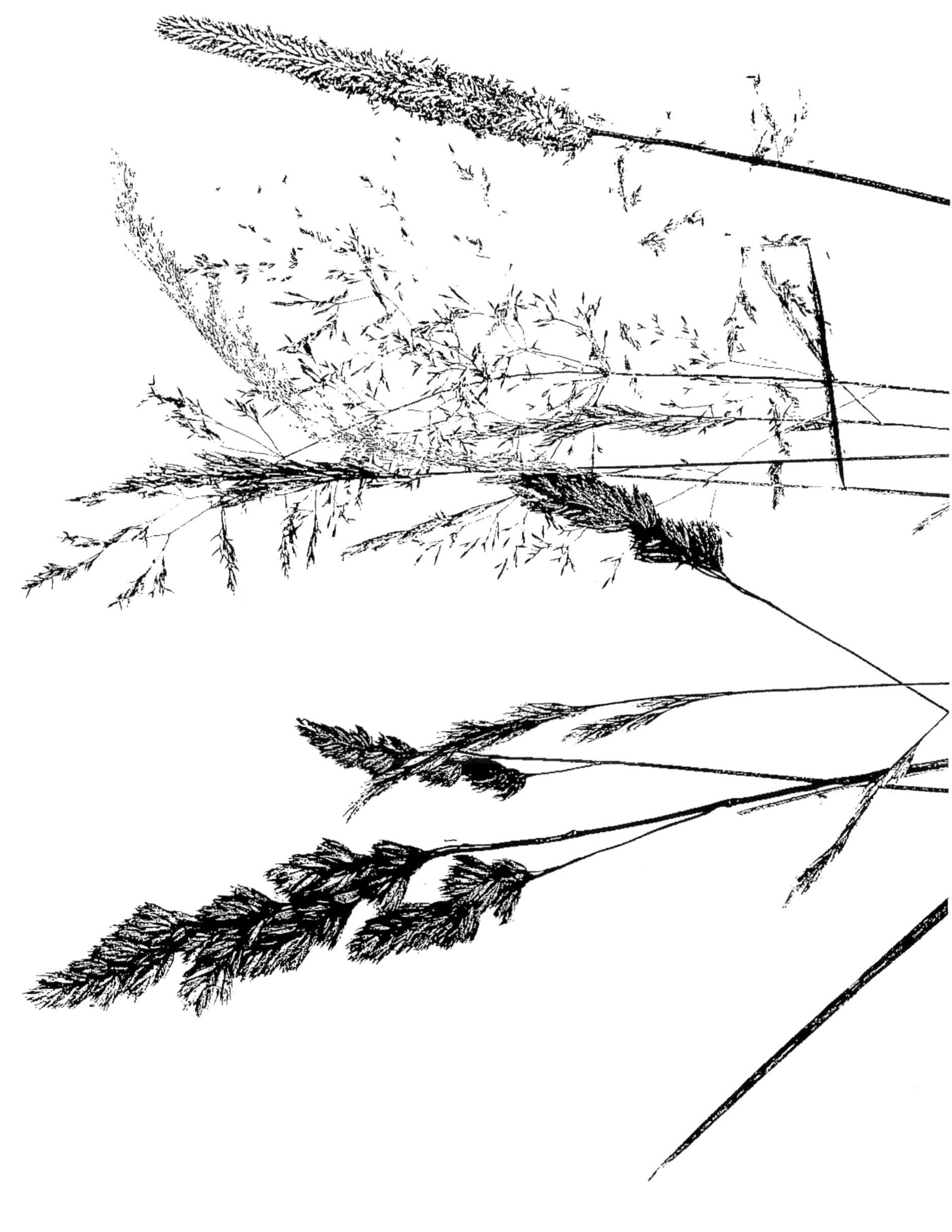

Expressives Malen: Schmetterling im Blütenmeer (1/3)

Malerei

Darum geht's

Für diese rein malerische Aufgabe habe ich als Ausgangsbasis Schmetterlinge aus einer ehemaligen Schulwandkarte ausgeschnitten. Ähnlich nostalgisch anmutende Schmetterlinge finden Sie auf der Kopiervorlage auf S. 96. Sie können diese den Schüler*innen als Farbkopie zur Verfügung stellen. Dann ist der Anfang für die Bildgestaltung bereits gemacht. Mit einer Graupappe als Bildgrund, Schultemperafarben, dicken Borstenpinseln und leiser sphärischer Musik im Hintergrund, die beim Malen Kreativität, Duktus und ein Ins-Tun-Kommen auf ganz ungewöhnliche Art und Weise fördert, wird die Umsetzung zum Selbstläufer. Meine Schüler*innen haben sich immer wieder ruhige Musik im Unterricht gewünscht und wir hatten dadurch alle gemeinsam eine gute Zeit zum Runterkommen, zum Abschalten, zum Loslassen. – Herrlich! Versuchen Sie es einmal selbst, indem Sie eine Atelier-Atmosphäre schaffen! Stimmen Sie die Gruppe mit Bildern von Ernst Wilhelm Ney, Emil Noldes Sommerblumen oder van Goghs Sonnenblumen in die Bildaufgabe ein. Es geht um freies Malen mit dem Farbe-an-sich-Kontrast, dem Verstecken des Schmetterlings im Blütenmeer, jedoch ohne diesen zu übermalen. Damit die Kunstwerke technisch gut gelingen, ist eine Vorübung mit dem Borstenpinsel vorgesehen. Für die Arbeit mit Borstenpinseln eignet sich das Format DIN A2 gut, da es ein großflächiges Arbeiten erlaubt.

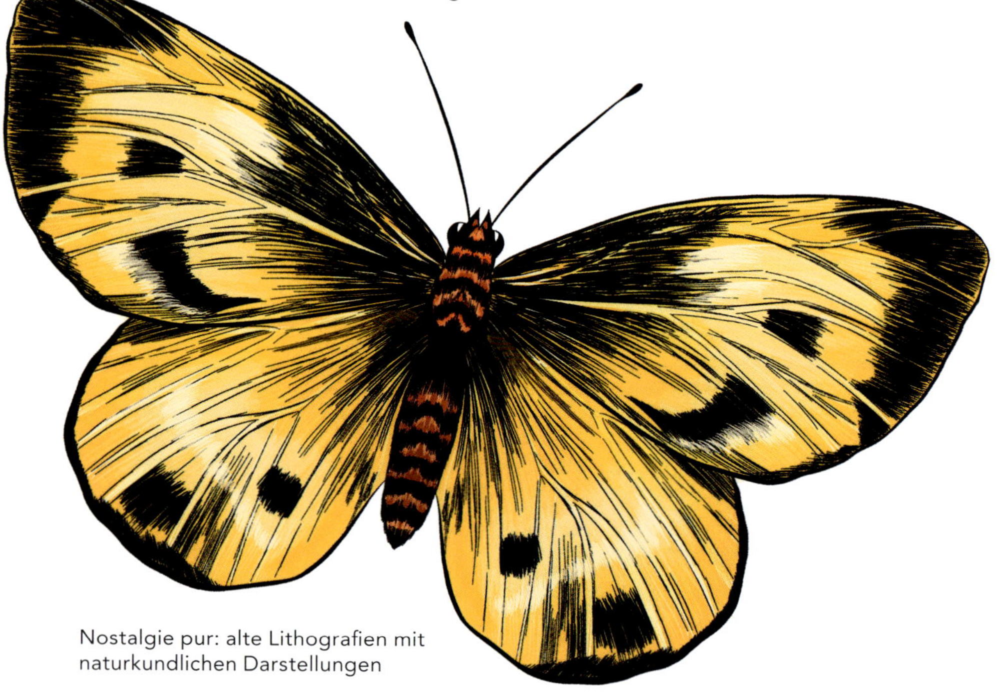

Nostalgie pur: alte Lithografien mit naturkundlichen Darstellungen

Expressives Malen: Schmetterling im Blütenmeer (2/3)

Material:

pro Schüler*in

- Graupappe, DIN A2
- Universalblock, DIN A4
- Schultemperafarben
- Borstenpinsel, Nr. 4, 10, 18
- Klebestift, Bleistift, Radiergummi, Kreppband
- Vorlage „Schmetterlinge" (siehe S. 96)
- Pappteller oder Palette-Papier
- Küchentücher, Putzrolle oder Mallappen
- Schürze oder altes Hemd

weiterhin:

- ruhige Musik und ein Smartphone als Abspielgerät
- Werke von Ernst Wilhelm Ney, Emil Noldes Blumengemälde oder die Sonnenblumen von van Gogh als Postkarten, Kunstdrucke o. Ä. zur Einstimmung

Vorbereitung:

Stellen Sie für diese Unterrichtseinheit die Graupappe, die Temperafarben und die Borstenpinsel zur Verfügung. Alle übrigen Dinge sind bereits im Kunstraum vorhanden oder werden von den Schüler*innen mitgebracht. Wenn Sie etwas Verantwortung abgeben möchten und einen Kurs bereits über ein halbes Jahr unterrichten, bestimmen Sie kleine Teams im Wechsel, die Sie jeweils bei der Vorbereitung und der Aufräumphase unterstützen. Das entlastet.

Für die Pinsel-Vorübung lassen Sie die Schüler*innen je ein DIN-A4-Zeichenblatt mit Kreppband direkt auf dem Tisch befestigen und je einen Borstenpinsel, etwas Temperafarbe in ausgewähltem Farbton und einen Becher mit Wasser vorbereiten. Nutzen Sie zur Durchführung der Pinsel-Übung die Impulskarte unten. Rechnen Sie für die Pinsel-Übung etwa 20 Minuten ein.

Dauer:

2 Doppelstunden

Klasse:

8–10

Ziele:

Die Schüler*innen …

- lernen durch eine Impulsübung die malerische Bandbreite von Borstenpinseln kennen.
- wählen eine Position für den Schmetterling auf dem Bildgrund und skizzieren ein Blütenmeer.
- gestalten das Blütenmeer und ergänzen Details.

Lasse den gefüllten Borstenpinsel quer über dein Blatt laufen, ohne abzusetzen.

Tupfe nur mit der Pinselspitze schnell eine Reihe „Pinselspitzen" auf dein Blatt.

Nimm erneut Farbe auf und drücke die Flachseite immer wieder nebeneinander.

Drehe den Pinsel in deiner Hand und rolle die Flachseite über das Papier.

Nimm den Pinsel mit frischer Farbe in beide Hände und drehe ihn über die Fläche.

Führe die Pinselspitze mit leichtem Druck und kleinen Schwingungen ohne Absetzen über das Papier.

Setze den Pinsel fächerförmig mit etwas Druck immer wieder nebeneinander auf.

IMPULSFRAGEN:
Du bist erstaunt, welche Spuren dein Pinsel hinterlassen hat?
Wo begegnen dir solche Spuren und woran erinnern sie dich?

Male dein eigenes Spurenbild: Raumfahrzeugspuren auf dem Mars.

Expressives Malen: Schmetterling im Blütenmeer (3/3)

So geht's:

Integrieren Sie vor Beginn der Hauptarbeit die Vorübung zur effektiven Handhabung des Borstenpinsels. Durch die Übung können die Schüler*innen ihre Hände optimal für den Pinseleinsatz lockern und die Angst vor dem leeren Blatt und der ersten Berührung mit dem Bildgrund kommt erst gar nicht auf. Zusätzlich können Sie eine praktische, einfarbige Arbeit in der ersten Doppelstunde anschließen („Male dein eigenes Spurenbild" → siehe Impulskarte). Schließen Sie erst danach das Hauptthema an.

Wenn alle Arbeitsplätze vorbereitet sind, stellen Sie die sphärische oder entspannende Musik an und es kann losgehen! Beraten Sie Ihre Lerngruppe bei der Vorzeichnung auf der Graupappe dahin gehend, nicht zu kleinteilig zu arbeiten: Einige wenige Blüten plus Schmetterling oder Schmetterling und Raupe sollten ausreichen. Da die Temperafarben nicht ganz so schnell trocknen, kann zwar zügig, entsprechend dem Rhythmus der Musik, gemalt werden, trotzdem lassen sich die Farben noch eine Zeit lang auf dem Bildgrund mischen und bearbeiten. Es geht hier nicht um minutiöses Ausmalen der Bildflächen wie in einem Malbuch, sondern eher um eine expressive Malweise, die den einzelnen Pinselstrich gewollt erkennbar lässt. Dadurch entsteht eine wunderbare Spannung, die dem Bildausdruck der gezeigten Bilder von van Gogh oder Nolde ein wenig ähnlich sein dürfte. Seien Sie im Hintergrund beratend und unterstützend präsent, geben Sie Hilfestellungen und gehen Sie dabei aufmerksam durch die Reihen. Malen Sie niemals unaufgefordert in das Bild eines Schülers oder einer Schülerin hinein – auch nicht als Hilfestellung! Jedes Bild soll seine individuelle Sprache sprechen. Wenn Sie etwas zeigen oder vermitteln wollen, tun Sie das auf einem Extrablatt.

Tipp/Variation:

Arbeiten Sie fächerübergreifend mit dem Fach Biologie: Eine schöne Idee für eine Anschlussarbeit ist das Thema „Tarnung in der Natur", welches in gleicher Technik umgesetzt werden kann. Welche Tiere tarnen sich und wodurch? Ein Frosch auf einem Seerosenblatt oder ein Reh im Wald stellen z. B. tolle Motive dar.

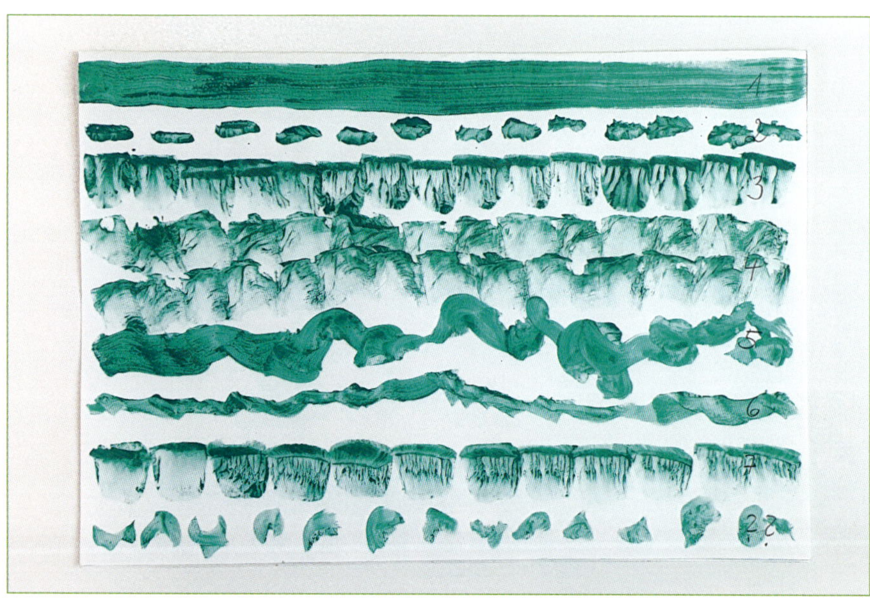

Vorübungen mit Borstenpinsel

Expressives Malen: Schmetterling im Blütenmeer

Fertige Ergebnisse

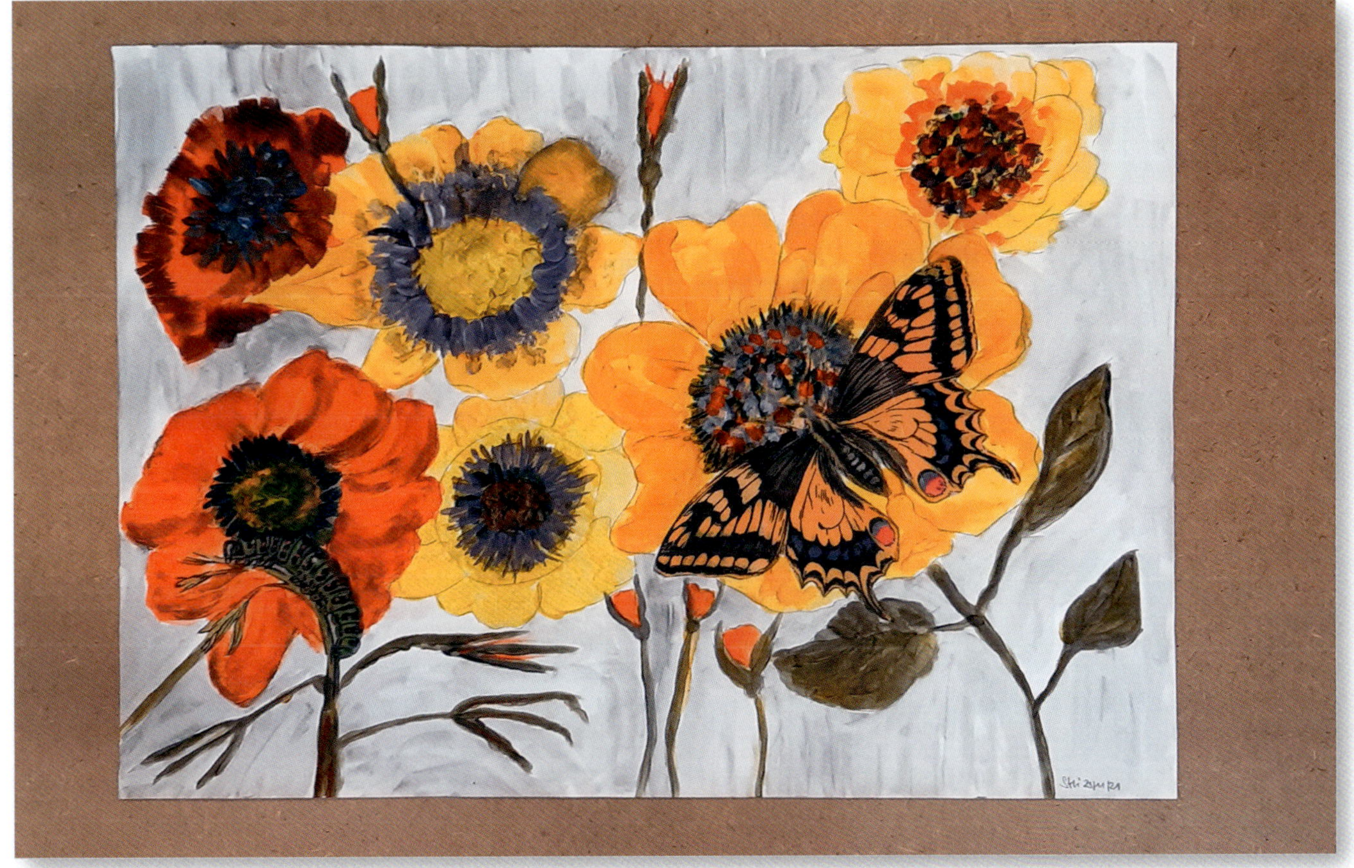

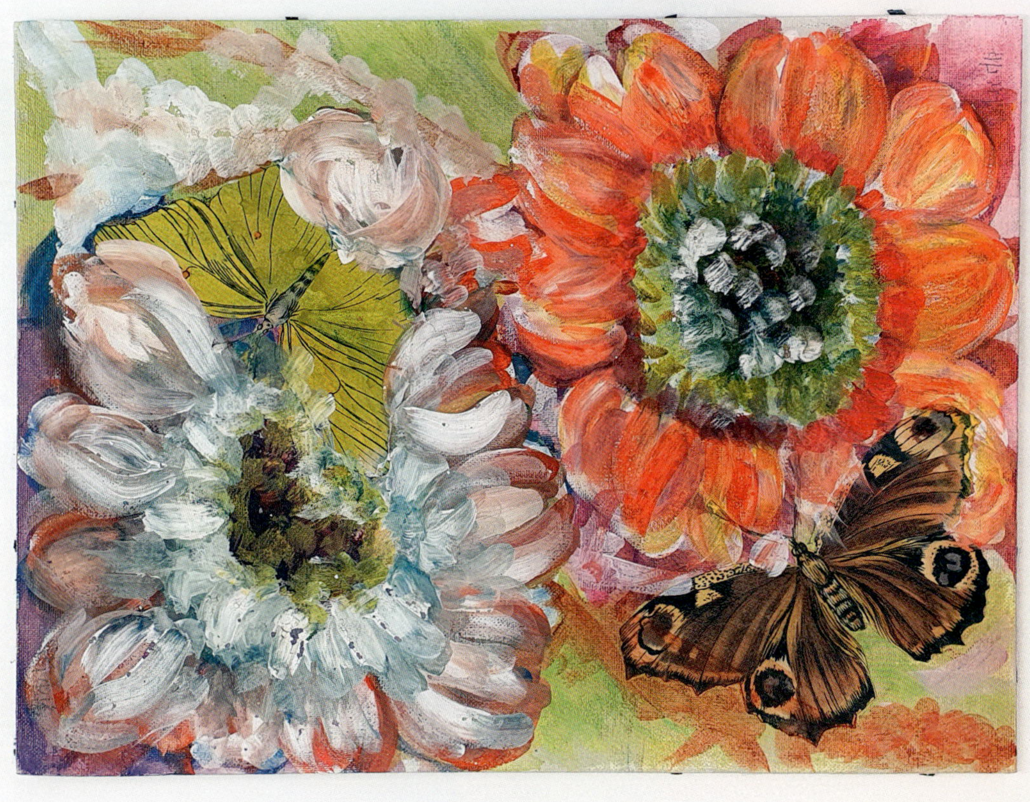

Expressives Malen: Schmetterling im Blütenmeer

Malerei

Kopiervorlage „Schmetterlinge"

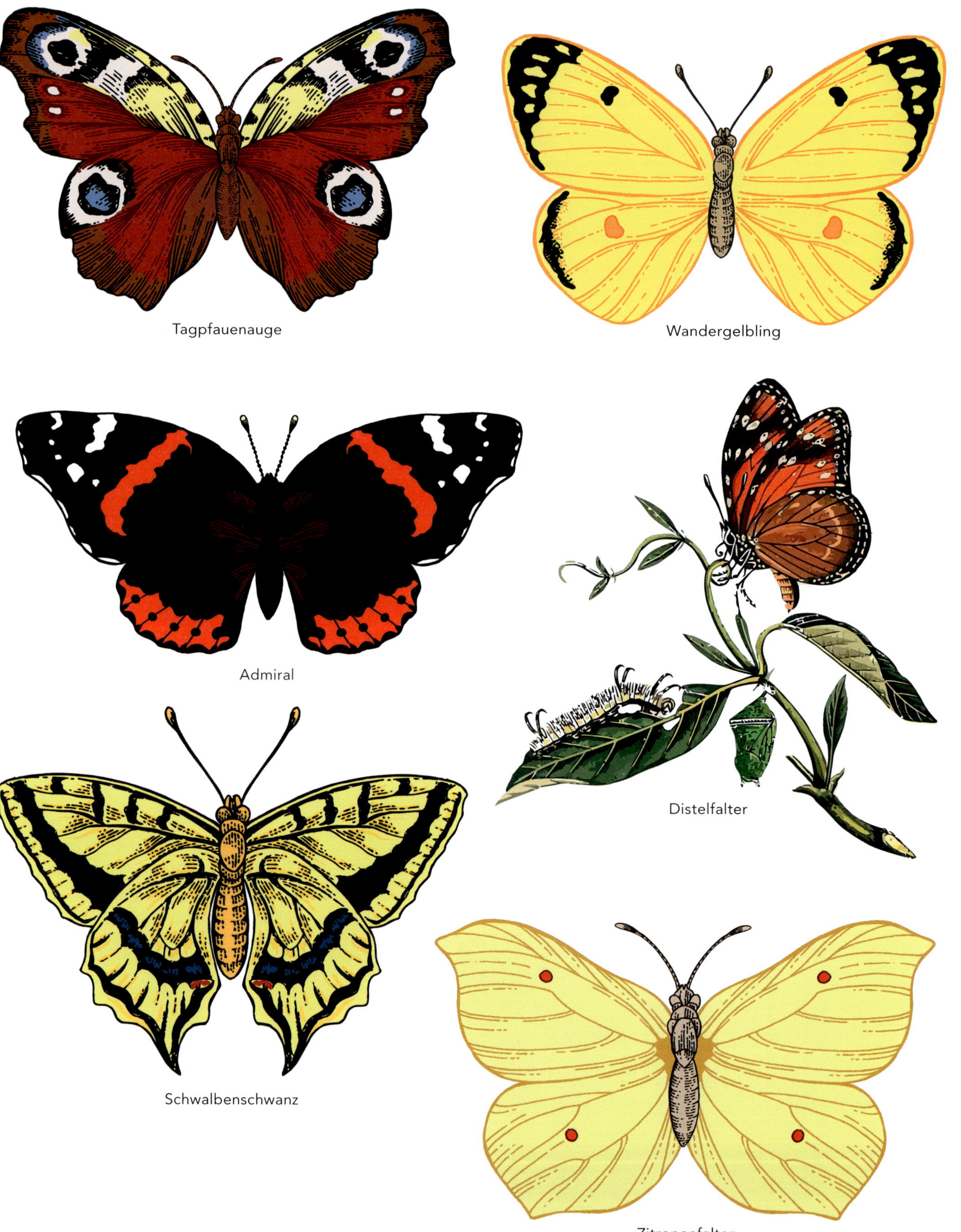

Tagpfauenauge

Wandergelbling

Admiral

Distelfalter

Schwalbenschwanz

Zitronenfalter

Ungewöhnliche Landkarten (1/3)

Malerei

Darum geht's

Im Bildungsplan der Sekundarstufe I ist das Thema „Sich im Raum orientieren" als wesentlicher Bestandteil des Erdkundeunterrichts und in allen Klassenstufen fest verankert. Dazu gehört, Stadtpläne und Landkarten zu lesen, zu deuten und zu verstehen. Die Schüler*innen lernen diese als Hilfe kennen, um sich im realen Raum, in ihrem Lebensumfeld, in ihrer Welt zurechtzufinden. Sie erfahren im Unterricht, was eine Karte ist und welche Symbole (= Legende) Karten enthalten. Was bedeuten die Himmelsrichtungen und Koordinaten? Wie werden Berge, Flüsse, Orte, Straßen und Wege auf dem verkleinerten Abbild der Erdoberfläche dargestellt? In der Jahrgangsstufe 5/6 wird bereits der Grundstein für das Kartenverständnis gelegt. – Warum also nicht das Thema „Landkarten" einmal künstlerisch und aus einer anderen Perspektive angehen, habe ich mich gefragt? Was geschieht, wenn Teile einer Karte mit ihren besonderen Zeichen nicht mehr lesbar, unkenntlich oder verschwommen sind? Was passiert, wenn bewusst Informationen aus Karten durch Übermalen wie ausradiert wirken? Was offenbaren sie dann noch? Oder wenn diese derart verändert werden, dass nur noch Straßensysteme, Flüsse und Orte sichtbar bleiben? Worauf liegt dann der Fokus? Ja, richtig! Dann ist ihre Lesbarkeit nicht gegeben oder bekommt einen neuen Schwerpunkt: Strukturelle Besonderheiten werden sichtbar. Durch eine gesteuerte Übermalung wird der Unterschied zwischen gewachsenen Stadtkernen wie in Dortmund, Karlsruhe oder Köln und schachbrettartigen, wie z. B. in Großstädten in den USA, die auf dem Reißbrett geplant wurden, betont. Mittels malerischer Umgestaltung und Veränderung des Kartenmaterials rufen die Schüler*innen die im Geo-Unterricht erworbenen Kompetenzen ab, lernen spielerisch, komplexe Systeme zu begreifen, zu verändern und eindrucksvolle Einmischungen zu gestalten. Zwei Herangehensweisen möchte ich Ihnen vorstellen: zum einen das „Überwischen" von Zeichen auf einem Stück alter, beschichteter Landkarte mit Pastell-Ölkreiden – die Farben wirken verschwommen, zum anderen die „Teil-Übermalungen" mit Acrylfarben und Brush-Pens in Schwarz und Weiß auf Kopien von Stadtzentren (Autoatlas). Die Lerninhalte aus dem Erdkundeunterricht werden fantasievoll vertieft und aus einem anderen Blickwinkel wahrgenommen. – Ein Perspektivwechsel findet statt! Er bildet den Schwerpunkt der praktischen Auseinandersetzung mit dem Thema und ist durch den ungewöhnlichen Zugang im Ergebnis visuell beeindruckend. Das Arbeiten mit Karten aller Art ist ein wunderbares Kreativitätstraining, bleibt immer aktuell, wenn diese auch z. B. brisante Aspekte von Umweltproblematiken aufgreifen und durch Umgestalten Aufmerksamkeit erzeugen. Denken Sie hierbei einmal an die Braunkohlereviere (z. B. die Ville) oder die Umweltkatastrophe im Ahrtal (Hochwasserschutz durch Renaturierung).

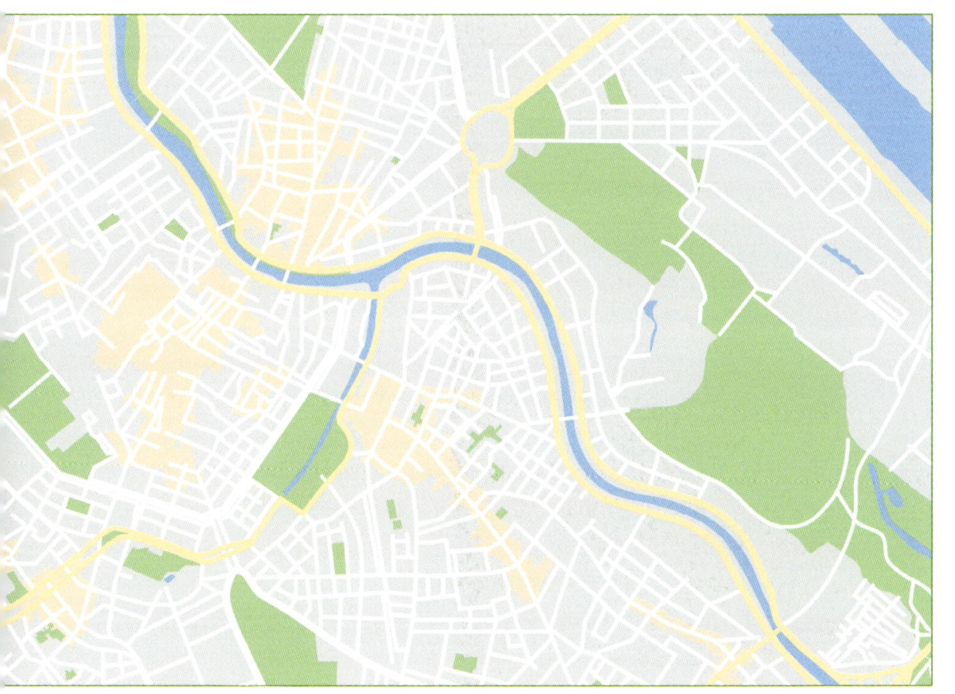

Die topografische Karte: ein verkleinertes, verebnetes Abbild der Erdoberfläche

Ungewöhnliche Landkarten (2/3)

Material:

pro Schüler*in

für das Überwischen:
- alte beschichtete Landkarte/Stadtplan (Original, keine Kopie), alternativ Kopien von Karten mit Einbandfolie beziehen
- Pastell-Ölkreiden
- Wattestäbchen
- Küchentücher, Putzrolle oder Mallappen
- Schürze/altes Hemd

weiterhin:
- pro Gruppe 2–4 Bügeleisen
- weißes Papier zum Auflegen beim Bügeln

für das Übermalen:
- Schwarz-Weiß-Kopie eines Stadtplans (Stadtzentrum), DIN A4
- Brush-Pens in Schwarz und Weiß
- Acrylfarben in Schwarz und Weiß
- schmale Borsten- und Haarpinsel, Nr. 2 und 4
- Küchentücher, Putzrolle oder Mallappen
- Schürze/altes Hemd

weiterhin:
- Kartenmaterial zum Demonstrieren beider Techniken
- süße Belohnung, z. B. Bonbons

Dauer:

mind. 2 Doppelstunden

Klasse:

ab 5/6

Ziele:

Die Schüler*innen ...
- erkennen strukturelle Besonderheiten von Stadtzentren und weiteren Spezialkarten.
- wählen einen Bereich einer Karte für die Übermalung aus.
- lösen durch Verziehen der Ölkreiden und das Verwischen mit den Fingern und Wattestäbchen Kartenzeichen auf.
- experimentieren mit Acrylfarben, übermalen Zeichengefüge in Schwarz-Weiß.
- komponieren neue Bildgefüge mit reduzierten oder veränderten Informationen.

Vorbereitung:

Prüfen Sie nach, ob in Ihrem Materialvorrat ausreichend Acrylfarbe in Schwarz und Weiß vorrätig ist. Erfahrungsgemäß fehlt oft das Weiß, weil es ebenfalls für Grundierungen von Bildgründen verwendet wird. Stellen Sie auch die Pastell-Ölkreiden sowie Pinsel zur Verfügung. Bereiten Sie pro Schüler*in eine Schwarz-Weiß-Kopie für die Übermalung vor und für die Variante des Überwischens eine Landkarte, z. B. aus einem alten Atlas. Machen Sie für den Einstieg Kopien von Stadtplänen einiger ausgewählter Stadtzentren (auf Folie oder Papier) und organisieren Sie einen alten, beschichteten Stadtplan als Ausgangsbasis für die Demonstration der Techniken. Fordern Sie die Schüler*innen ebenfalls auf, in Vorbereitung auf das Kunstprojekt nach Kartenmaterial Ausschau zu halten und dieses mitzubringen.

So geht's:

Zum Einstieg in die Unterrichtsreihe greifen Sie zu einem kleinen Quiz, indem Sie Folienkopien bekannter Stadtzentren präsentieren und die Schüler*innen raten lassen, um welche Städte es sich hierbei handelt. Pro richtige Antwort gibt es eine süße Belohnung in Bonbonform. In einem Unterrichtsgespräch erarbeiten Sie gemeinsam die wichtigsten Merkmale von Karten und erklären die zwei Herangehensweisen bei der Gestaltungsaufgabe (Überwischen und Übermalen). Demonstrieren Sie die Wischtechnik an einem Musterpapier und zeigen Sie auch ein Beispiel für eine Übermalung.
Beim Überwischen wird eine Karte mit den Fingern und Wattestäbchen verwischt. Durch die Finger-

Ungewöhnliche Landkarten (3/3)

wärme löst sich die vorher aufgetragene Pastell-Ölkreide an und ein Wischeffekt entsteht. Sollte dies nicht ausreichen, kommt das Bügeleisen zum Einsatz: Auf niedriger Temperatur und mit einem Papier zwischen Karte und Bügeleisen wird die Pastell-Ölkreide angewärmt und anschließend mit Fingern und Wattestäbchen verwischt.
Bei der Variante des Übermalens bildet eine Schwarz-Weiß-Kopie eines Stadtplans die Ausgangsbasis. Die Stadtplanausschnitte werden mit schwarzen und weißen Farben derart übermalt, dass z. B. das Straßennetz sichtbar bleibt. Es wird mit Acrylfarbe gearbeitet, wobei die Feinheiten mit den Brush-Pens ausgearbeitet werden.

Tipps/Variationen:

- Probieren Sie einmal das „Streifenmikado“: Kartenausschnitt auswählen, mit der Papierschneidemaschine in Streifen schneiden und wie beim Mikado spielen auf einen Bildgrund fallen lassen. Hier spielt der Zufall mit! Danach werden die Streifen endgültig arrangiert und festgeklebt oder mit einer klaren Folie fixiert.
- Wenn Sie keine alten Karten zur Verfügung haben, können Sie herkömmliche Karten oder Kopien dieser mit Einbandfolie beziehen.

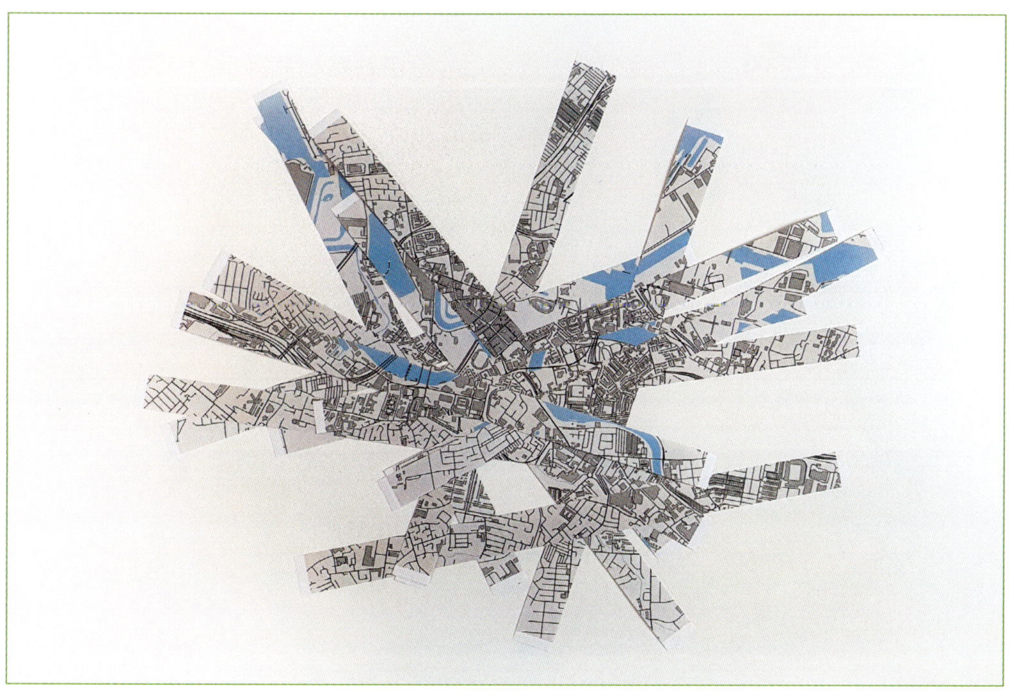

Streifenmikado

Ungewöhnliche Landkarten

Fertige Ergebnisse

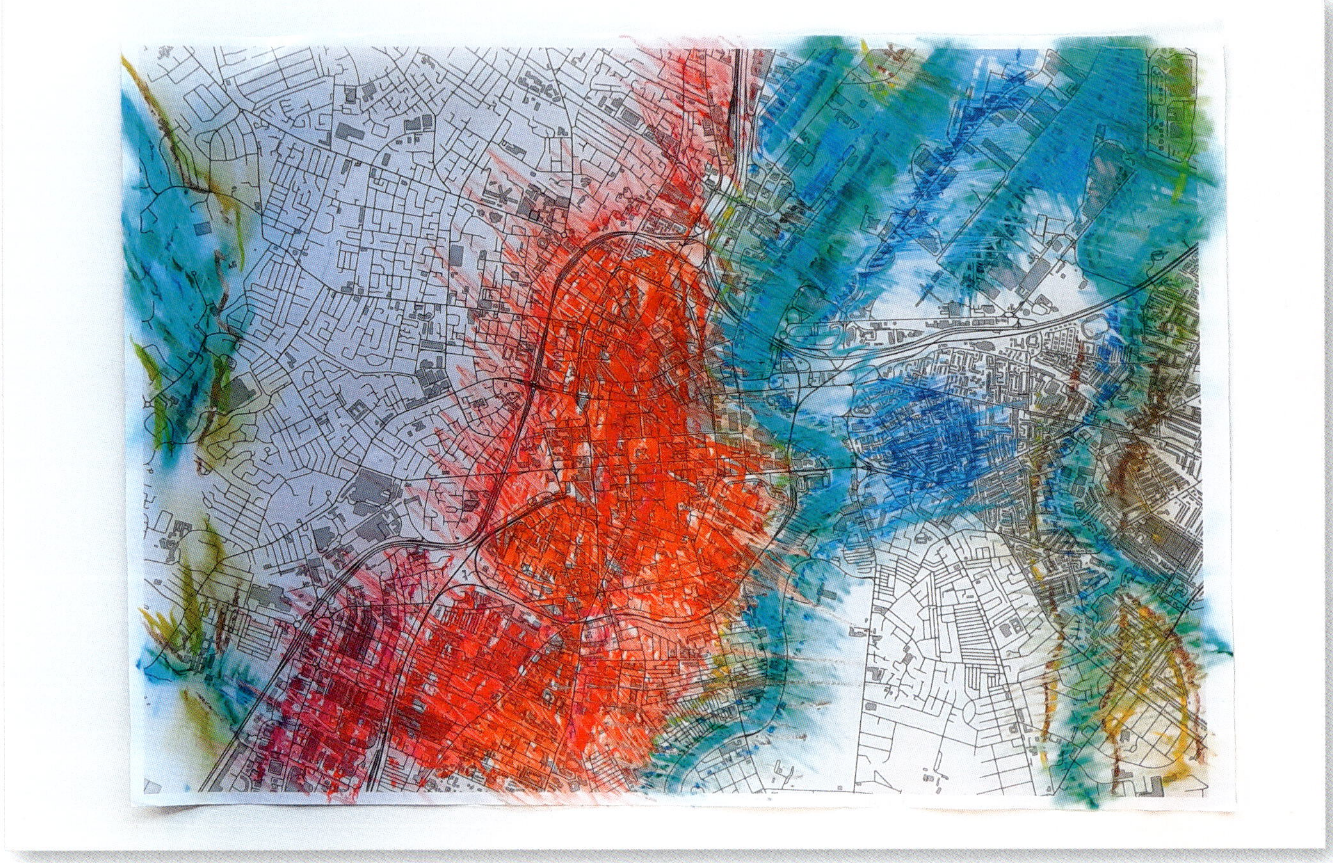

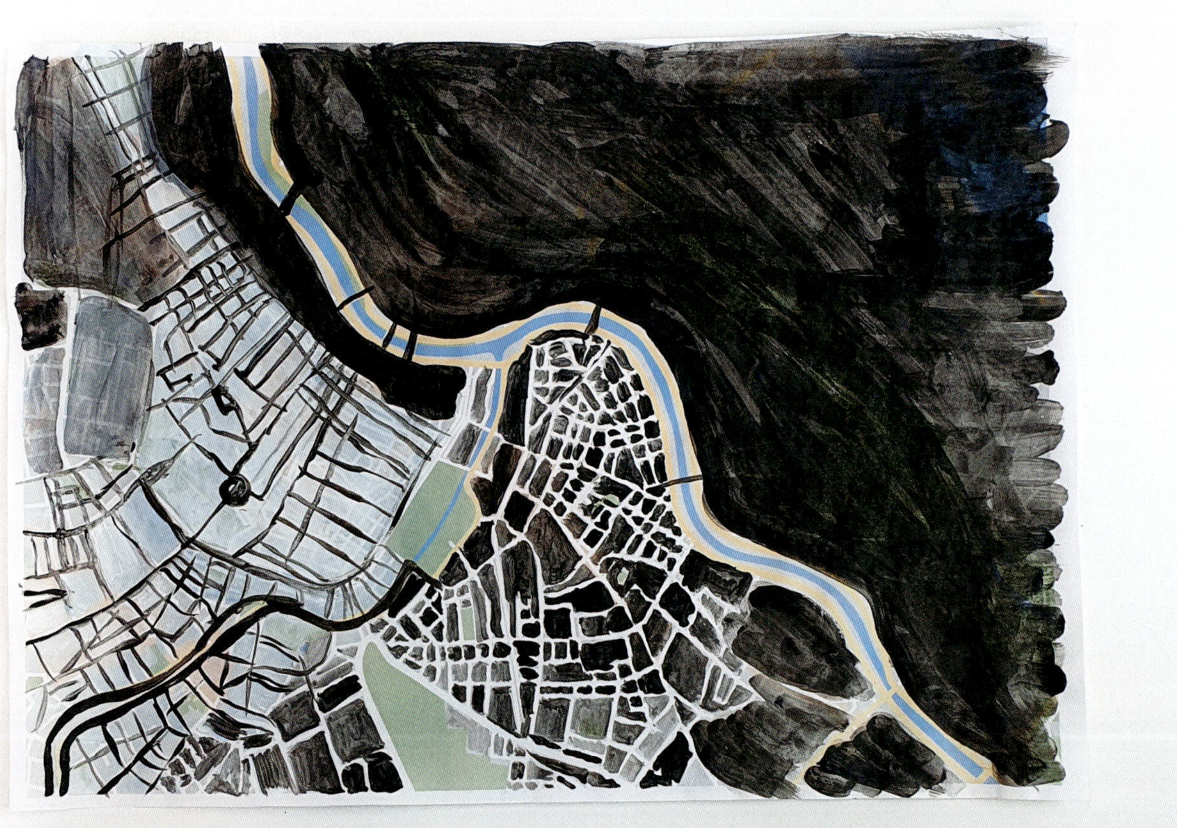

Décalcomanie: Welches Tier verbirgt sich hier? (1/3)

Malerei

Darum geht's

Die Décalcomanie, auch Abzugs- oder Abklatschverfahren genannt, gliedert – vereinfacht formuliert – eine Fläche durch den Fleck. Dahinter steckt eine spannende Technik, bei der die drei Komponenten Malerei, Zufall und Fantasie eine verblüffende Symbiose eingehen. Aus zunächst unvorhersehbaren malerischen Ausgangslagen entstehen Kompositionen, die ohne die Nutzung der überraschend entstandenen Abklatschflecken oder -flächen niemals das „Licht der Welt" erblicken würden. – Inspiration sind Landschaften, Gesteinsformationen, Köpfe, Tiere, Figurengruppen, organische Strukturen, wie z. B. Moose, Korallen oder Verästelungen. Wir kennen alle den bekleckerten Tisch, wenn die Farbe im Übereifer mal wieder nicht nur auf dem Blatt bleiben wollte. Normalerweise wischen wir den Fleck gleich wieder mit dem Mallappen fort. Doch bei diesem Verfahren machen wir ihn uns zunutze: Wir legen ein Papier über die Stelle, reiben noch etwas darüber und ziehen das Papier wieder ab. Das ist der ganze Clou. Beim Abziehen entstehen Grundmotive für die Weiterarbeit: Reizvolle Gebilde mit feinem Flächen- und Linienrhythmus wollen weitergemalt und verändert werden, vermeintlich Nebensächliches erlangt Bedeutung.

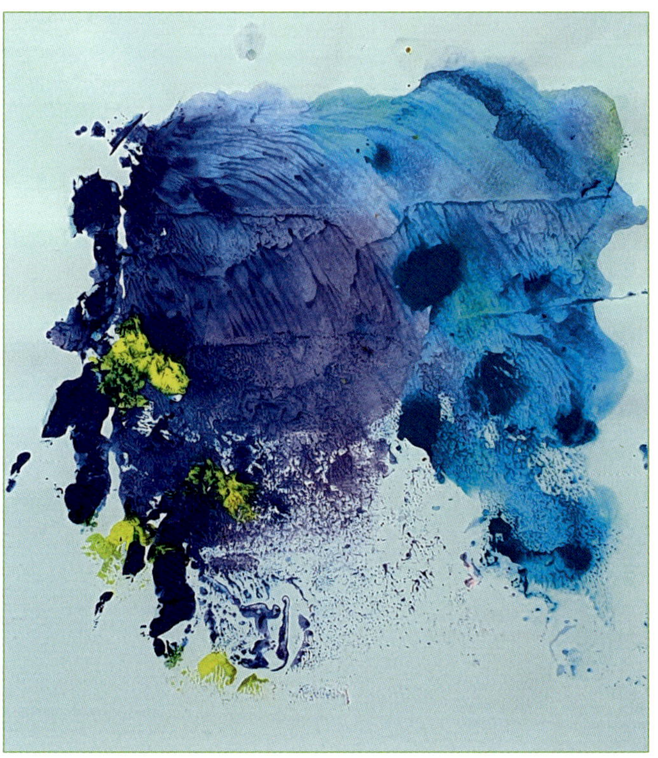

Eine bessere unbeabsichtigte Motivation gibt es gar nicht! Legen Sie mit Ihrer Gruppe einfach los. – Die Fantasie kennt keine Grenzen! Der Zufall bildet eine fruchtbare Basis für die gelenkte Weiterführung. Wie entstehen aus ihm Gestaltungsaufgaben? Wie entlocken wir ihm fast spielerisch fruchtbare und dem Fach Kunst gerecht werdende Weiterentwicklungen? Wie kommen wir zu einem planvollen Gestalten, wo doch bei diesem eigenwilligen Verfahren der Zufall Regie geführt hat? Im Grunde ganz einfach, wenn wir es als Lehrperson zulassen, dass die Schüler*innen kreativ sein dürfen und wir Spielen und Experimentieren immer wieder in unseren Unterricht einbauen. Nur so wird es Ihnen gelingen, immer mal wieder aus der Welt des Konsums und der Arbeit durch künstlerisches Wirken auszubrechen, über den Tellerrand zu schauen, Ablenkung und einen Ausgleich im Alltag zu finden. Das führt zu einem Perspektivwechsel und lässt uns die Dinge einmal mehr aus einem anderen Blickfeld betrachten. Mit folgenden Fragestellungen leiten Sie die Schüler*innen auf die gestalterische Spur: Welches Tier verbirgt sich hier in deinem speziellen Abzug? Es dürfen auch mehrere sein! Wenn du eines oder mehrere Tiere entdeckt hast, male sie mit pinselartigem Filzstift weiter aus, erwecke sie zum Leben! Male sie in ihrem Lebensraum. Diese Formulierungen haben einen gewissen Anreiz und helfen Ihren Schüler*innen bei einem behutsam gesteuerten Bildfindungsprozess. Mit geübtem Auge werden sie aus der Fülle des entstandenen Materials die Formen und Strukturen auswählen, die für die Umsetzung der Aufgabe entscheidend sind. Helfen Sie den Schüler*innen, neugierig zu bleiben, damit diese ihre bildnerische Aufmerksamkeit für kreative Entdeckungsreisen behalten. Hier geht es speziell ums Erkennen, Auswählen, Ergänzen und Hervorheben des Gesehenen – alles wesentliche Schritte zur Differenzierung und Gliederung des Verfügbaren.
Reizvolle, harmonisch ausgewogene Tiergestalten werden entstehen. Variationen je nach gewählten Farben und Untergründen sind immer möglich und ausdrücklich erwünscht.

Décalcomanie: Welches Tier verbirgt sich hier? (2/3)

Malerei

Material:

pro Schüler*in

- Acrylglasplatte, DIN A3, oder Schultisch, falls geeignet
- mehrere Bögen Universalpapier, DIN A3 (geleimt, nicht zu stark saugend!)
- Deck- oder Gouachefarben oder Schultemperafarben nach Wahl
- ggf. Tusche, Plakafarben oder Japanaqua
- aquarellierbare Fasermaler, z. B. sogenannte „Dual-Brush-Pens" (Fasermaler mit 2 Spitzen)
- Küchentücher, Putzrolle oder Mallappen
- Schürze/altes Hemd

Dauer:

2 Doppelstunden

Klasse:

8–10

Ziele:

Die Schüler*innen …

- experimentieren mit Farben und Papier und stellen Abzüge von Farbklecksen her.
- finden im zufälligen Abklatsch mögliche Tierfiguren.
- malen die Figuren weiter und ergänzen ihr Umfeld mit Fasermalern.

Der Zufall spielt mit: Ein wie unabsichtlich entstanden wirkender Farbfleck kann alles werden!

Vorbereitung:

Prüfen Sie vorab, ob sich die Schultische des Kunst- oder Klassenraumes für die Abklatschtechnik eignen: Die Oberfläche sollte hart und glatt und leicht zu reinigen sein. Starten Sie einen Versuch. Andernfalls greifen Sie auf Acrylglasplatten im DIN-A3-Format zurück, die es entweder in Ihrem Kunstfundus schon gibt oder Sie bestellen einen Klassensatz. Sie eignen sich auch hervorragend für viele weitere Techniken, im Besonderen zum Drucken (siehe Kapitel „Drucktechniken" S. 59–82).
Für die Abklatschtechnik empfehle ich immer ein wenig geleimtes Universalpapier. Stark saugende Papiere sind nicht so gut verwendbar; es sei denn, Sie arbeiten mit pastosen Farben. Halten Sie für die Abzüge Schultempera, Deck- oder Gouachefarben bereit. Sollte das Arbeiten gut von der Hand gehen und Sie haben eine experimentierfreudige Gruppe, können Sie auch mit verdünnter Tusche, Plaka oder Japanaqua das Experimentierfeld erweitern. Für das Weitermalen der „gefundenen Tiere" möchte ich Ihnen unbedingt die „Dual-Brush-Pens" mit zwei Spitzen ans Herz legen, die zu qualitativ sehr hochwertigen Ergebnissen führen. Diese aquarellierbaren Fasermaler lassen mit der feinen Spitze eine exakte Linienführung zu und mit der breiten, flexiblen Spitze einen pinselähnlichen Strich. Die gemeinsame Füllung für die beiden Fasermalerspitzen liegt in der Mitte, sodass es nicht zu einem einseitigen „Leerschreiben" der Spitzen kommt. Das ist sehr komfortabel.

So geht's:

Vermutlich ist es so, dass Ihre Schülergruppe die Technik der Décalcomanie noch nicht kennt und Sie diese vermitteln möchten. Am einfachsten und eindrucksvollsten ist es, wenn Sie zur Motivation und Veranschaulichung die Abzugstechnik demonstrieren. Dadurch erzielen Sie eine 100%ige Aufmerksamkeit der Schüler*innen – fast wie beim Zaubern. Machen Sie zwei bis drei schnelle Abzüge und heften Sie diese an die Tafel. Fragen Sie nach, welche Entdeckungen Ihre Schüler*innen in den Abzügen machen. Anschließend erklären Sie das Verfahren und die Aufgabe. Lassen Sie der Gruppe ausreichend Raum,

Décalcomanie: Welches Tier verbirgt sich hier? (3/3)

um Farbflecken in unterschiedlicher Größe und in unterschiedlichen Farben auf die Acrylglasplatte oder die Tischplatte aufzutragen. Anschließend legen die Schüler*innen das Papier darüber und ziehen es ab. Hierbei sind verschiedene Variationen möglich:
Das Papier wird vorher etwas angedrückt und in eine Richtung abgezogen. Es kann auch gedreht und dann erst abgezogen werden. Möglich ist auch, den Handballen oder die Fingerkuppen vor dem Abzug auf das Papier zu pressen und das Papier dann abzuziehen usw. Ein fester Andruck hinterlässt Zeichnungen und Strukturen. Wird der Bogen nur locker aufgelegt, ergeben sich eher Farbflächen mit feinen Linien. Fordern Sie Ihre Lerngruppe ausdrücklich zum Ausprobieren auf. Schon nach kurzer Trocknungszeit, in der die Schüler*innen Zeit haben, ihre Tiere zu entdecken, können sie mit dem planvollen Gestalten, dem Weiter- und Fertigmalen mit den Fasermalern starten. Es ist hilfreich, die Stifte vorher auf einem Probepapier auszuprobieren.

Tipp/Variation:

Die zahlreich hergestellten Formen und Strukturen und ihre Motivfülle erlauben die Möglichkeit, Collagen herzustellen: Dazu schneiden die Schüler*innen besonders gelungene Motive aus, um sie z. B. zu Traumlandschaften zusammenzusetzen. – Dies stellt eine spannende Lösung für die Verwertung übrig gebliebener Motive und Strukturen dar.

Brush-Pens – vielseitige Malwerkzeuge

Décalcomanie: Welches Tier verbirgt sich hier?

Fertiges Ergebnis

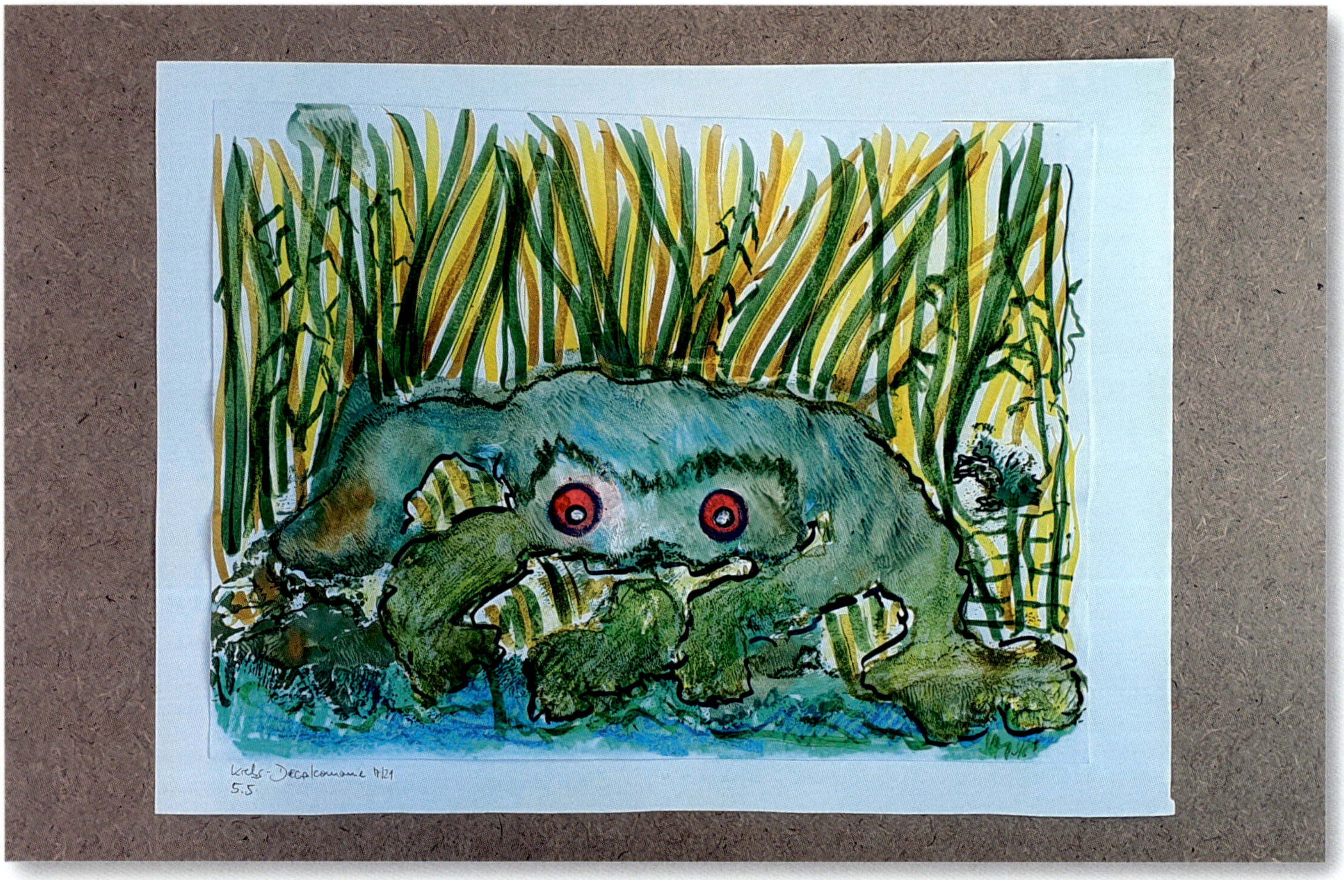

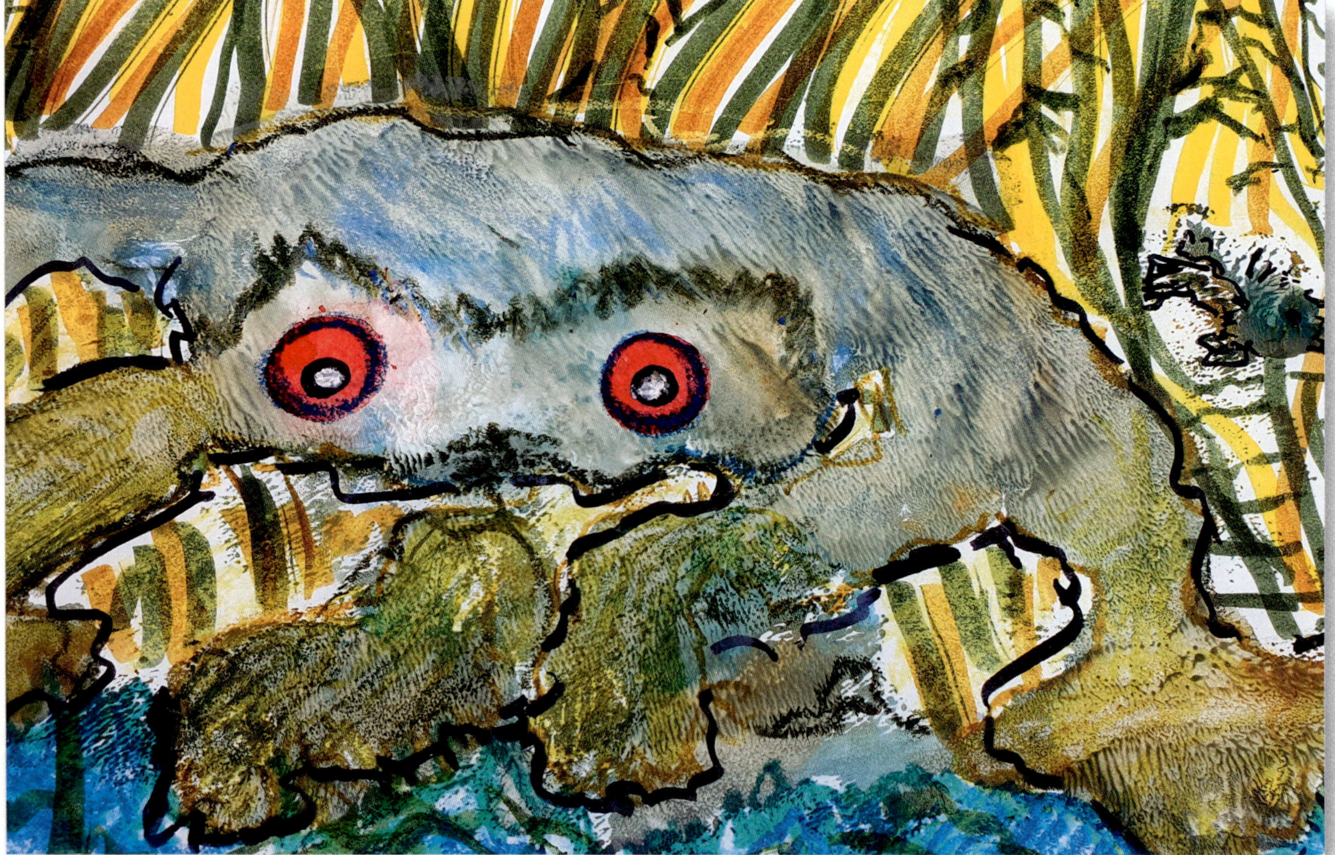

Lückenfüller: Wer macht Lussi wieder heil? (1/2)

Malerei

Darum geht's

Planen Sie die Unterrichtsstunde als kleine, feine Zwischeneinheit. – Gut organisiert, klappt die Ausführung durchaus in 90 Minuten. Sie stellt dann im doppelten Sinn einen Lückenfüller dar, denn thematisch geht es – wörtlich genommen – um das Füllen einer Lücke im Bild, die vorher jedoch ganz gezielt erzeugt wurde. Wie beim Restaurieren wird ein zerstörtes oder in diesem Fall ein bewusst entferntes Bildelement detailgetreu wieder eingepasst. Es wird mit Temperafarben und Haarpinseln so kunstvoll „eingeflickt", dass es nicht leichtfällt, die Lücke wiederzufinden. Sprechen Sie zur Einführung in diese Einheit über die Aufgaben von Fachleuten für Restauration, die Kunstwerke wieder in den ursprünglichen Zustand versetzen und für deren Erhaltung sorgen. Thematisieren Sie auch die Bildfälschungen berühmter Werke, die es immer wieder auf den Kunstmarkt spült. Oft bleiben diese lange Zeit unentdeckt und wenn sie entdeckt werden, kommt es zu Skandalen in der Kunstwelt mit vielen Schlagzeilen in der Presse und anhängigen Gerichtsprozessen.

Oft meinen wir, dass es im Grunde ganz einfach ist, ein bestimmtes Bild nachzumalen oder zu kopieren, und tun das mit den Worten: „Das kann ich auch!" als simpel ab. Nehmen wir uns jedoch eine Leinwand und Farben und versuchen, ein Bild, z. B. in einem Museum, zu kopieren, stellen wir fest, dass es gar nicht so ohne Weiteres funktioniert – und das ist gut so.

Meinen Schüler*innen hat es stattdessen immer große Freude bereitet, sich bei einem Museumsbesuch ihr Lieblingsbild auszusuchen und ganz unbeschwert, direkt davor sitzend, die Farbstimmung o. Ä. einzufangen.

In der folgenden Aufgabe, bei der das vergrößerte Foto eines Kuhkopfes die Ausgangsbasis bildet, wird eine ausgewählte Bildstelle ausgeschnitten. Das Motiv verlangt danach, Details, wie z. B. die Fellstruktur, wieder sichtbar zu machen. Es ist nur eine Möglichkeit. Natürlich eignen sich auch andere Fotos oder die Kopien von Gemälden, bei denen es viele Details wiederherzustellen gibt.

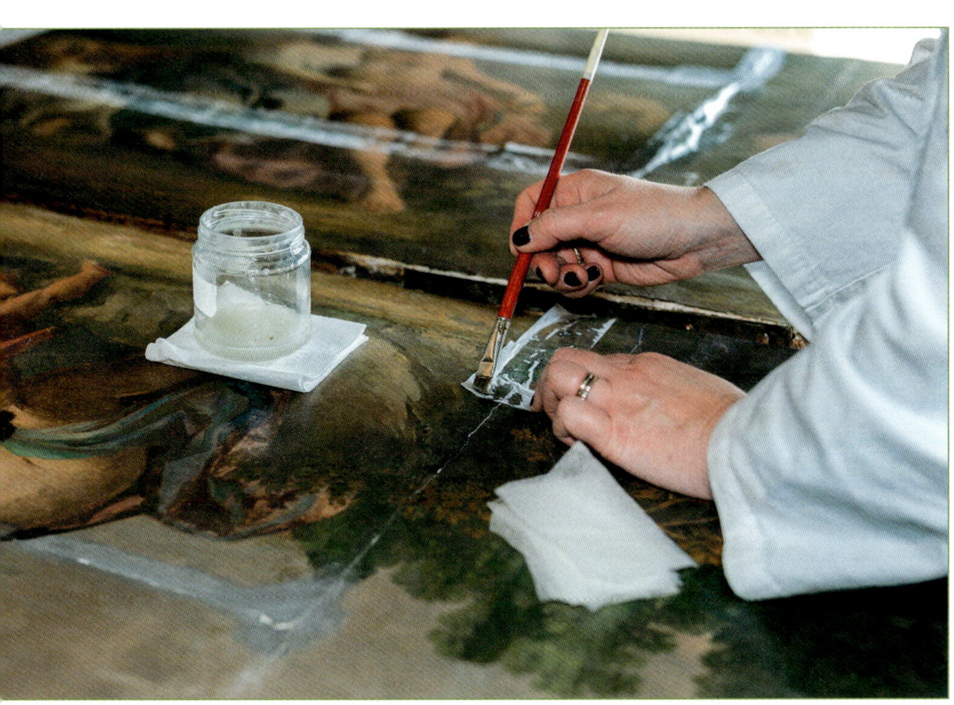

Die Arbeit von Restaurator*innen verlangt viel Fingerspitzengefühl und Konzentration.

Lückenfüller: Wer macht Lussi wieder heil? (2/2)

Material:

pro Schüler*in
- Kopie eines geeigneten Motivs, DIN A4
- Bildsucher/Ausschnittsucher (kleines Passepartout)
- Malkarton, DIN A4
- Schultemperafarben
- Schere, Klebestift, Bleistift, Radiergummi
- Haarpinsel unterschiedlicher Stärke

weiterhin
- ruhige Musik und Abspielgerät
- einige Lupen

Dauer:

2 Doppelstunden

Klasse:

8–10

Ziele:

Die Schüler*innen ...
- suchen aus der Bildkopie mittels Papprahmen eine Gestaltungslücke aus.
- kleben das Motiv auf und zeichnen im Ausschnitt Details vor.
- „restaurieren" die Fläche mit Temperafarben und Haarpinseln.
- berichten abschließend über Erfahrungen und Schwierigkeiten.

Vorbereitung:

Bereiten Sie für alle Schüler*innen Bildsucher bzw. Ausschnittsucher vor, wie z. B. kleine Passepartouts aus ganz einfachen Fotorahmen im rechteckigen Format oder Kreisausschnitte (Umriss eines Wasserglases).
Weiterhin benötigen die Schüler*innen je eine Farbkopie eines geeigneten Motivs in DIN A4 sowie einen entsprechend großen Malkarton zum Aufkleben. Öffnen Sie die Materialschränke, falls Sie im Kunstraum arbeiten, und es kann losgehen. Farben, Pinsel, Becher und weiteres Equipment organisiert sich jedes Klassen- oder Gruppenmitglied selbstständig. Sorgen Sie darüber hinaus für eine ruhige Arbeitsatmosphäre mit leiser Musik während der Detailarbeiten. Sie fordern und fördern Genauigkeit und Konzentration.

So geht's:

Mit einem gezielten, knappen Unterrichtseinstieg, in dem Sie über die Arbeit von Restaurator*innen und von Kunstfälscher*innen berichten, schaffen Sie gekonnt den Übergang in die malerische Aufgabe, bei der es um das Füllen einer Lücke, das Wiederherstellen von Bilddetails geht. Verteilen Sie die Ausschnittsucher. Damit gelingt es den Schüler*innen leicht, ein geeignetes Bildstück zu finden, das sie ausschneiden. Zunächst wird etwas weggenommen, um es dann wieder hinzuzufügen. Erklären Sie den Schüler*innen, dass sie sich den Ausschnitt während der Arbeit immer wieder genau ansehen und auch vorzeichnen dürfen. Das gibt Sicherheit beim Schaffensprozess. Achten Sie darauf, dass die Farbkopien erst dann auf den Karton aufgeklebt werden, wenn die Lücke ausgeschnitten ist. Zaubern Sie als Zwischenkick doch einfach einmal ein paar Lupen aus der Schultasche für eine vergrößerte Betrachtung der zu malenden Bilddetails oder die Schlussbetrachtung. Dies bietet eine schöne Abwechslung und fokussiert aufs Wesentliche.

Tipp/Variation:

Umkehrung: Fotos und Abbildungen in Illustrierten zeigen immer nur einen Ausschnitt dessen, was der*die Fotograf*in in Wirklichkeit gesehen hat. Lassen Sie die Gruppe eine Abbildung nach Wahl weitermalen. Was kannst nur du sehen? Es ist ganz einfach, aus einem kleinen Bild ein großes herzustellen.

Lückenfüller: Wer macht Lussi wieder heil?

Fertiges Ergebnis

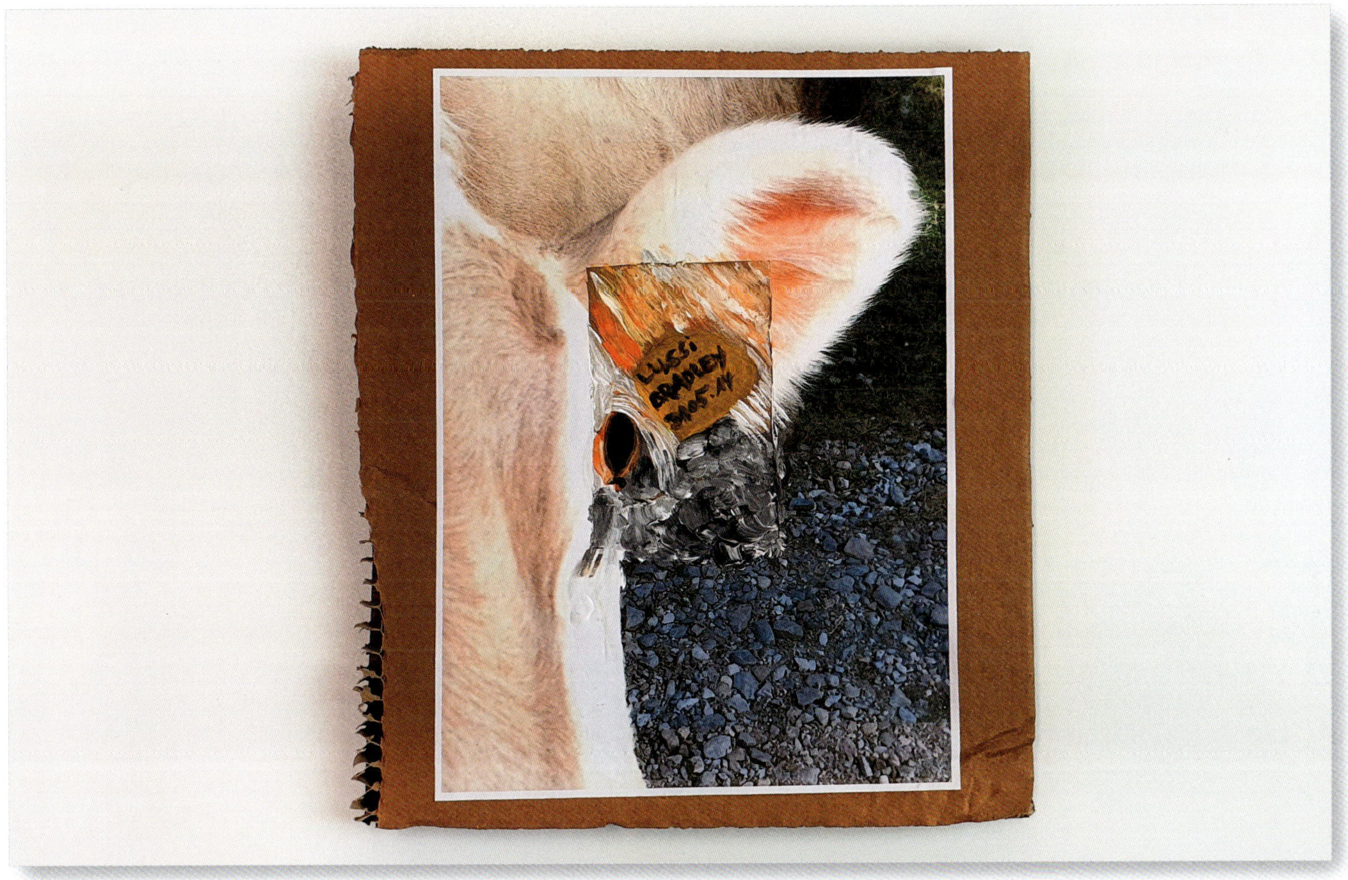

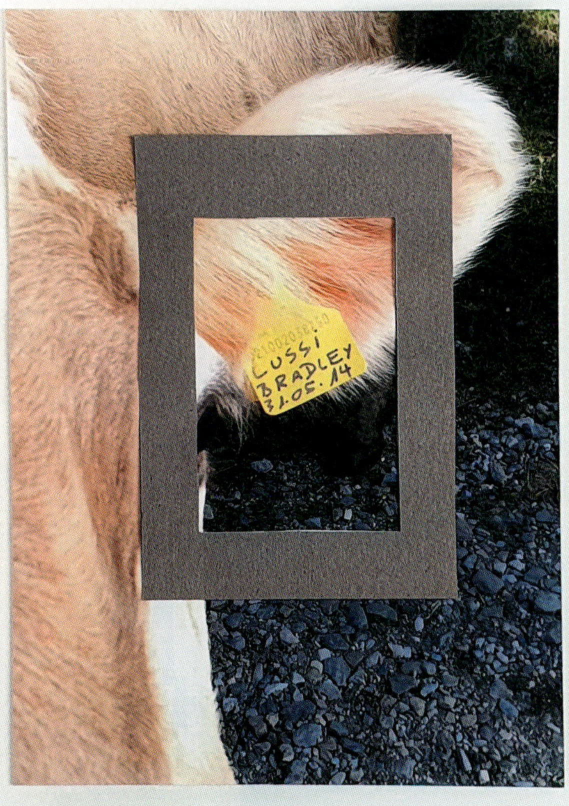

Bildmotiv mit Motivsucher und Ausschnitt

Montieren

Als Montage werden alle Vorgänge zum Zusammenbau einer bestimmten Form verstanden, deren wichtigste Verfahrensprozesse das Zusammenfügen, Handhaben, Justieren und Prüfen sind. Wichtige Fähigkeiten und Fertigkeiten sind das Greifen, Legen, Drehen, Bewegen, Verschrauben, Nageln, Kleben, Prüfen, Einstellen, um nur einige aufzuführen. Das Montieren, bei dem Einzelteile zu einem neuen Ganzen zusammengefügt werden, funktioniert nicht ohne den Einsatz der Hände. Mit den Händen kommen wir den Dingen besonders nahe. Die Hände erlauben es uns, die Dinge zu be-greifen. Sie führen uns an die Gegenstände heran, die anderen Sinne folgen ihnen, sodass wir die Dinge schließlich auch mit dem Verstand begreifen können. Die Hände sind unsere besten Werkzeuge – ursprünglich und wertvoll.

Das Verfahren des Montierens verlangt besonders nach dem Einsatz des Tast- und Sehsinnes sowie nach der Fähigkeit, Dinge mit den „manuellen Werkzeugen" feinmotorisch und mit Fingerspitzengefühl zusammenzufügen. Denken wir hierbei nur an die Fertigungsstraßen in der Autoindustrie oder an Berufe, in denen optische Geräte oder Schmuck gefertigt werden. Da in der kindlichen Entwicklung zunächst die Grobmotorik ausgebildet wird, sollten eher ältere Schüler an die speziellen Aufgaben des Themenblocks herangeführt werden. Sie sind besser in der Lage, die bereits erworbenen Fertigkeiten der Bildgestaltung, wie z. B. das Wissen um Komposition und Darstellung, anzuwenden, zu erweitern und zu variieren. Im Ergebnis entstehen Produkte aus dem persönlichen Blickwinkel der Schüler*innen, die immer mit einem aktuellen Gegenwartsbezug verknüpft sein sollten: freie, fantasievolle Gestaltungslösungen zu zeitbezogenen Themen. Die Montagetechnik fördert das praktische und eigenständige Handeln und Gestalten. Die Lösungswege sind individuell, fördern das Ausdrucksvermögen, verdeutlichen Gefühle und Vorstellungen.

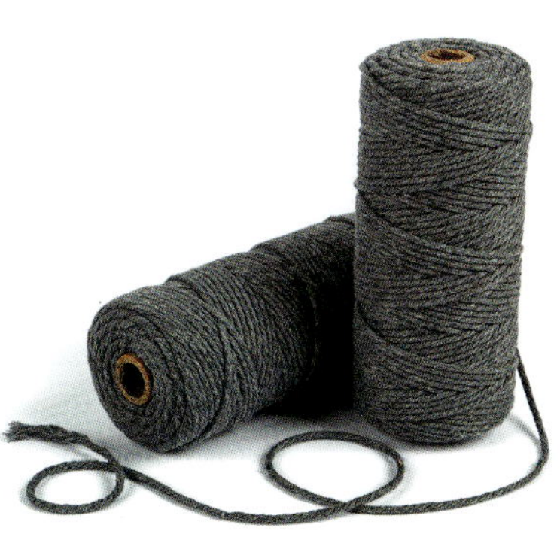

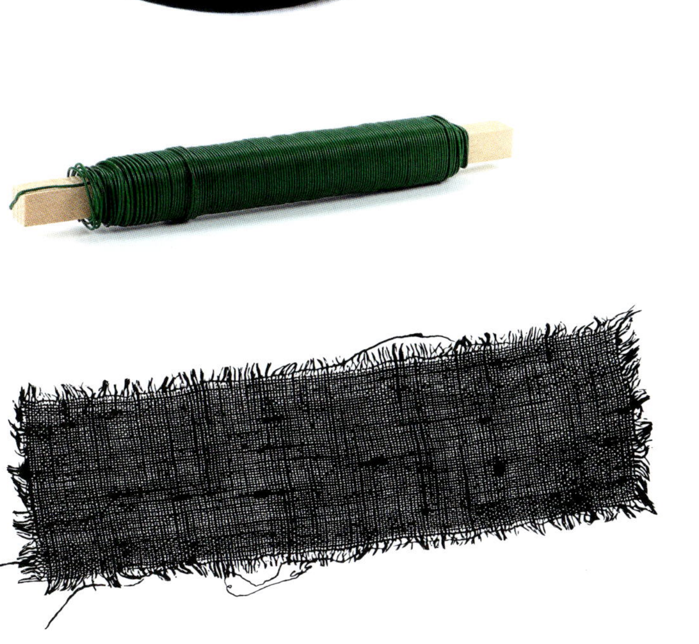

Ein Buch mit sieben Siegeln (1/2)

Darum geht's

Die Aufgabe, ein Buch mit sieben Siegeln herzustellen, ist in ihren Arbeitsanweisungen sehr reduziert, weil es sich um die Herstellung eines reinen Fantasieproduktes handelt. Zu viele inhaltliche Vorgaben sind daher auf eine gewisse Weise hinderlich. Es reicht hier, die Bedeutung des Buches mit sieben Siegeln als eine Sache, von der man nichts versteht/weiß, als etwas Unbekanntes, schwer Zugängliches, Unverständliches zu beschreiben und dadurch die Fantasie für die Produktion anzuregen. Entscheidend ist, die Montagetechnik unter Berücksichtigung der Materialien zu erklären, die zum Einsatz kommen. Es gilt hierbei, Möglichkeiten und Grenzen aufzuzeigen.

Die Auswahl von Buchtiteln, wie z. B. „Das Tagebuch des Cheerleaders", „Das Tagebuch der Designerin" oder „Das Tagebuch einer Zoodirektorin", ist beliebig erweiterbar. Die Besonderheiten der speziellen Gestaltungen tragen Sie im Unterrichtsgespräch zusammen. Alte Telefonbücher, Materialkisten mit Papieren, Stoffresten, Klebefolien, Drahtresten sind in Vorarbeit schnell organisiert.

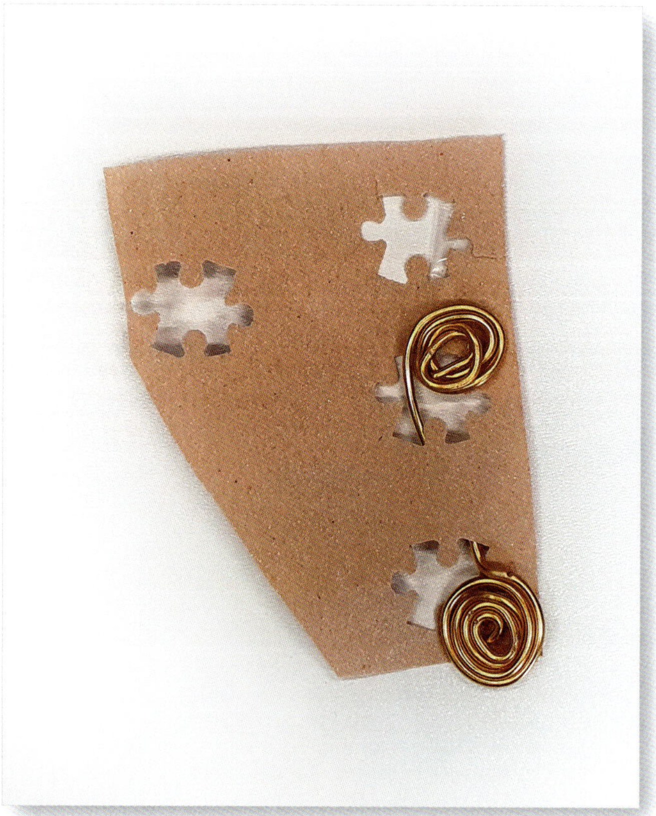

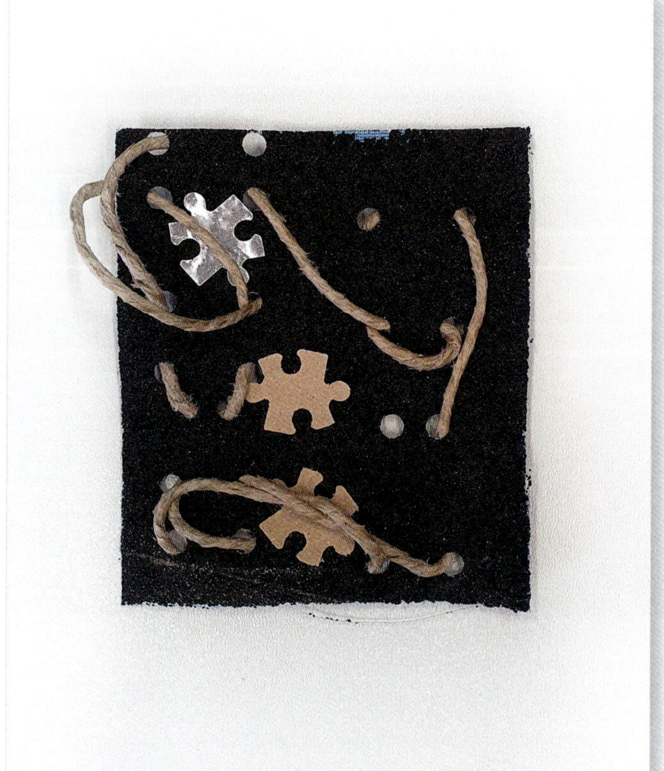

Vorarbeit für die Montage: Übungen mit verschiedenen Materialien und Werkzeugen

Ein Buch mit sieben Siegeln (2/2)

Montieren

Material:

pro Schüler*in
- alte Telefonbücher/Bücher
- Papier-, Leder- und Stoffreste, Schnur
- Schere, Klebestift, Hefter, Locher, Motivstanzer, Zange, Häkelnadel
- Rolle Papierklebeband
- Rolle Blumendraht

Dauer:

3–4 Doppelstunden oder Projektwoche

Klasse:

9–10

Ziele:

Die Schüler*innen ...
- tragen die nötigen Materialien für ihr individuelles Projekt zusammen.
- gestalten das besondere Buch, indem sie verschiedene Materialien durch Schneiden, Kleben, Lochen, Häkeln, Heften etc. verarbeiten.
- bereiten die Buchobjekte für eine Schulausstellung oder Präsentation in einer Buchhandlung/ Bücherei vor.

Vorbereitung:

Es stellt eine erhebliche Arbeitserleichterung dar, wenn Sie bei dieser Aufgabe auf Materialkisten mit Stoff-, Lederresten, verschiedenen Papieren etc. zurückgreifen können. Sammeln Sie alles, was Ihnen im Alltag begegnet und im Kunstunterricht Verwendung finden kann, und legen Sie sich einen solchen Materialvorrat an. Für die Aufgabe sollten darüber hinaus dünnere und dickere Metalldrähte, Scheren, Zangen (aus dem Werkunterricht), Locher, Hefter, Häkelnadeln, Papierklebeband, Schnur, Klebstoff und alte Telefonbücher oder andere alte Bücher bereitgestellt werden. Die eigene Anschaffung der vielen Materialien ist für die Schüler*innen nicht immer erschwinglich und nicht in jedem Haushalt ist ein Locher oder Hefter vorhanden. Insofern ist es hilfreich, wenn sich eine Grundausstattung in der Schule befindet. Die Dinge, die Schüler*innen zu Hause haben und verarbeiten möchten, sollen diese selbstverständlich mitbringen.

So geht's:

Wie schon im Vorfeld beschrieben, sollten sich die Arbeitsanweisungen bei dieser Aufgabe auf das Wesentliche beschränken. Wichtig ist aber, dass die Schüler*innen unter Ihrer Anleitung einige Probepapiere und Verschnürungen, Lochungen, usw. herstellen, damit sie sehen, wie sich die unterschiedlichen Materialien verarbeiten lassen und welche Gestaltungen mit welchen Materialien möglich sind. Schmirgelpapier kann man prima lochen oder an einzelnen Stellen heften, weichen Draht kann man einfach biegen, dünnen Metalldraht häkeln und als Einzelelement einsetzen. Auf diese Weise motiviert, sollten die Schüler*innen ihrer Fantasie dann freien Lauf lassen. Sie werden sehen, was für eine Gestaltungsvielfalt entstehen kann. Am Ende der Unterrichtsreihe ist es lohnenswert, die Bücher mit den Schülern*innen für eine Schulausstellung (in Vitrinen) vorzubereiten. Schön wäre es, wenn sich eine Buchhandlung oder auch städtische Bücherei bereiterklärt, die besonderen Bücher auszustellen. Dies stellt einen weiterer Anreiz dar, etwas Außergewöhnliches zu produzieren, und schlägt eine Brücke zum Thema Lesen.

Tipps/Variationen:

- Holen Sie die Schüler*innen mit ins Boot: Sie können bei Änderungsschneidereien und Schuhwerkstätten nach Stoff- und Lederresten fragen.
- Besuchen Sie gemeinsam eine Bücherei, eine Buchhandlung oder, falls in der Nähe befindlich, ein Buchmuseum, wie z. B. das Bilderbuchmuseum in Troisdorf.

Ein Buch mit sieben Siegeln

Fertige Ergebnisse

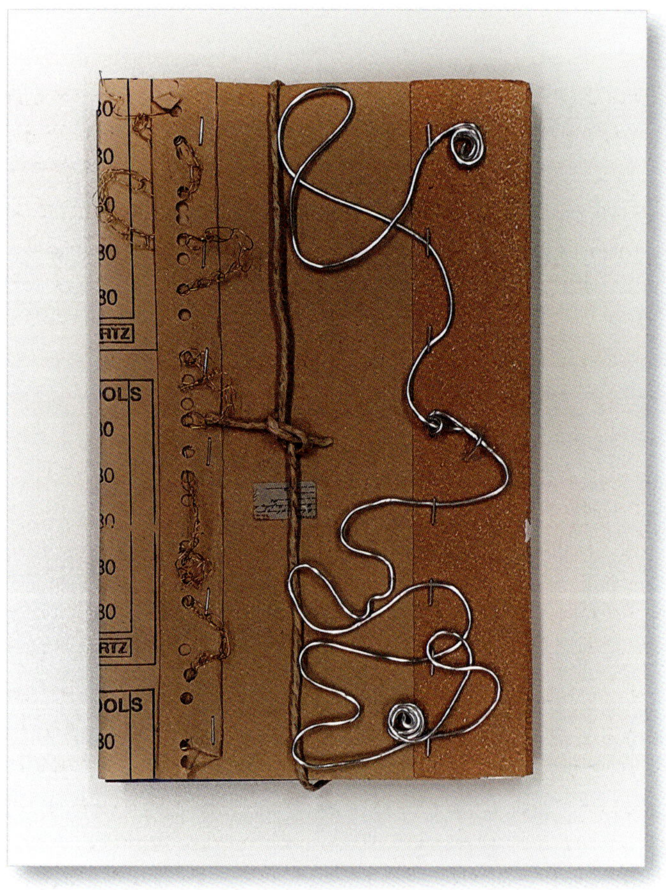

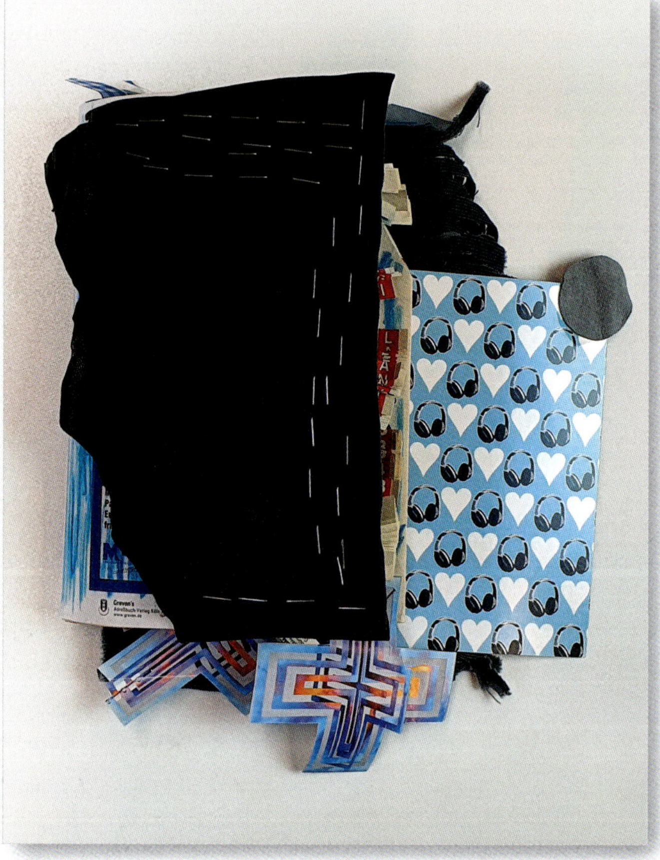

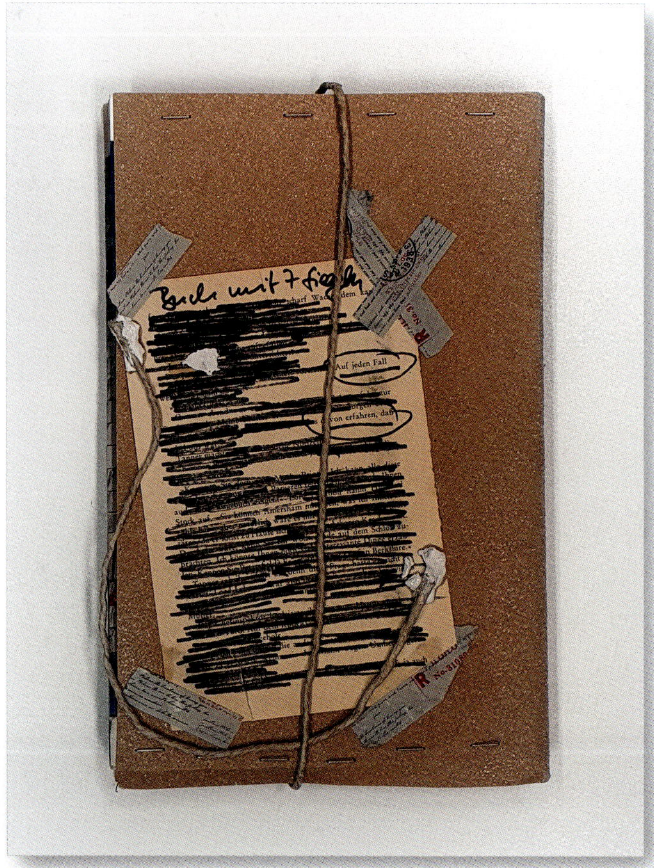

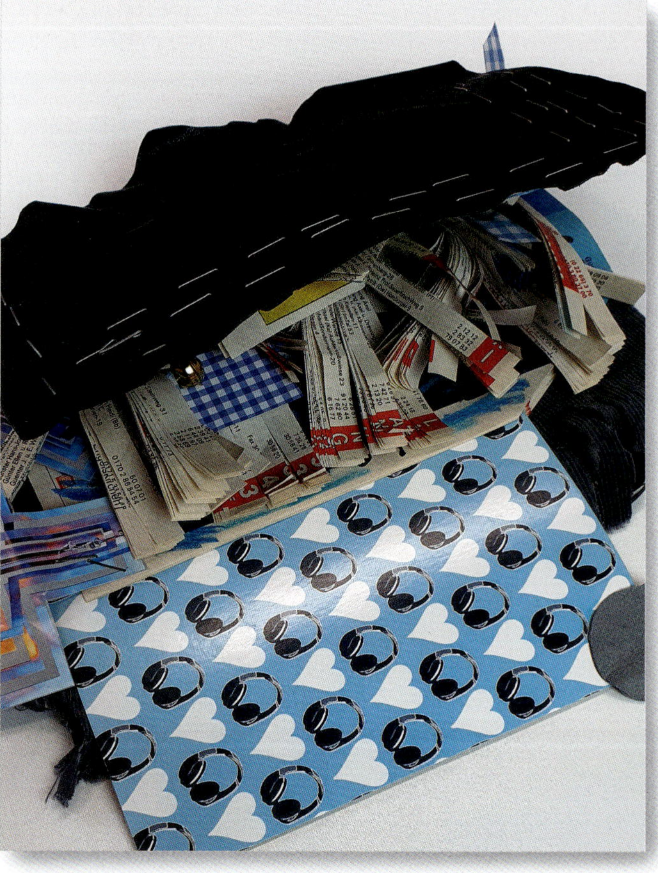

Kunst aus der Tüte – eine Wundertüte mit Material (1/3)

Montieren

Darum geht's

In dieser Unterrichtseinheit sind die Schüler*innen im Großen und Ganzen auf sich selbst gestellt. Sie bekommen eine „Wundertüte" mit Materialien und eine Karteikarte mit einer Arbeitsanweisung. Mehr nicht! Es geht darum, im freien Arbeiten einen Fantasiefisch aus wenigen Stoffresten zu kreieren und diesen in einem Schuhkarton-Deckel zu präsentieren. Die so vorbereitete Kunsttüte weckt nicht nur die Neugier, sondern auch die Lust am Material sowie das Interesse am Thema. Diesmal wird eine Problemstellung ohne Anlehnung an existierende Beispiele umgesetzt. Sie geben als Lehrkraft nur Impulse und gegebenenfalls Hilfestellung, lassen ansonsten aber die Gruppe völlig frei und selbstständig arbeiten. Die Aufgabe hat durchaus Bezug zum späteren Berufsleben, da sie das problemlösende Denken schult. Es ist wichtig, diese Leistung immer wieder mal abzurufen. Die Schüler*innen haben Ihre volle Aufmerksamkeit, weil diese völlig frei, eigenständig und individuell an ihrer Kunsttüte arbeiten können. Für Sie bedeutet dies im Vorfeld etwas mehr Vorbereitung, die sich später jedoch wie in einer „Win-win-Situation" auszahlt. Es gibt genug Zeit, mit den Materialien, wie Stoffresten, Knöpfen, Wackelaugen zu experimentieren, zu schneiden, zu kleben, zu arrangieren. Besonders ausgefallene Ergebnisse sind möglich, wenn es Ihnen gelingt, ein Stoffmusterbuch von Dekorations- oder Polsterstoffen aufzutreiben, das z. B. schöne Paisley-Muster enthält, die sich sehr gut für kreative Lösungen eignen. Geben Sie ruhig Themenstellungen vor: „Herausgefischt", „Neue Fischgattung im Meer entdeckt", „Mutation", „Fischkiste" o. Ä. Gestalten Sie zum Schluss ein Gruppenprojekt, wie ein „Fischkisten-Museum" für eine Wand-Installation.

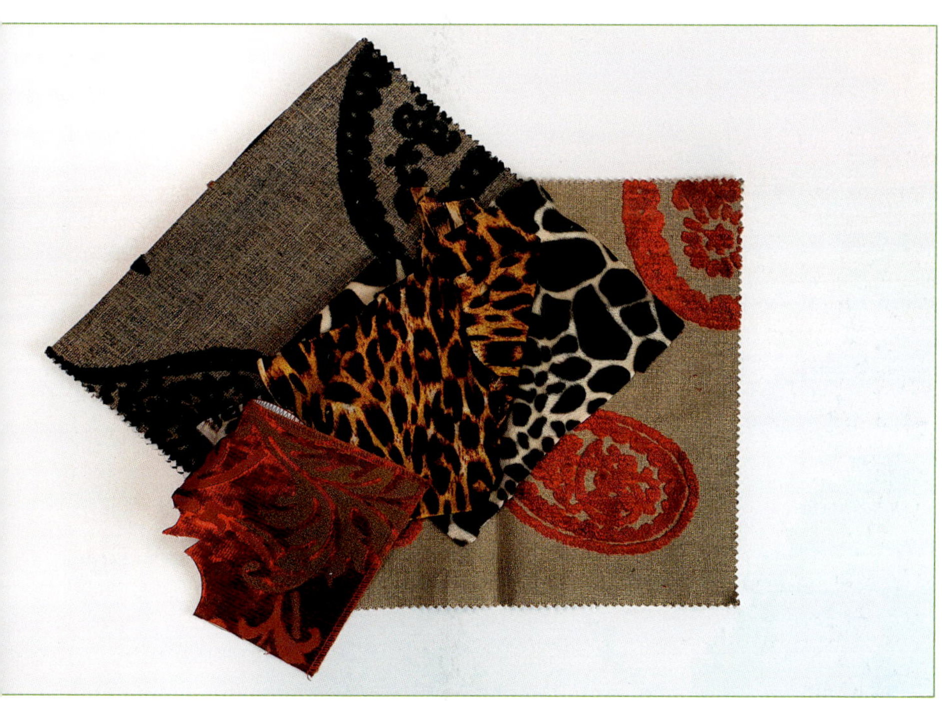

Farbenfrohe Stoffreste laden zum künstlerischen Gestalten ein.

Kunst aus der Tüte – eine Wundertüte mit Material (2/3)

Montieren

Material:

pro Schüler*in

- Briefumschlag, DIN A3, mit 2 unterschiedlichen Stoffstücken, Wackelaugen oder Knöpfen, Arbeitsanweisung
- Stoffschere, Lineal, Bleistift, Radiergummi, Filzstift, Universalklebstoff
- Schuhkartondeckel
- Naturkarton, DIN A4
- Spiegelkarton zum Auskleiden des Schuhkartondeckels
- College-Block, liniert; Schreibstift

weiterhin

- Behälter für die Materialtüten („Post-Box")

Dauer:

2 Doppelstunden

Klasse:

ab Klasse 6

Ziele:

Die Schüler*innen ...

- sichten alle Materialien und die Arbeitsanweisung und kreieren ihre Meerestiere.
- experimentieren mit den Stoffen und Materialien und arrangieren und kleben Fantasiefische und Meereswesen auf den vorbereiteten Untergrund.
- ergänzen weitere Details der Unterwasserwelt.
- erfinden Namen für ihre Meerestiere und schreiben auf, wie sie leben.

Vorbereitung:

Bei dieser Aufgabe bedeutet die Vorplanung alles! Die Schüler*innen erhalten die Hausaufgabe, Schuhkartondeckel mitzubringen. Organisieren Sie im Schulsekretariat stabile DIN-A3-Briefumschläge in Klassenstärke, in die Sie jeweils zwei verschiedene Stoffreste sowie Wackelaugen und ein paar Pailletten oder Knöpfe hineinlegen. Schön sind zwei unterschiedliche Materialien, wie ein Stück Paisley-Stoff und ein mit Tierfellmuster bedruckter Stoff. Dazu kommt die Karteikarte mit den Arbeitsanweisungen, die Sie zuvor erstellt und auf festerem Karton ausgedruckt haben. Einen möglichen Text für die Arbeitsanweisung finden Sie unten. Stellen Sie Stationen mit Scheren und Klebstoff bereit sowie Natur- und Spiegelkarton. Packen Sie alle Umschläge in eine Post-Box, mit der Sie dann im Unterricht durch die Reihen gehen. Überlegen Sie schon einmal, welche Wand oder Vitrine sich für die Ausstellung der Fisch- und Meereswesen eignet.

Vorschlag für eine Arbeitsanweisung:

Sichte zunächst die Stoffstücke und übrigen Materialien im Umschlag.

1. Welches ungewöhnliche Meereswesen kannst du daraus herstellen? Schneide dir geeignete Stoffteile aus und arrangiere diese auf dem Naturkarton.
   Kleide dann den Schuhkartondeckel innen mit Spiegelfolie aus und klebe dein Meerestier darauf.
2. „Neue Fischgattung entdeckt" – gestalte einen Fisch auf dem Naturkarton.
3. Ergänze Unterwasserpflanzen und weitere für dich wichtige Details.
4. Überlege dir Namen für die zwei Meereswesen und beschreibe ihren Lebensraum.

Viel Vergnügen!

Kunst aus der Tüte – eine Wundertüte mit Material (3/3)

Montieren

So geht's:

Fordern Sie die Schüler*innen auf, je einen Briefumschlag aus ihrer Post-Box zu entnehmen und die Arbeitsanweisung zu lesen. Durch die ökonomische Vorbereitung – ähnlich dem Lernen an Stationen – haben Sie nun während der Unterrichtsstunden genügend Zeit, die Gruppe zu beraten und einmal ganz losgelöst zu beobachten. Wie kommen Ihre Schüler*innen zurecht, wenn diese auf sich gestellt sind? Welche Gruppendynamik entwickelt sich? Wie steht es mit dem Sozialverhalten? Unterstützen sie sich gegenseitig? Sich hierbei als Lehrkraft zurückzunehmen, ist die „Kunst", wünschenswert und spannend. So können Sie neben der Bewertung der praktischen Arbeiten auch andere wichtige Fähigkeiten erkennen und sich Notizen machen, die in die Benotung mit einfließen. Fördern Sie durch Impulse das selbstständige Arbeiten der Gruppe und geben Sie zielgerichtet geeignete Hilfestellungen, falls erforderlich. Bitten Sie die Gruppe abschließend, die „fischartigen" Wesen mitsamt Beschreibung ihres Lebensraumes im Plenum vorzustellen. Es wird Ihnen bestimmt große Freude bereiten! Präsentieren Sie die Ergebnisse an einer besonderen Wand in der Schule oder in Vitrinen und laden Sie zu einer kleinen Ausstellung ein.

Tipps/Variationen:

- Das Anspruchsniveau lässt sich steigern, wenn man dreidimensional weiterarbeitet: Textile Objekte, wie Fantasiefische, Fabelwesen oder unbekannte exotische Pflanzen, entstehen, wenn die Einzelteile mit Nadel und Faden zusammengenäht und mit Füllwatte ausgestopft werden. Hier wird die Brücke zum Textilunterricht geschlagen und so fächerübergreifend gearbeitet.
- Eine weitere Variante stellt die Kombination von Stoff- und Folienresten dar: Während die Stoffe geschnitten und geklebt werden, reißt man die Folien, wenn möglich, und tackert diese auf den Bildgrund. Das lässt kreative Lösungen mit haptischer Anmutung zu.

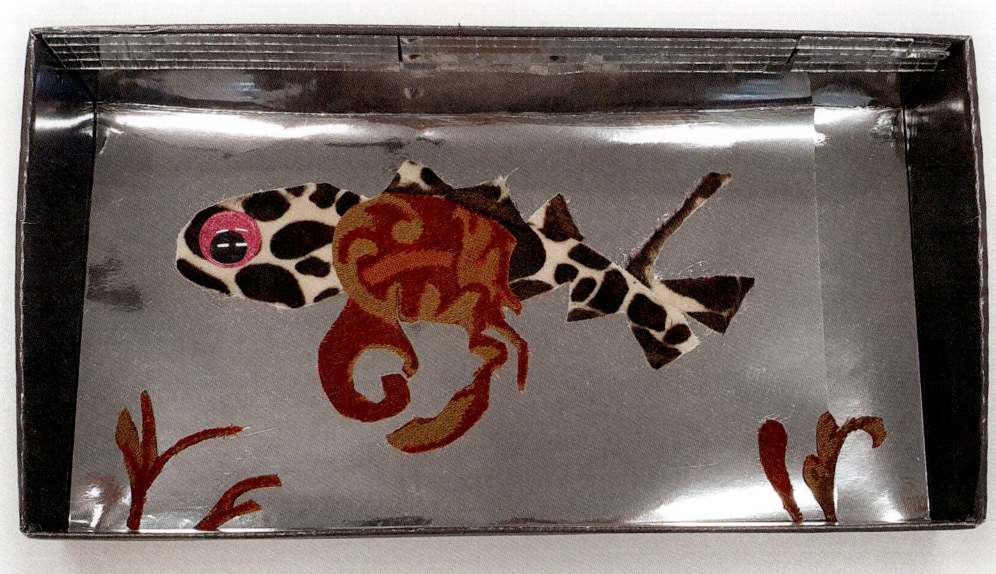

Ein Meeresbewohner im Schuhkartondeckel

Fertige Ergebnisse

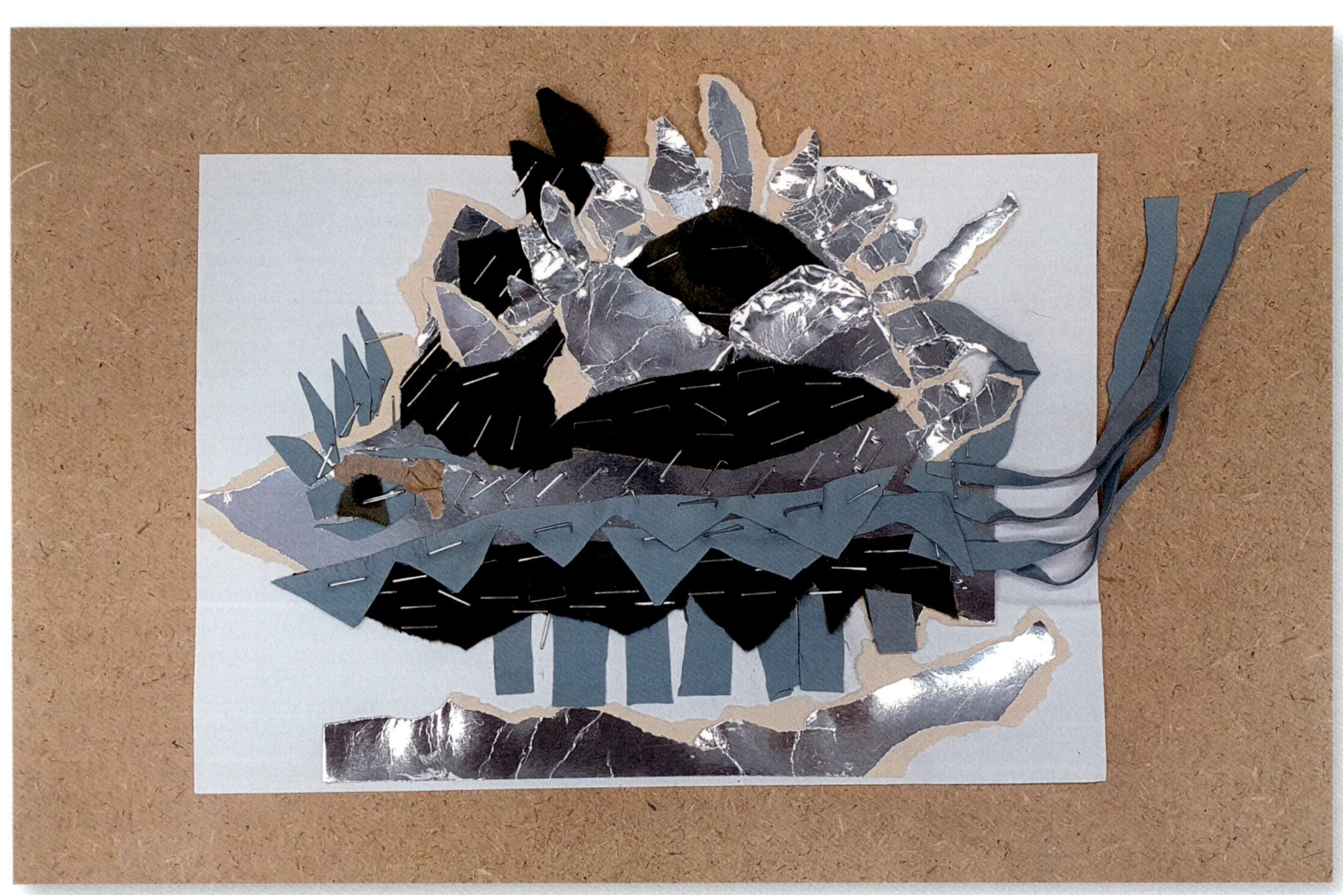

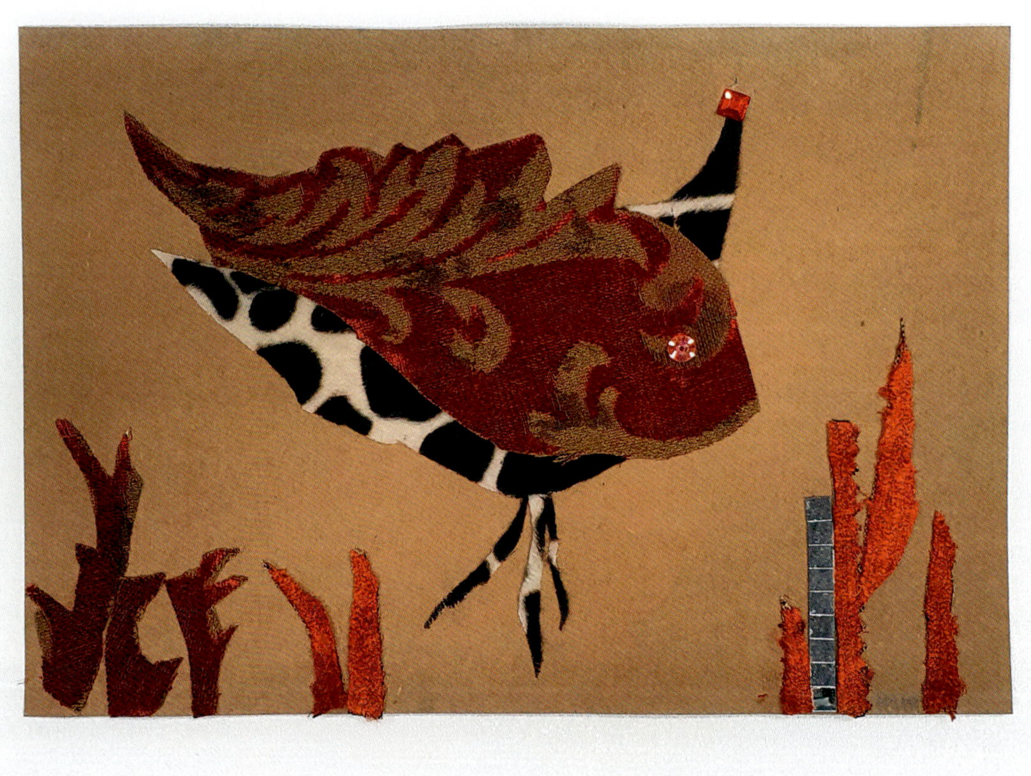

Spinnennetz (1/3)

Montieren

Darum geht's

Die alltäglichen Dinge in unserem Lebensumfeld nehmen wir meistens ganz selbstverständlich hin, erfassen sie oft nur ganz marginal. Der Blick über den Tellerrand hinaus schärft jedoch unsere Wahrnehmung und ruft uns – wie durch einen „Lupenblick" – Dinge in das Bewusstsein, findet sie, zeigt sie uns ganz deutlich in ihrer besonderen Genialität und mit allen Gesetzmäßigkeiten. Sie sind eingeladen, mit offenen Augen durch die Natur zu streifen. Genießen Sie es! Welche Entdeckungen lohnt es sich genauer zu betrachten? Natur und Alltägliches bieten ein unerschöpfliches Potenzial für den Kunstunterricht. Sie brauchen nur genau hinzusehen. Viele Dinge sind leicht verfügbar und der Umgang mit ihnen ist vertraut. Nehmen Sie all diese interessanten Objekte und Strukturen in Ihr künstlerisches Repertoire auf, machen Sie sich, wann immer Ihnen etwas Besonderes begegnet, Notizen oder kleine Skizzen, auf die Sie dann immer wieder Zugriff haben! Bleiben Sie neugierig und aufmerksam! Wie faszinierend ist es z. B. für uns, einmal ein Spinnennetz in unseren Fokus zu nehmen? Wie schafft es eine Spinne, ein solches Netz zu knüpfen? Wie haltbar ist es? Nehmen Sie Ihre Lerngruppe mit auf einen kleinen Exkurs in Sachen Spinnennetze. Vielleicht arbeiten Sie hierzu auch mit den Biologie- und Sportkolleg*innen für einen fächerübergreifenden Unterricht zusammen. Im Sportunterricht sind begehbare Riesennetze aus Seilen eine tolle Möglichkeit, sich ungewöhnlich zu bewegen. Sollten Sie das Thema im Herbst bearbeiten, machen Sie einen Spaziergang durch die Natur und suchen Netze. Beim NABU fand ich den tollen Tipp, diese mithilfe eines Sprühstoßes aus der Wassersprayflasche oder mit einem Mehlhauch zu bestäuben, um deren Struktur sichtbar zu machen. Lassen Sie die Gruppe zur Unterstützung der praktischen Ausführung des Arbeitsauftrages Fotos machen. Es dauert schon eine kleine Weile, bis die Spinne ihr Netz gewebt hat. Dann aber sind diese so stabil, dass sie durch Wassertropfen und dagegenfliegende Insekten nicht zerstört werden. Diese bleiben im Netz hängen und dienen den Spinnentieren als Nahrung. Ich habe gelesen, dass die Seidenfäden, aus denen das Netz gesponnen wurde, dünner als ein menschliches Haar, stärker als Stahl und dehnbarer als Gummi sind: ein Wunder der Natur! Das Spinnennetz ist Vorbild für die Netze der Fischer*innen, für die zahlreichen Ballsportarten und auch aus der Architektur sind sie nicht mehr wegzudenken. Ein bekanntes Beispiel ist die netzartige Bauweise des Daches des Olympiastadions in München. Und im übertragenen Sinne ist auch das Internet ein Netz aus virtuellen Fäden, das die Menschen über die einzelnen Netz-Punkte verbindet. Der Maler Paul Klee (1879–1940) hat 1927 das Bild „Spinnennetz" in Öl auf Karton geschaffen, das auch unter dem Namen „Spider's Web" bekannt und berühmt ist. Es hängt in der Staatsgalerie Moderner Kunst in München. Beschaffen Sie sich eine Postkarte davon oder schauen Sie, ob es auf einem virtuellen Rundgang durch die Staatsgalerie zu betrachten ist. Durch bewusste Veränderung der Wahrnehmung, einen sogenannten Perspektivwechsel, eröffnen sich ungeahnte Möglichkeiten, gelangt Alltägliches zu neuer Bedeutung oder leitet schöpferische Prozesse mit ungewohntem Ausgangsmaterial ein, wie hier beim Spinnennetz. Dieses wird aus biegsamem Basteldraht und Zeitungspapier hergestellt, welches ungeahnte Möglichkeiten in sich birgt, sowie einem Bildgrund aus transparenter Fensterfolie. Die Verknüpfung aller drei Materialien inspiriert Ihre Schüler*innen zum Bau von Spinnennetzen, wie sie ungewöhnlicher nicht sein können: Gerade durch deren Nachbau erleben sie, was für eine tolle Erfindung der Natur das ist. Hier werden natürliche Erkenntnisprozesse in Gang gebracht und im Kunstunterricht gestalterisch zusammengefasst. Mit dem Bau der Spinnennetze entstehen räumlich-plastische Objekte, wobei die Hände als Werkzeuge eingesetzt werden. Diese werden durch die Zangen zum Biegen der Ösen sowie zum Abschneiden der Längen unterstützt. Außerdem sind sie zum Flechten und Verkleben der Papierschnüre entscheidend. Sie vermitteln wichtiges Grundwissen von simplen Fertigungsprozessen: Hand- und Fingerfertigkeit! Die Vielfalt der Ergebnisse wird Sie erstaunen und es wird Ihnen Freude bereiten, die Arbeiten zu sammeln, zu ordnen und schlussendlich in einem größeren Rahmen zu präsentieren.

Spinnennetz (2/3)

Montieren

Material:

pro Schüler*in

+ Bogen Fensterfolie, DIN A3
+ 5 m Blumendraht
+ Holzspießchen (Schaschlikspieß)
+ Bleistift, Radiergummi, Schere
+ alte Zeitung
+ Wackelaugen, alternativ Perlen
+ Papierklemmen, Büroklammern
+ Flasche Bastel- oder Serviettenkleber
+ Kombizange, Rundzange

weiterhin

+ Paul Klees Bild „Spinnennetz" als Postkarte o. Ä.
+ Abbildungen von Spinnennetzen aus der Natur (wenn kein Unterrichtsgang möglich)
+ fertiges Werk des Spinnennetzes als Anschauungsobjekt

Dauer:

2–3 Doppelstunden

Klasse:

ab Klasse 6

Ziele:

Die Schüler*innen …

+ skizzieren auf dem Folienschutzpapier ein Spinnennetz.
+ biegen aus Basteldraht das Netzgrundgerüst und verankern es auf der Folie.
+ falten und kordeln Spinnfäden aus Zeitungsquadraten und weben sie in das Netz ein.
+ formen einen Spinnenkörper aus Zeitungspapier, fertigen Spinnenbeine aus gerollter Zeitung und ergänzen Wackelaugen.

Vorbereitung:

Beschaffen Sie die Fensterfolie und den Draht und ggf. die Holzspießchen in einer Sammelbestellung und legen Sie die Kosten auf die Schüler*innen um. Das ist die günstigste Variante. Alte Zeitungen haben Sie ggf. im Kunstfundus vorrätig oder Sie lassen diese von den Schüler*innen mitbringen. Die Zangen können Sie bestimmt aus dem Technikbereich ausleihen. Ansonsten gibt es diese günstig im Bastelbedarf oder auch in großen Drogeriemärkten zu kaufen.
Es ist ebenfalls sehr sinnvoll, wenn Sie selbst ein Spinnennetz als Anschauungsobjekt anfertigen, um die Schwierigkeiten bei der Aufgabe für sich selbst zu erkennen, wie z. B. das Befestigen der Ösen an der Folie oder das Herstellen der Spinnenbeine mithilfe eines Holzstäbchens sowie das Falten und Drehen der Spinnfäden aus Papier. Wenn kein Unterrichtsgang stattfinden kann, bei dem Sie natürliche Spinnennetze betrachten können, bringen Sie Abbildungen von Spinnennetzen in den Unterricht mit; ebenso das bereits erwähnte Werk „Spinnennetz" von Paul Klee als Postkarte, Kunstdruck oder OHP-Folie.

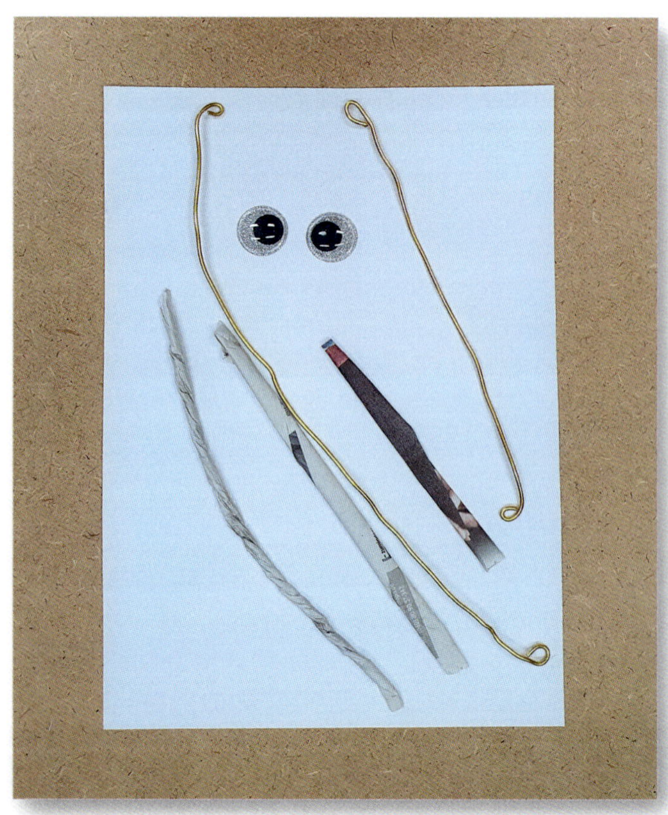

Gedrehte Papierstücke/-streifen und gebogene Drahtösen als Vorarbeiten für das Spinnenetz

Spinnennetz (3/3)

Montieren

So geht's:

Motivieren Sie die Gruppe, indem Sie gemeinsam Spinnennetze betrachten (in der Natur, in Form von Abbildungen aus dem Netz, aus Büchern etc.) Besprechen Sie die Genialität und die Besonderheiten von Spinnennetzen, damit die anschließende Montagephase gut gelingt. Bevor Sie mit der Hauptarbeit beginnen, ist es unerlässlich, die Schüler*innen einige Drahtbiegeübungen machen zu lassen. Zeigen Sie ihnen, wie einfache Ösen gebogen werden und wie man den Draht schneidet. Erklären Sie ihnen auch, wie das Zeitungspapier gefaltet, gebördelt und verklebt wird. Bei dieser Aufgabe wird das Papier nur in eine Richtung gedreht, damit es ähnlich wie ein Spinnfaden verarbeitet werden kann. Dann gelingt das Durchschlingen, d.h. Einflechten in das Drahtgrundgerüst optimal. Nutzen Sie dazu das Anschauungsobjekt, das Sie mitgebracht haben. Es klärt Verständnisschwierigkeiten und erleichtert dadurch die auszuführenden manuellen Abläufe. – Ein Bild sagt mehr als tausend Worte!
Auf diese Weise bleibt viel Zeit, um Ihre Schüler*innen bei der praktischen Arbeit zu unterstützen.
Bevor die Schüler*innen das Spinnennetz aus Draht fertigen, skizzieren sie es zunächst auf dem Schutzpapier der Fensterfolie. Das Drahtspinnennetz selbst wird schließlich auf der Fensterfolie befestigt, indem die Drahtenden in die Folie gebohrt und umgebogen werden.
Zum Schluss wird das Schutzpapier von der Folie abgezogen und die Netze lassen sich an Fensterscheiben oder anderen glatten Flächen anbringen, da die Fensterfolie selbsthaftend ist. So entsteht der Eindruck des Schwebens im Raum wie in der Realität.

Tipps/Variationen:

- Statt der Fensterfolie als Bildgrund ist es ebenfalls interessant, das Netz zwischen Zweige oder dünne Äste zu spannen und den Draht durch Schnur zu ersetzen.
- Eine temporäre Möglichkeit bestünde darin, sich bei den Sportkolleg*innen Hula-Hoop-Reifen auszuleihen und die Spinnennetze dort hineinzuflechten.
- Erweitern Sie die Aufgabe zum Projekt und lassen Sie die Gruppe ausrangierte Fahrradfelgen organisieren, in die sie die Netze spannen. Verbinden Sie alles in einer Art Collage zu einem Gesamtkunstwerk und installieren Sie diese zusammen im Raum oder an einem anderen Ort nach Wahl.

Spinnennetz

Fertiges Ergebnis

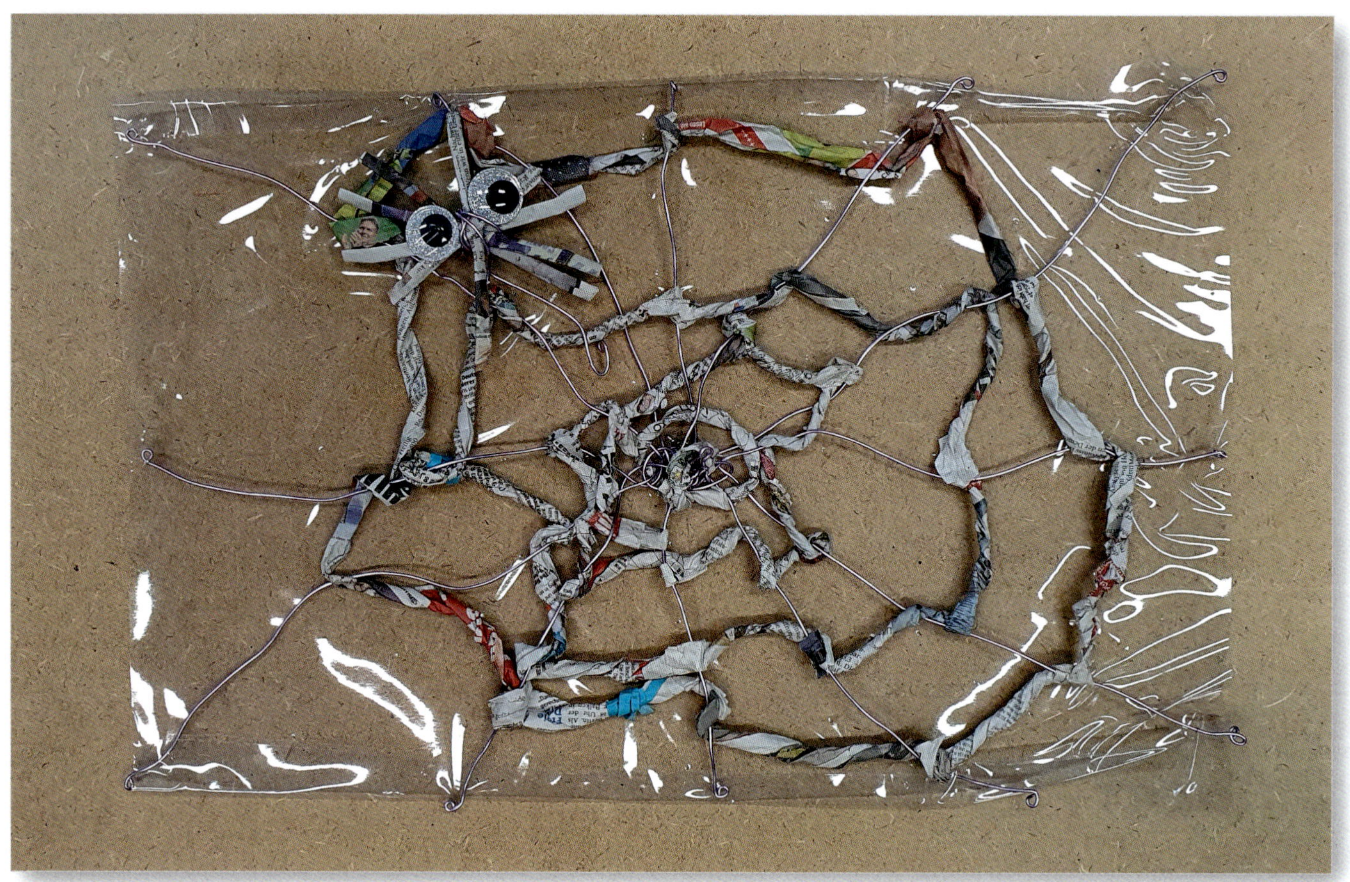

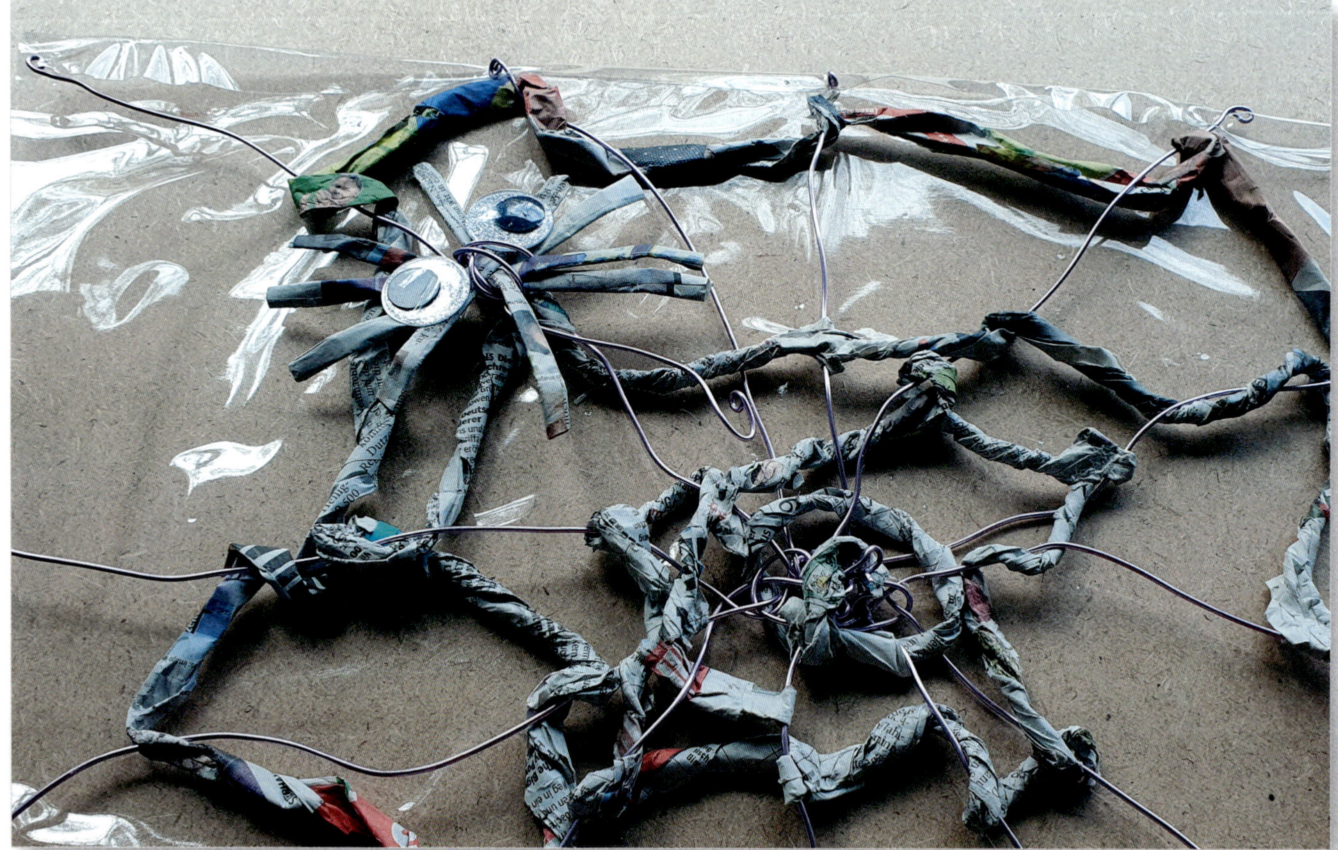

Paneele mit XXL-Mustermenschen (1/3)

Montieren

Darum geht's

Die Idee mit den XXL-Menschen hat lange Zeit in meiner privaten Ideenschmiede geschlummert. Sie stammt aus der Zeit, als ich noch im Schuldienst aktiv war, und ist während der vielen durchgeführten Selbstbehauptungstrainings mit Mädchen und Jungen in der Jahrgangsstufe 9 entstanden. Die XXL-Menschen haben etwas mit dem Ausloten von Nähe und Distanz zu tun. Wie viel Nähe halte ich aus? Wo liegt meine persönliche Schmerzgrenze? Wie viel Nähe lasse ich zu? Und wie viel Distanz brauche ich zu meinem Gegenüber? Wie fühlt sich Nähe an und welche Gefühle löst sie in mir aus? Wie fühlt sich Distanz an? Wie spüre ich Leere?
Mit dem Ausbruch der Corona-Pandemie 2020 haben wir soziale Kontakte, aber auch familiäre Bindungen plötzlich anders erlebt. Viele zuvor selbstverständliche Dinge waren nicht mehr möglich, weil die Menschen sich zu nahe kamen: So war in Kinos, Stadien, Theatern, im Handel, in Schulen und überall dort, wo viele Personen zusammenkommen, die Ansteckungsgefahr einfach zu groß. Damit es für Fußballspieler*innen nicht so schwer war, vor leeren Stadien zu spielen, und um die Leere zu füllen, wurden Platzhalter*innen aus Pappe auf die Plätze gestellt oder gesetzt. Eine wunderbare Illusion! Ein künstliches, menschliches Szenario lässt uns in Zeiten des „Social Distancing" im Kontext der Kontrolle der Ausbreitung von ansteckenden Krankheiten Nähe spüren. Ein Radiobericht überzeugte mich schlussendlich davon, die Paneele als Kunstaufgabe zu entwickeln. Eine ganz junge Lehrerin berichtete von ihrem außergewöhnlichen Examen in Corona-Zeiten: Alle Lehrproben fanden online im Homeschooling statt. Das Examen aber wurde in einem leeren Klassenraum mit der Prüfungskommission und der Kandidatin abgehalten. Es waren keine Schüler*innen präsent. Damit sich aber alles trotzdem noch gut anfühlt und sie die Leere nicht so spüren sollte, hatte ihre Prüfungsklasse Pappfiguren mit Fotogesichtern auf die Plätze gesetzt! Ein Aufbruch aus der Distanz mit einem Gefühl von Nähe.
Die Anfertigung der XXL-Menschen bedeutet:
Nähe erlebbar zu machen, sich mit seinem Gegenüber auseinanderzusetzen, sich einzulassen auf die Entwicklung eines ganz individuellen Mustermenschen. Ein Schlüsselerlebnis ist dabei, wenn der eigene Körper in Rücken-, Bauch- oder Seitenlage auf dem großformatigen Wellpappen-Zuschnitt liegt und ein*e Mitschüler*in mit einem dicken Filzstift die eigene Körperkontur festhält. Das löst ein Gefühl von Nähe aus, das nicht ohne Vertrauen funktioniert. In Schritt zwei geht es dann um die Binnendifferenzierung der lebensgroßen Figuren, das Anziehen von Kleidung ähnlich wie bei den aus der Zeit gefallenen Anziehpuppen aus dünner Pappe. Hierfür wird eine Schabetechnik angewandt. Die Persönlichkeit entsteht lediglich durch ein farbig übermaltes Porträtfoto oder die Gesichtskontur wird ebenfalls geschabt. Beides ist möglich. Die Mustermenschen lassen sich als Paneele an einer Schulwand arrangieren oder sie leben im Raum: Dann sind sie beidseitig zu gestalten und benötigen eine Aufstellhilfe.

Wenn man die Details ausblendet, werden die eigenen Konturen zu einem motivierenden Bildgrund.

Paneele mit XXL-Mustermenschen (2/3)

Material:

pro Schüler*in

- Wellpappe, 80 x 180 cm, 1-wellig
- Pastell-Ölkreiden in Regenbogenfarben
- Acrylfarbe in Kobaltblau oder Schwarz
- Permanentmarker
- Flachpinsel, Nr. 40 oder 50
- Schabemesser-Set (Scraper-Cutter-Set)
- Holzspieße, Kunststoffgabeln, Spachtel, Flachspachtel mit Rillen
- Handfeger/Tischsauger
- Küchentücher, Putzrolle oder Mallappen

Dauer:

4 Doppelstunden

Klasse:

ab Klasse 8

Ziele:

Die Schüler*innen ...

- zeichnen in Partnerarbeit jeweils ihre Körperumrisse auf Wellpappe.
- gestalten ihren XXL-Menschen mit Pastell-Ölkreiden.
- bereiten die Figur durch Polieren und Überstreichen für die Schabetechnik vor.
- schaben mit dem Werkzeug Fantasiemuster aus dem Bildgrund und schneiden die fertigen Figuren mit dem Cutter aus.
- arrangieren die Figuren im Raum.

Vorbereitung:

Der Reiz der Aufgabe – hoffentlich nicht der Knackpunkt – liegt darin, großformatige Wellpappenzuschnitte zu organisieren. Blättern Sie durch die Gelben Seiten oder recherchieren Sie im Internet nach einer entsprechenden Wellpappenfabrik in Ihrer Nähe. Ich kann nur sagen: Scheuen Sie sich nicht vor einer Kontaktaufnahme, denn ich durfte bei meiner Recherche so viel Hilfsbereitschaft erleben. Es lohnt sich immer! Denn ganz nebenbei erfahren Sie noch etwas über den Produktionsablauf und lernen Betriebsleiter*innen kennen, die Ihnen bei der Materialbeschaffung zur Seite stehen. Es ist auf jeden Fall von großem Vorteil, wenn Sie nicht mehrere Pappen zusammenkleben müssen. Dass beeinträchtigt die Standfestigkeit der Figuren. Wenn darüber hinaus die Zuschnitte noch auf einer Seite weiß beschichtet sind, haben Sie das perfekte Material.
Zusätzlich brauchen Sie zur Herstellung der XXL-Menschen dann nur noch wenige weitere Dinge, wie schwarze Marker, gute Cutter zum Ausschneiden, blaue oder schwarze Acrylfarbe, breite 50er-Pinsel und unbedingt Pastell-Ölkreiden in den oben genannten Farben und in guter Qualität. Bestellen Sie für Ihre Schüler*innen ein Schabemesser-Set (Scraper-Cutter-Set), das sie später auch für Radiertechniken benutzen können. Spachtel und eventuell auch Kunststoffgabeln sowie Holzspieße bringen die Schüler*innen von zu Hause mit. Zum Polieren der Wachsschicht eignen sich besonders gut die Papiere einer Putztuchrolle. Besen, Kehrblech und Handfeger zum Abfegen der Wachskrümel sind Voraussetzung und bestimmt im Kunst- oder Klassenraum vorhanden. Super wären ebenfalls Akku-Tischsauger. Vielleicht können einige Schüler*innen diese von daheim mitbringen.
Abschließend machen Sie Ihre Vorüberlegungen zu infrage kommenden Wandflächen im Schulgebäude für die Installation der XXL-Menschen.

So geht's:

Für die farbige Gestaltung der flächigen Menschenfiguren habe ich die altbewährte Sgraffito-Technik (= Wachsschabetechnik) mit Wachsmalstift bzw. Pastell-Ölkreiden und Acrylfarbe ausgewählt.
Es geht hierbei darum, eine Maltechnik aufzuzeigen, und nicht um die Verwendung eines schon fertig beschichteten, kratzbaren Papiers, das es heute ebenfalls zu kaufen gibt. Die einzelnen Arbeitsschritte der Technik können die Schüler*innen auf diese Weise wunderbar nachvollziehen und sich das Verfahren ganzheitlich und intensiv aneignen. Bei den Sgraffitos

Paneele mit XXL-Mustermenschen (3/3)

arbeiten sie mit zwei unterschiedlichen Farbschichten: Im ersten Schritt wird eine Wachsschicht mit wasserfesten Pastell-Ölkreiden aufgetragen, die porendicht und flächendeckend sein soll, damit die Schabetechnik funktioniert. Wichtig ist, die fertige Wachsgrundierung mit einem weichen Lappen, z. B. Tüchern von der Putztuchrolle, zu polieren. Die Konsistenz der Kreiden ist schön weich und durch das Polieren wird die Schicht herrlich glatt und einheitlich. Das erhöht die Dichtigkeit der Wachsfläche optimal. Für unsere Großfiguren sollte der Auftrag der Wachsschicht in Streifen erfolgen: Gelb, Rot, Orange, Hellgrün usw., entsprechend den leuchtenden Farben eines Regenbogens. Natürlich sind auch andere freie Muster für den Untergrund wählbar, wie z. B. große Farbflecken oder Punkte. In Schritt zwei wird die Figur flächendeckend mit etwas wasserverdünnter Acrylfarbe übermalt. Da diese sehr schnell trocknet, kann schon bald mit dem Schabeprozess begonnen werden. Natürlich ist es möglich, mit einem Haartrockner nachzuhelfen und die Farbschicht trocken zu pusten. Der Haartrockner ist im Kunstunterricht universell einsetzbar, z. B. für Aquarell- oder Seidenmaltechniken mit Farbverläufen. Der Farbton für die Übermalung sollte dunkel sein – hier Kobaltblau –, um den durchs Schaben entstehenden Hell-Dunkel-Kontrast noch zu intensivieren. Im letzten Schritt schaben Ihre Schüler*innen mit einem Schabemesser-Set, mit Spachteln, Holzspießen, Plastikgabeln oder dem Wachsstift-Schaber, der den Wachsstifte-Kästen beiliegt, großflächige Muster aus der Grundierung. Diese sollten nicht zu kleinteilig gewählt werden, denn sie machen den Gesamtcharakter des XXL-Menschen aus. Also: Nur Mut und ganz großzügig mit einem Zackenspachtel über die Fläche fahren und durch Drehen und Wellenbewegungen mit den verschiedenen Werkzeugen ungewöhnliche Spuren und Strukturen schaffen. Sobald die erste Spur die darunterliegende Pastell-Ölkreiden-Schicht freigelegt hat, ist die Neugier geweckt und Ihre Gruppe ist bestens motiviert, weitere Leuchtfelder und archaische Muster freizulegen. Die Linien oder Linienverbünde können je nach gewählter Spitze schmal, breit, gezackt, gewellt oder flächig und vieles mehr sein: Flächenausschabungen und Schraffuren lassen 1 001 Effekte zu. Das Anfertigen einer Übungspappe im Vorfeld ist durchaus erlaubt und wünschenswert, damit Ihre Gruppe ein Gefühl für die Technik entwickelt. Das Anfertigen des Großformats benötigt nicht nur mehr Zeit, sondern auch Kraft, Geduld und Ausdauer – alles Fähigkeiten, die auch später im Beruf und im Leben oft abgerufen werden müssen. Also eine ideale Aufgabe, um diese Eigenschaften zu fördern und die Schüler*innen darauf behutsam vorzubereiten. Begleiten, unterstützen und ermutigen Sie Ihre Gruppe während des Gestaltungsprozesses immer wieder, dranzubleiben, denn es lohnt sich! Mit jeder erschaffenen Einzelfigur wird ein Baustein für ein gemeinschaftliches Gesamtkunstwerk fertiggestellt, dass es abschließend an einem geeigneten Ort in der Schule zu installieren gilt! Skizzieren Sie die zwischendurch gefundenen Standorte an der Tafel. Es bleibt noch abschließend zu erwähnen, den Eingangstext als Einstieg ins Thema zu wählen, denn unsere Pappkamerad*innen sind auch in Nach-Corona-Zeiten hochaktuell: Sie sind Platzhalter und Seelentröster, und, und. Finden Sie es mit Ihrer Gruppe heraus!

Tipps/Variationen:

- Rauminstallation: Gestalten Sie die Figuren beidseitig und bauen Sie Aufsteller aus Pappe.
- Mobile: Bei beidseitiger Flächengestaltung ist eine Aufhängung im Foyer möglich.
- Ebenso reizvoll: Lassen Sie kleinere Figuren fertigen, wenn es mit der Beschaffung der großen Pappzuschnitte nicht klappt.
- Die Fantasie kennt keine Grenzen: Erschaffen Sie Riesenblumen, -pflanzen oder Tierfiguren. (Diese Ideen eignen sich auch zur Differenzierung bei unterschiedlich schnell arbeitenden Schülergruppen.)
- Eine Variante mit Schultemperafarben: Lassen Sie eine Wachsschicht auf einem festeren Papier auftragen und mit Temperafarben übermalen: In die noch feuchte Farbe werden mit der Holzspitze eines Pinsels oder einem schmalen Pappstreifen schnell und zügig Holzmaserungen, Blütenstände, Zweige, Gräser und Blattadern ausgeschabt. Es entstehen sehr filigrane Kompositionen.

Paneele mit XXL-Mustermenschen

Fertige Ergebnisse

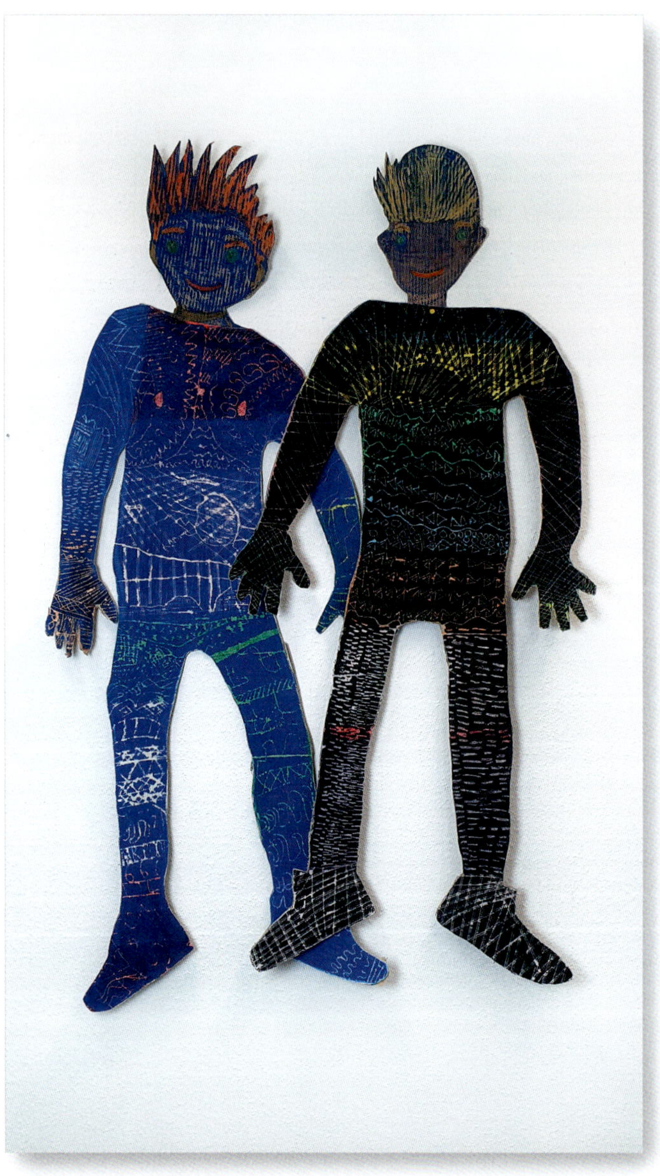

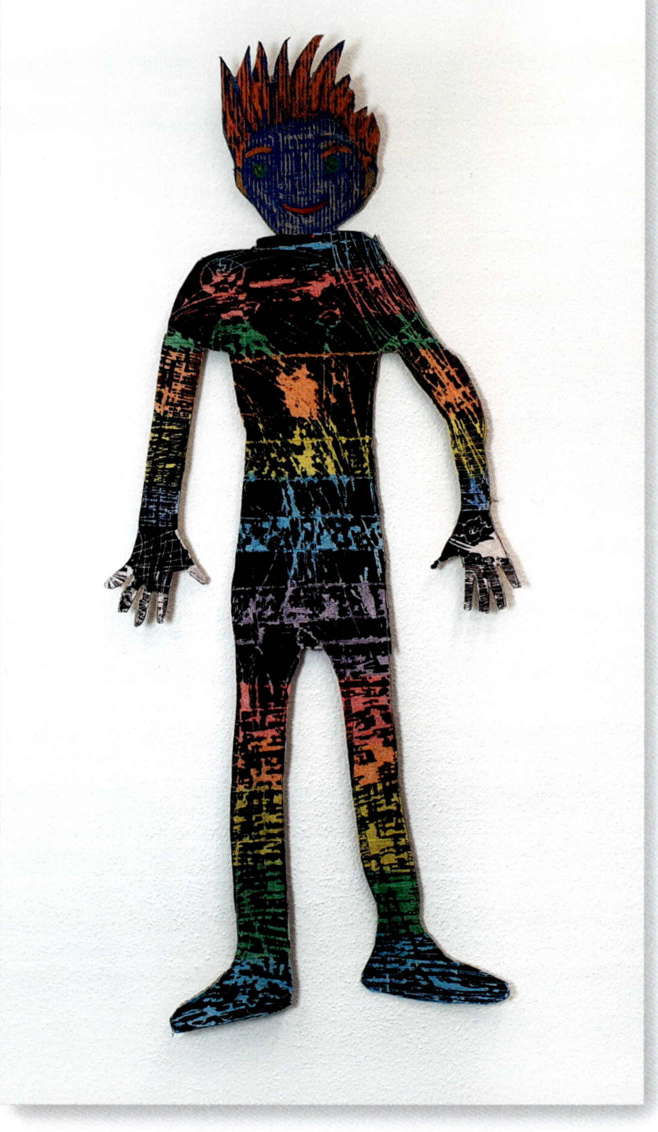

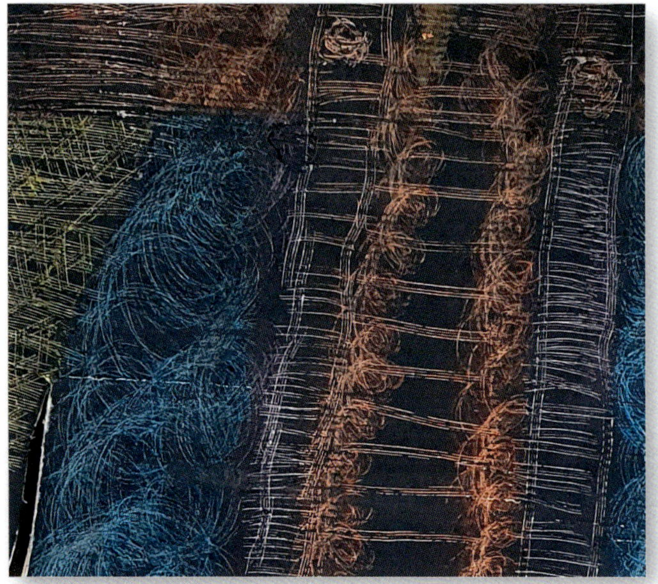

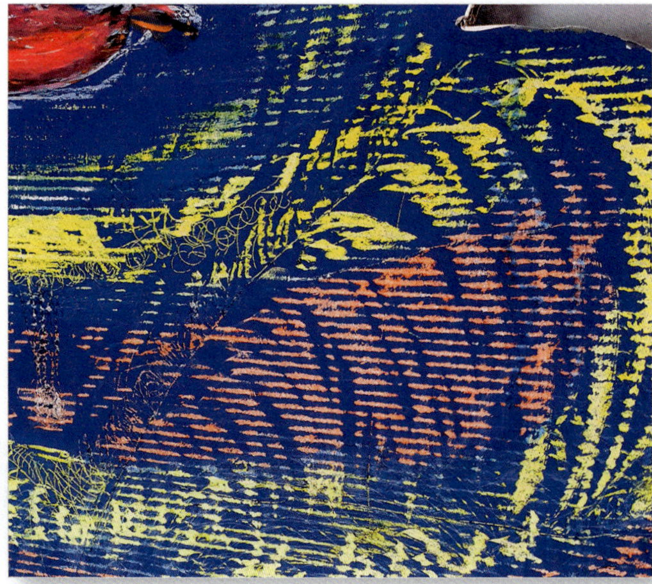

Kaleidoskop (1/3)

Darum geht's

Bei der Herstellung eines Kaleidoskops gehen die Techniken Montieren und Verzieren eine Symbiose ein. – Der Bau eines Rohres, das Spiegelflächen sowie kleine, bunte Glasperlen enthält, und das anschließende kreative Gestalten des äußeren Designs verbinden sich zu einer schönen Aufgabe.
Das Wort „Kaleidoskop" oder auch „Schönseher" kommt aus dem Altgriechischen und bedeutet übersetzt „schöne Formen ansehen". Wenn Sie den Schönseher an Ihre Augen nehmen, durch das Guckloch schauen und die gegenüberliegende Öffnung mit den Perlen zum Licht drehen, können Sie wundersame, sphärische Welten entdecken. Das Licht, das auf die Perlen und Glassteine durch die Lichtöffnung diffus einfällt, wird von den innen liegenden Spiegeln zurückgeworfen. Schütteln Sie das Kaleidoskop dazu noch ein wenig, werden Sie immer wieder neue Bilder sehen, die an Träume erinnern oder an symmetrische Muster. Wie ist das möglich? Was steckt dahinter? Das haben Sie sich bestimmt als Kind auch schon gefragt. Welches technische Geheimnis verbirgt sich hinter einem Kaleidoskop? Neu entdeckt wurde das Kaleidoskop von dem schottischen Physiker David Brewser um 1816, als er Kristalle in einer Metallröhre untersuchte, die innen verspiegelt war. Beeindruckt von diesem Seherlebnis, meldete er den Schönseher zum Patent an und binnen kurzer Zeit wurde er zu einem der beliebtesten Spielzeuge für Kinder auf der ganzen Welt. Um dieses Patent zu lüften, ist es am einfachsten, es eigenhändig nachzubauen. Mit der beigefügten, sehr einfachen Bauanleitung klappt das relativ gut. Nachdem ich das Internet durchforstet hatte und nicht die fertigen Bausätze verwenden wollte, entschied ich mich für die Variante mit der leeren Chips-Röhre. Diese ist schön stabil und sowohl die Metall- als auch die Kunststoffverschlussseite funktionieren als Abdeckkappen. Geeigneter Spiegelkarton ist übers Internet zu beziehen oder Sie verwenden die Innenflächen von Schokokuss-Kartons, die sich ebenfalls durch die richtige Papierstärke gut eignen. Wichtig ist, im Vorfeld ein bisschen zu schauen, denn nicht alle Packungen besitzen die Spiegelfläche. Darüber hinaus benötigen Sie ein Repertoire an kleinen, bunten Glasperlen oder -steinen sowie schönen Schmuck- und Geschenkpapieren, die sich für die Dekoration des Kaleidoskops eignen und schon von außen neugierig auf die fantastischen Innenwelten machen. Lernzielgerecht bauen Sie mit Ihrer Lerngruppe ein Produkt aus unterschiedlichen Materialien zusammen, wobei die Verbindungstechnik des Klebens hier im Vordergrund steht. Es ist durch die eingebauten beweglichen Elemente im weitesten Sinne ein kinetisches Objekt, weil das Kaleidoskop eine Verbindung zwischen Betrachter*in, Raum und dem Gegenstand selbst herstellt. Jedes hergestellte Kaleidoskop ist einzigartig durch die individuell gewählten Papierkügelchen, Glassteine, Perlen usw. und die Dekore und Verzierungen, die das jeweilige Kaleidoskop besonders machen: Außen überzeugt ein zauberhaftes, mystisches Design und innen ein wunderbares Farbenspiel, welches die Sinne betört.

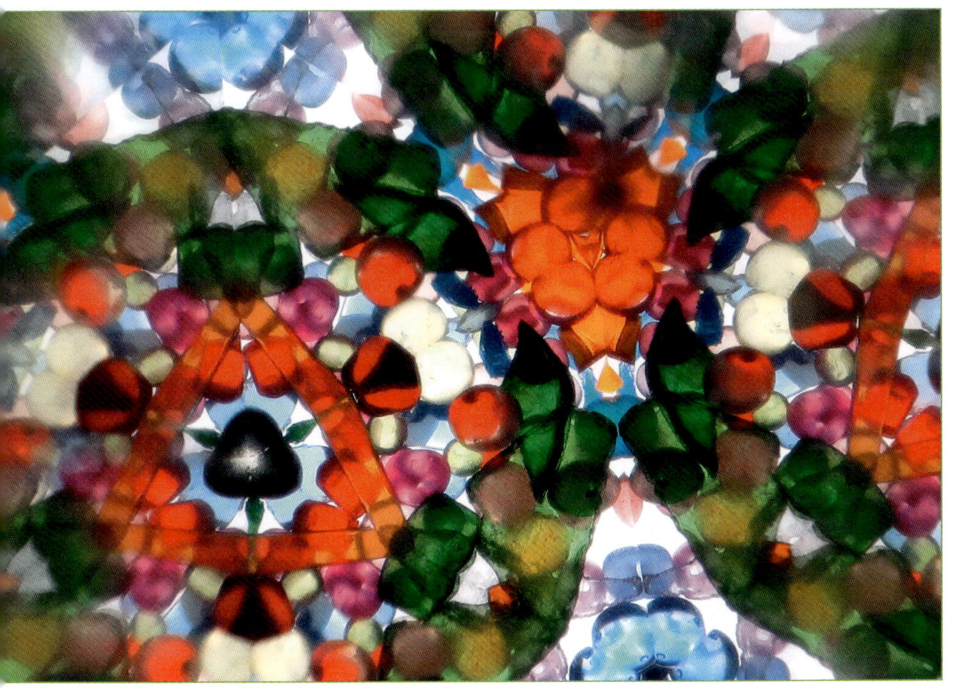

Faszinierendes Farbenspiel im Kaleidoskop

Kaleidoskop (2/3)

Material:

pro Schüler*in

+ leere Chips-Röhren, 20–30 cm lang
+ Bogen Spiegelkarton, DIN A4, oder Innenseite einer Schokokuss-Verpackung
+ Bogen Transparentpapier, DIN A4
+ Stück stabile Klarsichtfolie (Bucheinschlagfolie/Verpackungsrest)
+ Geschenk-/Schmuckpapiere (Verpackungsreste)
+ Pralinen-/Bonbonpapiere
+ Schere, Klebestift, Bleistift, Radiergummi, Lineal, Geodreieck
+ Perlen, Glassteine
+ Klebeband, farbiges Papierband

weiterhin:

+ Kaleidoskope zur Veranschaulichung

Dauer:

3 Doppelstunden

Klasse:

ab Kl. 7

Ziele:

Die Schüler*innen …

+ erforschen die Funktionsweise eines Kaleidoskops für den Nachbau.
+ bauen das Kaleidoskop selbstständig unter Verwendung des Bauplans.
+ überprüfen die Funktionsfähigkeit des Kaleidoskops.
+ verzieren und bekleben das Kaleidoskop mit Schmuckpapieren, Perlen und Steinen.

Vorbereitung:

Auch bei dieser Aufgabe benötigen Sie im Grunde nur einige wenige Materialien, die die Schüler*innen entsprechend gut mit der ausgehändigten Materialliste und einer Vorlaufzeit von etwa zwei Wochen organisieren können. Fragen Sie zwischendurch nach, inwieweit die Liste schon abgearbeitet werden konnte. Sie organisieren einige Kaleidoskope aus dem privaten Umfeld oder fragen im Lehrerkollegium nach. Sollten Sie nicht fündig werden, was ich mir kaum vorstellen kann, funktionieren zur Anschauung Abbildungen oder Fotos. Nun schnappen Sie sich die unter „So geht's" vorgestellte Bauanleitung und bauen selbst im Vorfeld einen Schönseher. Zum einen haben Sie dann auf jeden Fall ein Anschauungsobjekt und zum anderen wissen Sie ganz genau, wo die Schwierigkeiten beim Nachbau versteckt sind. So können Sie Ihrer Lerngruppe mit Rat und Tat zur Seite stehen und manche Tücken, die meistens im Detail liegen, gemeinsam umschiffen und konstruktiv beratend zur Seite stehen. Es ist ebenso möglich, ein zweites Kaleidoskop schrittweise vorzubauen, damit Ihre Schülergruppe die notwendigen Arbeitsschritte besser versteht. Sinnvoll ist dieses Vorgehen auf jeden Fall beim Bau des Prismas und des Einlegerings.
Die übrigen Schritte ergeben sich dann ganz automatisch. Vor der Dekoration steht selbstverständlich die Funktionsprüfung: der Blick hindurch! Habe ich genügend Perlen, Glassteine und Papierkügelchen eingelegt? Liegen die Spiegelflächen des Prismas innen? Jetzt kann noch korrigiert werden. Thematisieren Sie einmal die Materialprüfung in Betrieben, die Qualitätskontrolle. Erklären Sie, wie wichtig das genaue Lesen von Bauanleitungen und die Prüfung von Einzelteilen und fertiger Konstruktion für die Herstellung von Dingen ist.

So geht's:

Zeigen Sie der Lerngruppe zur Initiation einige Kaleidoskope und besprechen Sie Funktionsweise und Herstellungsprozess. Anschließend geben Sie den Schüler*innen die Bauanleitung als Arbeitsblatt oder präsentieren diese per Beamer oder Overheadprojektor. Besprechen Sie die einzelnen Arbeitsschritte gemeinsam und fragen Sie nach, ob alle Punkte verstanden wurden. Erst danach sollten die Schüler*innen ihre Arbeitsplätze einrichten.

Kaleidoskop (3/3)

Montieren

Arbeitsschritte:

1. Schneide mit dem Cutter in die Mitte der Metallabdeckung deiner Chips-Verpackung vorsichtig ein kleines Kreuz (ca. 0,4 mm). Das ist das Guckloch.
2. Arbeite durch das Drehen eines Bleistifts das Kreuz ein wenig nach, sodass es rund wird und glatte Ränder erhält.
3. Zeichne auf die Rückseite deines Spiegelkartons ein Rechteck ein. Wenn du einen DIN-A4-Karton verwendest, brauchst du ihn nur noch einzuteilen: Das Rechteck soll 1,5 cm kürzer als die Chips-Röhre sein (ca. 21,5 cm lang).
4. Teile den Spiegelkarton mit zwei Linien in drei gleich breite Flächen (Breite je ca. 6,5 cm) und zeichne noch eine 1 cm breite Lasche hinzu (zum einfachen Zusammenkleben).
5. Schneide das Rechteck aus und falze es an den eingezeichneten Linien mithilfe von Bleistift und Lineal.
6. Falte das Rechteck nun zu einem Prisma (Dreieck), die Spiegelflächen liegen innen
7. Verschließe dieses an der Lasche mit Klebeband.
8. Stecke das Prisma so in die Röhre, dass es auf dem Metallkreis mit dem Guckloch aufliegt.
9. Schneide noch einen 1,5 cm breiten Streifen aus Spiegelkarton. Er soll so lang sein, dass er, als Ring zusammengeklebt, in die Röhre passt und auf dem Prisma aufliegt.
10. Stelle einen Klarsichtfolienkreis mit Schnittmusterrand her, den du in kurzen Abständen einschneidest, und klebe ihn mit Klebefilm auf den Spiegelkartonring.
11. Schiebe dann den Ring mit der Folie so in die Röhre, dass er ein Aufnahmefach für die Perlen usw. bildet.
12. Fülle das Fach mit den Gegenständen deiner Wahl und setze den Kunststoffdeckel auf, den du zuvor mit Transparentpapier beklebt hast.
13. Schau, ob alles funktioniert, und entwirf dann das Dekor mit Schmuckpapieren, Papierklebeband, kleinen Steinen usw.
14. Genieße dein besonderes Seherlebnis!

Kaleidoskop

Länge: circa 21,5 cm

Breite: circa 6,5 cm

Lasche

Blick ins Kaleidoskop

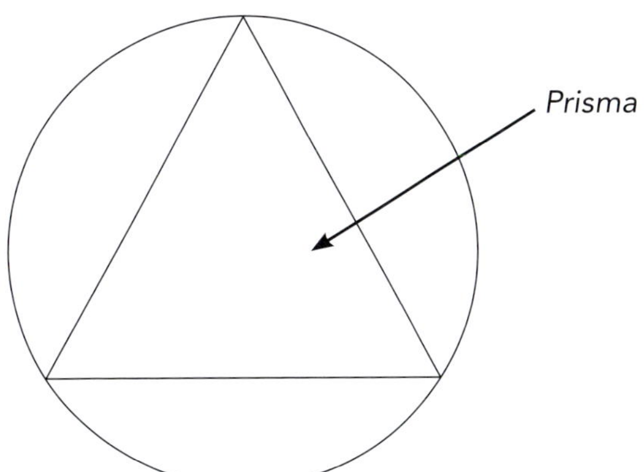

Tipps:

Besuchen Sie die Webseite bad-driburg.teutoburgerwald.de und lassen Sie sich von den Bildern beeindrucken. Oder machen Sie einen Klassenausflug nach Bad Driburg und erwandern Sie gemeinsam den 5,8 km langen, familienfreundlichen Wanderweg mit acht Riesenkaleidoskopen verschiedenster Bauart!

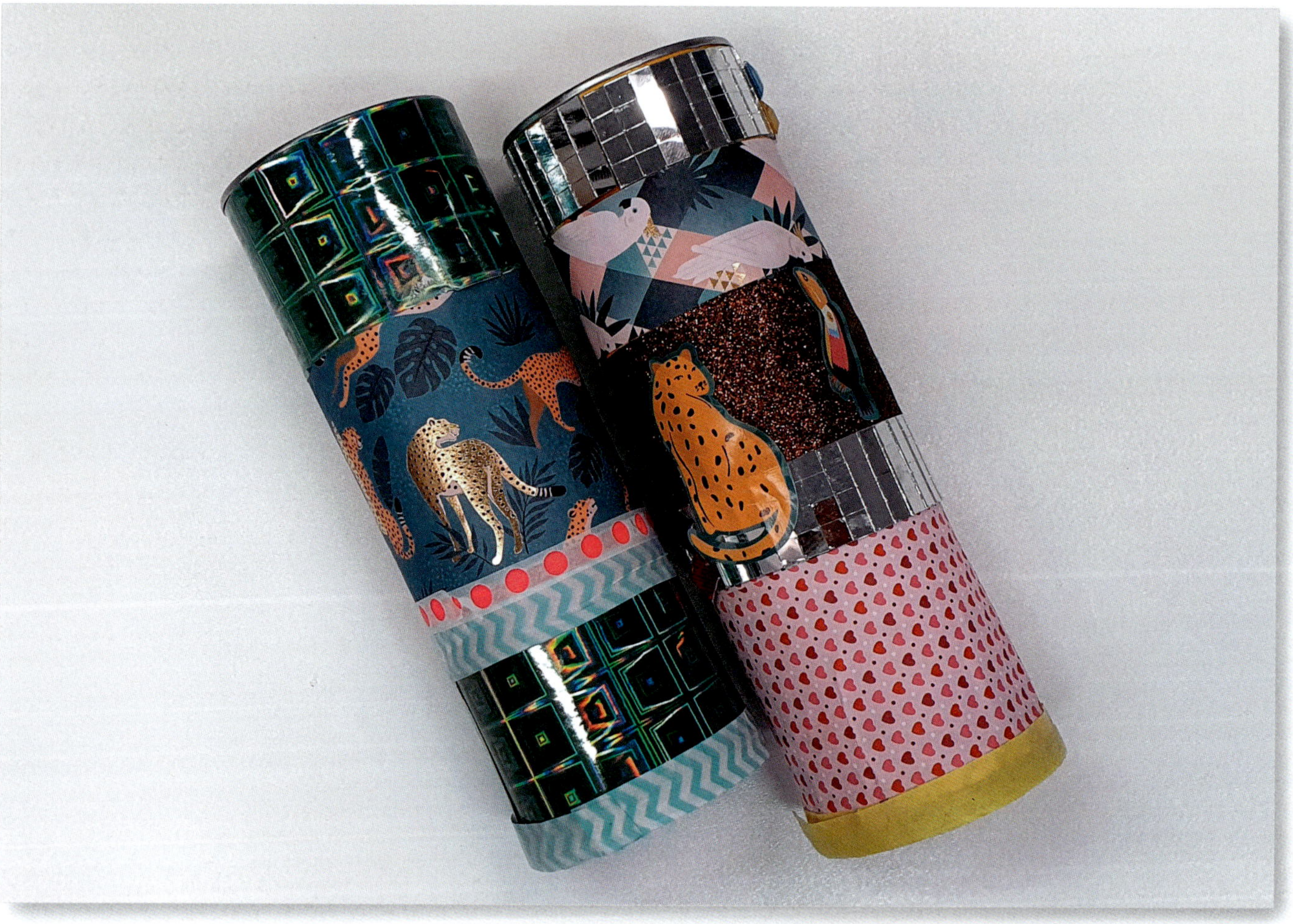

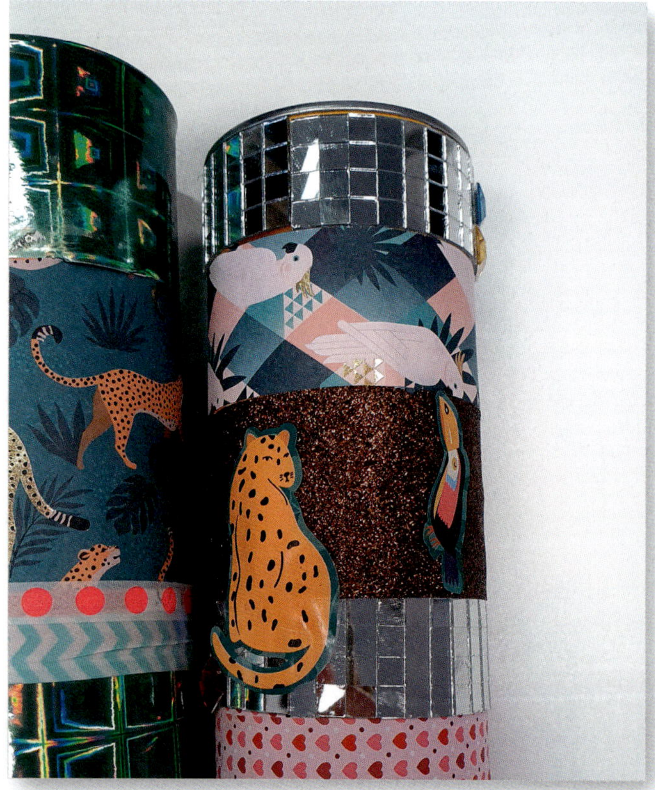

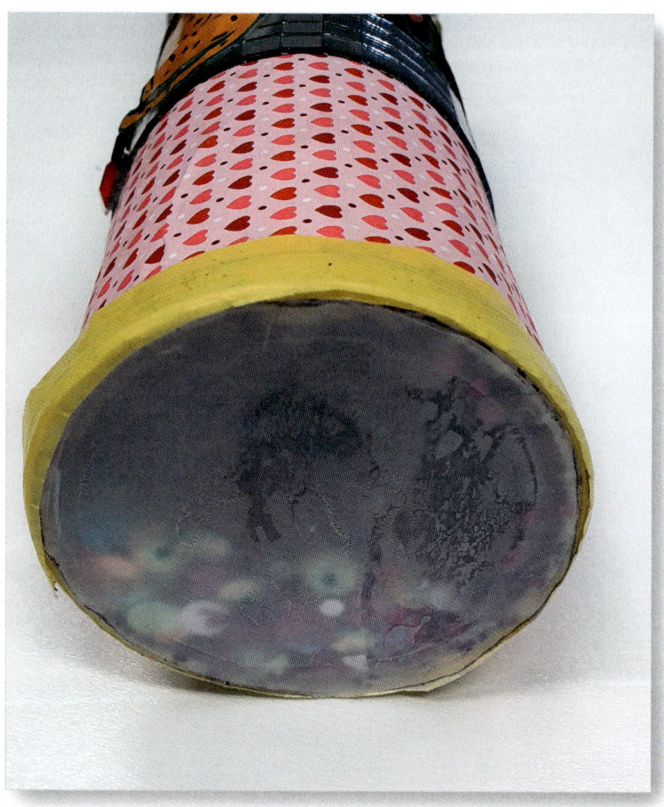